핵심 이슈로 보는

미디어와 젠더

여성커뮤니케이션 연구총서 15

핵심 이슈로 보는

미디어와 젠더

김명혜
백미숙
나 영
김성윤
이종임
한희정
이소현
홍지아
홍숙영
이경숙
홍현영
김수아 지음

이화출판

| 서문 |

먼 길을 왔지만 그래도 아직 갈 길은 멀다

21세기 현재 젠더 문제는 아주 복잡하고, 논쟁적이고, 첨예한 이슈가 되었다. 그동안 사용되던 남과 여의 이분법적 구분은 젠더 문제를 지나치게 단순화한다는 비난을 면치 못하고 있다. 성정체성뿐만 아니라 성적 지향, 계급, 인종, 국적, 장애 여부 등등이 젠더 문제를 복잡하게 만들고 있기 때문이다. 남성과 여성, 이성애자와 비이성애자, 그리고 성적 성향과 지향성, 문화적 차이 등등으로 인해 젠더 문제는 종종 다른 집단 간의 갈등과 혐오의 정동을 유발하기도 한다. 인류 역사상 이렇게 많은 젠더 담론이 있었던 적이 있었을까 할 정도로 다양한 담론이 쏟아져나오고 있다. 새로운 시각으로 젠더 문제를 들여다볼 수 있게 해주는 주장이 있는가 하면 지나치게 급진적이거나, 공격적이거나 혐오를 조장하는 주장도 있다. 현재 우리가 젠더 담론의 과잉 시대에 살고 있는 것처럼 보이지만 이것은 그동안 젠더가 공적 담론에서 부재했거나 아주 미미한 위치를 차지해왔기 때문에 상대적으로 그렇게 보이는 것이다. 최근 들어 자주 등장하는 미투 고발도 그동안 침묵하도록 강요되어진 불행했던 경험을 담론화하는 행위이다. 담론화는 숨겨져 있던 젠더 문제가 수면 위로 드러나게 하며, 많은 사람들에게 놀람과 충격, 불편함을 준다. 새로운 담론들은 기존 질서에 익숙한 사람들의 저항에 직면하지만 곧 문제의 심각성을 주지시키며 결국 이를 시정하는 행동들을 촉구하게 만든다. 물론 그 담론에 참여하는 용기 있는 사람들이 많을수록 효과적으로 사회 구조를 변화시키는 힘을 발휘하게 된다. 하지만 억압적이고 상식화된 젠더 구조 속에 묻혀 미처 담론의 장으로 진입하지 못하는 수많은 불행한 경험들이 아직 많이 있을 것이다. 그런 의미에서 아직 우리는 젠더 경험에 관해 더 많은 것들을 이야기해야 하고 들어야만 한다. 소수자들을 비롯한 모든 사람들이 자신의 경험을 이야기할 수 있도록 담론의 민주화가 이루어져야만 하며 그 이야기가 공허한 음파로 사라지지 않도록 타자의 이야기를 경청하는 태도를 훈련해야만 할 것이다.

우리는 최근 이야기하는 것을 넘어 현실의 부조리를 바꾸고자 광장으로 나온 많은 여성들이 연대하여 서로에게 힘이 되어주는 장면을 목격했다. 젠더 문제를 둘러싼 다양한 오해와 차별, 억압과 불평등을 해소할 수 있는 방법들이 무엇인지 최근 일어난 일련의 움직임들에서 그 답을 엿볼 수 있었다. 안타까운 것은 여성들 간의 연대가 남성들에게까지 확대되지 못하고 있다는 것이다. 더 이상 과거의 차별적 관행들과 인식에 침묵하지 않겠다는 남녀 모두의 의지가 필요하며, 그동안 당연시되고 상식화된 모든 젠더 관습과 제도들을 비판적으로 검토해보는 젠더 의식의 리뉴얼과 사회 변화를 위한 행동이 필요한 시점이다. 다른 중요한 이슈도 많은데 왜 젠더 문제에 천착하느냐고 피로감을 호소하는 사람들도 있지만 그 이유는 젠더 문제가 근본적인 존재론적 질문이고, 삶의 결을 결정하는 정체성과 직결된 문제이며, 타자와의 관계를 설정하는 문제이기도 하고 또 누구에게는 삶과 죽음을 결정하는 생존의 문제이기 때문이다. 그동안 우리는 젠더 정의를 구현하고자 먼 길을 힘

겹게 왔고 또 가고 있지만 아직도 갈 길은 멀다고 생각한다.

한편 젠더 경험 담론의 장이 되는 미디어 또한 면밀히 살펴보아야 한다. 미디어가 사회적 현실을 구성하고 어릴 때부터 사회화 과정에 깊숙이 개입하는 중요한 역할을 하고 있기 때문이다. 그동안 많은 연구들이 미디어가 젠더 재현에 있어서 소수자의 상징적 소멸과 폄하, 왜곡, 은폐 등의 다양한 문제점들을 지니며 젠더 불평등을 재생산하고 있다는 것을 지속적으로 비판해왔다. 미디어의 이러한 문제점을 시정하기 위해 성평등 보도 가이드라인, 성폭력 보도 수첩 등 여러 지침들이 권고되기는 했지만 미디어의 젠더 문제를 해결하기에는 아직 갈 길이 멀다. 또한 디지털 미디어, 소셜 미디어와 같은 새로운 형태의 미디어의 등장이 젠더정치학적 측면에서 볼 때 여성의 착취와 억압을 더 심화시키기도 하고 여성들간의 연대와 힘 돋우기를 가능하게 하는 양날의 검으로 작용하고 있다. 이러한 미디어에 대해 심층적이고 다각적인 연구가 지속적으로 요구된다.

이 책은 미디어와 젠더의 접점에서 젠더 이슈를 점검하고자 하는 시도를 하고 있다. 이와 같은 위치에서 학문적인 접근을 시도하는 것은 미디어를 연구하는 여성학자들의 몫이라고 생각한다. 미디어를 연구하는 남성학자들은 대개는 젠더 문제에 무관심하거나 자신들과는 무관한 연구 영역으로 치부해온 경향이 있다. 물론 몇몇 예외적인 남성학자들은 젠더 문제를 외면하지 않고 날카로운 통찰력으로 젠더 문제를 분석하기도 했지만 젠더 문제만을 배타적으로 연구하는 남성 미디어학자들은 거의 없다. 한편 여성학을 연구하는 학자들은 여성 문제 전반에 관한 다양한 이슈를 다루기는 하지만 딱히 미디어에 초점을 맞추지는 않는다. 그런 이유로 미디어와 젠더 영역의 접점에서 학문적 연구를 수행하는 것은 미디어를 연구하는 여성학자들의 과제라고 생각한다. 미디어를 연구하는 여성학자들은 여성학과 젠더 스터디스, 그리고 미디어 관련 학문 사이를 부단하게 횡단하며 관련 학문에 상호 도움을 줄 수 있는 연구를 하고자 노력하고 있다.

그런 노력은 한국여성커뮤니케이션학회가 다양한 저술/학술 활동을 통해 미디어와 젠더의 관계를 살펴보고 꾸준하게 젠더 정의를 실천하고자 하는 것으로 나타난다. 1996년부터 한국여성커뮤니케이션학회는 총서를 14권 발간했고 이를 통해 미디어의 젠더 재현, 미디어 조직의 젠더 구조, 미디어와 젠더화된 수용자, 디지털 미디어와 페미니즘, 현실 속의 여성들의 삶 등 다양한 미디어와 젠더 관련 문제들을 다루어왔다. 이와 같은 지속적인 작업을 통해 학생들과 일반 대중들에게 미디어와 젠더와의 관계를 비판적으로 조망할 수 있게 도움을 주었다고 생각한다. 이 책은 최근의 현실을 반영하여 성소수자의 문제, 남성성을 다루었고 이미 많이 반복되어온 서구의 고전적인 페미니즘 이론을 생략하는 대신 현재 우리나라에서 일어나고 있는 페미니즘 운동의 양상과 그 계보를 다루는 챕터를 추가했다. 또한 우리나라가 당면하고 있는 다문화 상황을 비롯하여, 성폭력, 게임문화, 디지털 페미니즘, 몸 담론 등 최근에 부상한 중요한 이슈들을 다루고자 했다. 이 책에서 여러 가지 중요한 이슈들을 포괄적으로 다루려고 노력했지만 누락된 부분도 있고 미흡하게 다뤄진 부분도 있다. 이는 추후 보충 작업을 통해 보완해야 할 것이다.

저자들은 이 책이 학생들과 함께 젠더 이슈에 대해 생각해보고 좀 더 진전된 젠더 현실을 만들어가는 데 도움을 주는 안내서 역할을 하기 바란다. 이 책이 분화된 퀴어 세계를 따라잡기에는 역부족이고 남성적 관점도 상대적으로 미흡하지만 학생들에게 미디어와 젠더 이슈에 대한 관심을 촉구하는 기폭제 역할을 했으면 한다. 이 책은 대학에서 미디어와 젠더 관련 강의에 도움을 주고자 기획되었지만 이 분야를 더 알고 싶어 하는 일반 독자들이 읽기에도 큰 무리가 없을 것이다. 이 책의 구성은 1부에서는 미디어와 젠더 분야의 역사와 개념을 소개하고 2부에서는 미디어와 페미니즘과 관련한 중요 이슈들을 다루고 있다.

1부는 한국 페미니즘의 최근 양상과 역사적 계보 그리고 젠더와 남성성의 개념들을 소개하는 세 개의 챕터로 구성되어 있다. 백미숙은 한국 페미니즘의 역사가 일제 강점기였던 1920년대 근우회 활동으로까지 거슬러 올라간다는 점을 고찰한다. 또한 백미숙은 1980년대 이후의 한국 여성운동의 역사를 중점적으로 소개하면서 1980년대의 여성운동 방식이 기층여성과 중산층 여성 간의 계급적 차이를 보여준다고 설명한다. 1990년 이후는 여성운동이 정치세력화됨과 동시에 가족법 개정, 호주제 철폐 등의 입법운동에 많은 노력을 기울였고 정신대 문제 등을 재조명하는 반성폭력 운동에도 주력했던 시기임을 밝힌다. 2000년대 이후의 여성운동은 여성간의 차이에 주목했고 신자유주의의 등장으로 인해 여성운동에 대한 반발로 위기를 맞기도 했지만 2015년 이후 디지털 미디어를 적극적으로 활용하는 영영페미니스트들의 등장으로 페미니즘이 재부상하고 있다고 이야기한다. 이 챕터는 이런 최근의 페미니즘 운동이 뿌리가 없는 것이 아니라는 것을 한국 여성운동의 역사적 계보를 통해 재확인시키고 있다. 이어서 나영은 두 번째 챕터에서 젠더라는 것이 더 이상 이분법적 개념이 아닌 다양한 성적 지향과 정체성을 가진 존재들을 아우르는 개념이어야 한다고 주장한다. 나영은 최근 페미니즘 이론에 등장한 교차성 개념을 소개하면서 억압이나 차별이 하나의 축으로만 발생하지 않으며 인종, 성별, 연령, 지역, 국적, 장애, 계급 등 다양한 요소들이 교차하며 구성된다고 지적한다. 또한 미디어에서 교차성에 대한 인식과 재현의 변화가 있지만 아직 미흡한 단계라고 지적한다. 세 번째 챕터에서 김성윤은 현재 제기되고 있는 남성성의 위기라는 문제의식이 기존 남성성의 구성 요소인 동성사회성, 헤게모니적 남성성, 성적 시민권의 정당화와, 남성의 젠더 수행이 균열되고 있음에 그 원인이 있다고 본다. 또한 산업화와 제국주의로 공고화된 남성성 신화의 계보가 포스트모더니즘 이후 흔들리게 되었기에 남성들이 젠더 체계에 위기의식을 느끼고 있다고 진단하고 있다.

2부는 현재 우리나라에서 일어나고 있는 다양한 상황을 중심으로 미디어와 페미니스트 이슈를 다루는 총 8개의 챕터로 구성되어 있다. 이종임은 미디어 조직에서의 젠더 문제를 다루고 있는데 남성 중심적인 미디어 조직에서 여성 종사자가 성별화된 위계질서 안에서 겪게 되는 유형 무형의 차별과 억압을 지적한다. 미디어 조직의 성차별은 여성 종사자가 경험하는 유리천장과 비정규직 채용 등 고용의 불안정성을 우선적으로 지적할 수 있다. 또한 이와 같은 젠더 차별은 미디어 노동의 유연화에서 기인하며 유연적 노동에 적절하게 대처할 수 없는 여성 종사자의 사적 조건(출산, 육아, 가정생활 등등)이 여성 종사자들을 일상적으로 배제되게 한다는 것을 보여주고 있다. 한희정은 미디어의 성폭력 보도의 문제점들을 다음과 같이 지적한다. 피해자를 성폭력 원인 제공자로 보도하기, 피해자를 무고하는 자로 몰고가기, '피해자다움'을 강요하기, 피해자의 신상정보와 사생활 누설하기, 그리고 일방적으로 가해자의 주장 전달하기 등이 미디어의 성폭행 보도에서 흔히 보이는 문제라고 한다. 또한 드라마에서는 기습 키스, 기습 포옹, 벽치고 키스하기, 잡아끌기 등 데이트 폭력으로 간주될 수 있는 행동들을 로맨스 코드로 낭만적으로 포장하고 있으며 외모 품평하기, 여성성 강조하기 등 직장 내 성희롱 또한 빈번하게 등장하고 있다고 설명한다. 한희정은 이와 같은 불편한 성폭력 보도와 재현에 대해 비판적으로 맞서는 것이 필요하다고 주장한다. 이소현은 미디어가 한국 사회의 다문화 현실을 왜곡하고 있음을 지적한다. 그는 한국의 미디어가 백인우호적인 성향을 보이며 유색 인종에게는 온정, 시혜, 관용을 베풀어야 하는 대상으로 재현하는 등 인종적 서열화를 하는 경향이 있다고 비판한다. 또한 결혼이주여성을 한국 여성보다 더 한국적인 여성으로 부각하며 '이상적 소수자'로 재현하는 반면 조선족 남성을 위험한 타자로 재현하고 반다문화적 담론을 유도하는 데 이용하고 있다고 주장한다. 이소현은 한국 미디어의 다문화 재현이 가부장적 질서와 순혈주의적 민족주의로 인해 다분히 젠더편향적임을 밝히고 있다.

홍지아는 여성의 상징적 소멸과 이상적 여성상의 반영으로 미디어가 여성과 남성을 차별적으로 재현하고 있다고 지적하고 있다. 홍지아는 기존의 남성적 공적 영역과 여성적 사적 영역의 이분법적 구분이 많이 완화되고 있지만 공적 영역에 진출하는 여성이 공적, 사적 영역에서 자신의 역량을 입증하기 위해서 슈퍼우먼이 되어야 하는 고충을 안고 있다고 관찰하고 있다. 또한 유아기의 젠더 정체성 형성과 사회화에 미디어가 많은 영향을 미치는데 전래 동화는 가부장적 질서에 순종하는 여성상을 강조하며 현대의 창작 동화 또한 전통적인 성별 분업의 모습을 그대로 답습하는 경우가 많다고 한다. 하지만 최근 들어 디즈니 영화사는 백마 탄 왕자에게 구원받기를 기다리기보다는 아버지의 뒤를 이어 스스로 왕국의 지배자가 되고자 하는 욕망을 지닌 진취적이고 주체적인 모습의 공주상을 구현함으로써 변화된 젠더 의식을 보여주고 있다고 이야기한다. 또한 뉴스가 공적 영역에 진출한 여성을 재현하는 경우 그 여성의 능력이나 업무를 평가하기보다는 외모나 옷차림 등으로 여성성을 가늠하고 가족관계 등 사적 영역을 자주 거론하는 부당함을 보인다고 지적한다.

홍숙영은 여성의 몸에 대한 개입과 통제가 어떻게 이루어져왔는지 보여주고 있다. 국가의 인구 정책은 여성의 몸을 정책 수행 도구로 보고 있으며 엔터테인먼트 산업에서는 여성의 성적 착취가 빈번하게 자행되어왔다는 것을 지적한다. 이와 같이 여성의 몸에 가해진 생체권력에 저항하는 여성들이 개인적인 저항을 넘어 공적인 저항을 하기 시작했다고 홍숙영은 진단한다. 홍숙영은 그 징표로 국내외에서 미투 운동이 시작되었다고 말하며, 탈코르셋, 탈브라, 할리우드의 #AskHerMore 캠페인 등을 예로 들고 있다. 이경숙은 전통적으로 여성의 영역으로 생각되었던 먹방과 쿡방의 주체가 주로 남성이라는 점이 텔레비전 오락이 현실과 동떨어진 인위적으로 기획된 산물이며 기존의 공적 사적 영역의 젠더 경계에 균열의 가능성을 보이기도 하지만 현실에서의 성역할의 변화에는 크게 영향을 미치지 못하고 있음을 주목한다. 또한 엔터테인먼트 산업에서는 남녀를 불문한 젊은 아이돌의 소비가 이루어지고 있다고 본다. 한편 이경숙은 전통적 가치관과 고정관념을 비틀고, 불평등이나 차별을 드러내어 웃음을 생산하면서 여성이 임파워먼트되는 새로운 형태의 오락프로그램의 등장을 관찰하고 있다. 홍현영은 게임 세계에서 공주를 구하는 모티브의 젠더 정치가 여전히 존재하고 있음을 지적한다. 프린세스 메이커와 같은 여성의 주체성을 강조하는 것처럼 보이는 게임에서도 프린세스는 주체적으로 성장하는 것이 아니라 남성 유저에 의해서 성장이 좌우되고 게임 아이템으로 수집되고 있다는 것을 비판한다. 또한 넥슨 성우 교체 사건에서 보듯이 게임 안에서뿐만 아니라 밖에서도 젠더 갈등이 여전히 존재한다는 것을 지적한다. 김수아는 디지털 미디어 시대에 여성들이 페미니즘을 실천하는 다양한 방식에 대해 논하고 있다. 여성혐오에 맞서는 방식으로 차용한 미러링이라는 대항적 표현뿐만 아니라 해시태그 운동, 디지털 성폭력에 대한 저항운동, 그리고 여성들간의 힘 돋우기에 도움을 주는 디지털 네트워크가 그 대표적인 예라고 소개하고 있다. 김수아는 온라인, 소셜 미디어 등 디지털 미디어를 여성운동의 장으로 활용하는 제4물결 페미니즘이 다양한 지리적 공간에서 젠더 이슈들을 공유함으로써 전지구적인 연대를 맺기도 하고 또한 과거의 의제와 현재의 의제가 조우하고 결합하는 새로운 여성운동의 양상을 보인다고 한다.

이상으로 책의 구성에 대해 간략하게 소개했다. 이 책은 여러 명의 저자가 참여한 만큼 각 저자들이 점하는 다양한 젠더적 위치와 학문적 입장, 또 상이한 스타일의 글쓰기가 혼재되어 있다. 이런 차이가 통일성의 결여로 여겨지기보다는 각기 다른 발화 지점에서 말하는 것에 기인한 흥미로운 다양성으로 읽혀졌으면 하는 바람이다. 이 책이 교재로 기획되기는 했지만 교과서처럼 받아들여지기보다는 학생들의 지적 호기심을 자극하고 또 도발적인 질문들을 많이 유도해내어 젠더 담론을 활성화했으면 한다. 생산적인 젠더 담론을 활성화하기 위해서는 앞에서도 언급했지만 적극적으로 말하고 진지하게 경청하는 상호 소통의 훈련이 필수적이다.

이 책은 여러 사람들의 협업의 산물이다. 이 책이 발간될 수 있도록 교재 저술을 제안하고 물심양면으로 지원을 아끼지 않은 제20대 한국여성커뮤니케이션학회 김세은 회장에게 감사드린다. 책의 기획, 중간 점검과 상호 리뷰 과정에 참여하고 촉박한 시간에도 귀중한 원고를 제공해준 저자들에게 심심한 감사를 드린다. 특히 책 발간의 취지에 공감하고 동참해주신 나영, 김성윤, 홍현영 선생님께도 많은 감사를 드린다. 그리고 이화여자대학교출판문화원과 학회 집행부, 저자들 간의 소통에 노고를 아끼지 않은 김수아 선생님이 없었다면 이 책의 출판은 가능하지 않았을 것이다. 김수아 선생님께 아주 많은 감사를 드린다. 책의 출간의 과정을 지켜보며 여러 가지 조언을 준 이화여자대학교출판문화원에도 고마운 마음을 전한다.

저자들을 대표하여
김명혜 씀

| 차례 |

2부 미디어와 페미니즘 이슈

1부

페미니즘과 젠더: 역사와 개념

1장

한국 여성운동의 역사와 젠더 현실

백미숙

1. #우리에게도 계보가 있다

갑자기 페미니즘 논의가 활발해졌다. 한국 사회 담론에서 한동안 사라지다시피 했던 페미니즘이 '리부트'되었다고 한다. 모두 2015년 이후의 현상이다. 페미니즘이 싫어서 IS로 간다는 남자 고등학생의 페이스북 글은 예기치 않게 "내기 페미니스트이다"라는 해시태그 고백 운동으로 이어졌다. 메갈리안의 탄생과 워마드로의 분화, 강남역 여성 살인 사건과 추모 운동, 불법 음란물 사이트 소라넷 폐지 운동, 미투운동, 불법 동영상 철저 수사와 판결 요구 운동, 낙태죄 폐지 운동 등 최근 이어지는 페미니즘 운동은 온라인을 중심으로 오프라인을 연결하며 이제 거스를 수 없는 역사를 기록하고 있다.

여기에 20대 남성들의 '반페미니즘' 의식과 반응을 기표로 하는 '젠더 전쟁'이라는 프레임이 갈등을 불붙이고 있다. 〈시사인〉과 한국리서치가 공동기획해 실시한 여론 조사에서 20대 남성은 "페미니즘은 남녀의 동등한 지위를 이루려는 운동"이나 "한국 여성의 지위 향상에 기여해온 운동"이라는 서술에 거부를 드러내고, 오히려 페미니즘은 "여성 우월주의를 만드는 기획"이자 남성을 약자로 만드는 차별 체계의 주범으로 간주하는 것으로 나타났다(천관율, 2019.4.16.). 그러나 여성들은 현실 세계에서 여전히 차별을 일상으로 체험하며 살고 있다. '왜 이런 차이가 나타난 것일까'의 문제는 좀 더 정확한 현실 분석을 필요로 한다. 한편으로 이 문제는 페미니즘이 왜 지금 여기에 '재'부상한 것일까의 질문을 부른다.

오늘의 한국 사회에 페미니즘은 어떤 역사를 거쳐 오늘의 풍경을 만들어냈는가? 강남역 여성 살인 사건 이후 터져나온 젊은 여성들의 목소리는 어디서 온 것인가? 대학에 여성학 강좌도 여성주의 학회도 사라졌다는데, 또 취업 준비에 바쁜 대학생들은 흔히 이런 사안에 무관심할 수 있는데, 어떻게 많은 여성들이 10번 출구로 모여들어 학술 용어를 구사하며 싸움을 벌이고 있는가? 질문이 이어졌다. "바로 이 순간 '페미니즘'이 등장하는 이유는"이라는 특집 기사(박은하, 2016.9.13.)는 한국 사회가 제기하는 질문을 잘 보여주고 있다. 한국 페미니즘을 '리부트'시킨 젊은 여성들은 지금처럼 페미니즘 논의가 활발해지기 이전 어떤 페미니즘의 역사가 있는지 알지 못했다고 했다. 알고 보니 "우리에게도 계보가 있다"며 페미니즘은 선배가 있어 '외롭지 않다'고 했다(이민경, 2016a). 이 글은 지금 여기 페미니즘이 '재부상'하게 된 역사적 맥락을 탐색하는 여정이다.

여정의 출발은 페미니즘 운동은 삼중의 실천행위라는 정의로부터 시작한다. 남성 우월주의에 기반을 둔 가부장제를 해석하고 비판하는 이론과 학문으로서 여성주의 인식론(페미니즘), 이러한 지식을 교육하는 제도 장치로서 여성학, 그리고 사회 변혁을 만들어내기 위해 조직적으로 실천하는 행위로서 여성운동이 결합되는 것이다(김현미, 2003: 276). 페미니즘은 인식론이자 세계관이다. 페미니즘은 여성 억압의 원인을 이해하고 개선하려는 다양한 관점과 시각이 쟁투하는 복합적인 사상 체계이다. 한국 여성운동은 페미니즘 인식론이 한국 사회의 역사, 경제, 문화 영역의 변화와 맞물리는 가운데 다양하고 역동적으로 실천되어왔다.

한국의 여성운동은 일제 강점기인 1925년 결성된 '근우회'로부터 그 역사를 찾을 수 있다. 근우회는 '신여성'이 주체가 되어 조선 최초로 조직한 여성운동 조직이다. 식민지 조선의 여성 최초 근대소설가이자 기자인 김명순, 한국 유화를 정착시킨 최초의 전업 화가 나혜석, 가정주부 교육에 주목해 근화여학교를 설립한 교육운동가 차미리사 같은 신여성도 한국 여성운동 역사의 앞 열에 설 만한 여성운동가로 손꼽을 수 있다. 반공 이데올로기 속에서 지워졌으나 일제 강점기 사회주의 여성독립운동가들이나 해방 후 조선부녀총동맹 같은 여성운동 조직들도 기억에서 잊지 말아야 할 역사들이다. 1950년대 최초의 여성 변호사였던 이태영으로부터 이어왔던 지난한 가족법 개정운동의 역사는 2005년 호주제 폐지에 이르는 탈식민의 역사로서 오늘과 연결되어 있다(양현아, 2006 참조).

대략 1960년대부터 한국의 여성(운동)단체는 군사 독재 시기를 거치며 관변화하거나 사회운동으로 통합되는 과정을 거쳐왔다. 사회운동 전반을 반정부 활동으로 탄압하여 용인하지 않던 정치 상황은 1970년대까지 여성운동이 가시화되는 것을 막아 겨우 '여성의 지위 향상', '여성세 집합' 등의 표현 정도만을 허용했다. 이 시기 동안의 여성단체 활동은 친정부적이며 정권에 타협한 관변 여성운동이라는 비판에서 자유롭지 못했다(김숙이, 2007: 9). 한국의 여성운동은 1980년대에 이르러 이전의 여성단체 활동과 구분되는 운동성을 확보하게 된다. 여성운동은 사회변혁운동의 한 영역으로 위치했다(조주현, 1996).

이 글에서는 여성대중운동이 시작되었던 1980년대 민주화운동 시기로부터 여성운동의 역사를 다룬다. 여성운동이 한국 사회의 변화와 접합되어 어떤 여성주의 인식론 속에서 여성운동의 방향과 의제, 목표를 만들며 실천해 왔는가를 논의한다. 역사는 단절적이거나 연속적이 아니라 점선과 실선으로 이어지는 복합적인 역동성 속에서 형성된다는 관점에서 볼 때 여성운동은 인식론적인 변화의 흐름 안에 배치될 필요가 있다. 이러한 배치는 한국 사회 정치, 경제, 문화의 변화와 뗄 수 없는 관계 속에서 이루어진다. 이를 두 개의 축으로 하여 한국 여성운동의 흐름은 시기적으로 다음과 같이 구분한다.

먼저 한국 사회의 변화 축을 1980년대 정치민주화운동 시기, 민주화 이후 문화의 시대로 이행하던 1990년대, IMF 외환위기 이후 2000년대 신자유주의 경제체제 등으로 구분하고, 다른 한 축은 한국 여성운동의 인식론적 변화

신여성 주체의 여성운동 조직 '근우회'

1925년 5월 27일 기독교청년회관(YMCA)에서 조선 최초 본격적 여성운동 조직인 '근우회'가 탄생했다. 이들의 선언문은 한국 사회의 현재에 여전히 유효하다.

"조선에 있어서는 여성의 지위가 한층 저열하다. (중략) 우리의 앞길이 여하히 험악할지라도 우리는 일천만 자매의 힘으로 우리의 역사적 임무를 수행하려 한다. 여성은 벌써 약자가 아니다. 여성은 스스로 해방하는 날 세계가 해방될 것이다. 조선 자매들아 단결하라!(근우회 선언문 중).

에 따라 기층 여성을 운동 주체로 하는 사회변혁운동 시기, '여성 일반'을 정체성으로 하는 대중조직운동의 시기, 여성들 간의 '차이'와 다중적 정체성에 주목한 새로운 여성운동들의 시기 등으로 구분한다. 물론 이 시기 구분은 단절적이지 않고 중첩되거나 교차하기도 하며, 두 개의 시간 축이 항상 일치하는 것도 아니나 여성운동의 복합성을 이해하는 이정표로서 도움이 된다.

2. 1980년대 사회변혁운동으로서의 '여성운동들'

1980년대 한국 사회에는 이전 시기와는 구분되는 새로운 '여성운동들'이 출현했다. 가장 큰 여성운동의 흐름은 민주화를 우선 목표로 통합된 전체 사회운동의 부문 운동으로 위치했다. 군사주의 정치 권력에 총체적으로 저항하기 위해서 여성운동도 예외일 수 없었다. 여성운동은 민주화를 위한 사회운동 내에서 여성의 역할이나 임무가 무엇인가를 가장 중요하게 질문했다(조주현, 1996: 143-151). 한편에서는 여성운동이 여성주의 관점에서 독자적인 운동을 실천해야 한다는 작은 흐름들이 불연속적이지만 계속 이어져왔다.

1) 여성운동의 주체로서 기층 여성과 여성운동의 정체성

진보적 여성운동은 특히 노동운동의 부문 운동으로 사고하며 기층 여성을 운동의 주체로 주목했다. 이는 1970년대 여성노동운동의 경험에 기반했다. 엄혹한 유신체제 하에서 동일방직 여성 노동자들이나 가발업체인 YH무역 여성 노동자들은 남성 노동자에 의해 벌어지는 폭력적인 반노조활동과 경찰 진압에 맞서 치열하게 투쟁했다. 경찰의 진압 과정에서 노조 간부인 김경숙이 사망하며 YH사건은 1979년 10월 부마항쟁으로 이어지는 기폭제가 되었다. 민주화운동의 주체로서 조직화된 여성 노동자들의 역할이 가시화되었다.

여성운동이 사회 부문 운동으로 민주화 투쟁에 참여하는 가운데 한쪽에서는 독자적인 여성운동의 계기들이 싹트고 실천되고 있었다. 여기에는 1980년대 한국 대학에 일어난 몇 가지 조건의 변화가 연계되어 있다. 먼저 여성학 이론과 제3세계 여성들의 여성주의 실천을 경험하고 돌아온 외부적 자극이 만들어낸 계기를 들 수 있다. 이화여대 교수 이효재는 1975년 UN 멕시코 여성대회에서 제3세계 여성운동이 서구여성운동을 비판하며 자신들의 독자적인 목소리를 내는 현장을 목도했다. 멕시코 선언은 여성운동의 새로운 출발을 고무했다. 1977년에 이화여대에 여성학이 도입되었고 여러 대학 여학생들이 자생적 모임을 만들어 여성 문제를 공부했다.

1980년대 초중반 한국 대학에는 독자적인 여학생 운동이 등장했다. 1981년 본고사가 폐지되고 졸업정원제가 실시되며 극소수였던 여학생의 수가 급증했다는 배경이 작용했다. 그러나 남녀공학 대학에서 여학생회 조직을 추동한 것은 민주화를 위한 학생운동 조직에서 활동하던 여학생들이 운동가로 성장하기보다는 정치적으로 소외되고 도태되고 만다는 깨달음이었다. 단과대별로 조직된 여학생 모임에서 여학생 활동가들이 재생산되었고 독자적인 여학생 운동의 토대가 만들어졌다. 여학생 조직은 여성 문제를 계속 제기하면서도 전체 운동 노선과 함께 가야 했다. 남학생들은 여학생 조직의 역량 강화에 적극적이지도 호의적이지도 않았다(김영 외, 1997: 8-14).

진보 여성운동 내부에서도 사회변혁운동 내의 하부 부서로 남을 것인가, 독자적으로 분리된 조직을 건설할 것인가를 둘러싸고 격렬한 논쟁이 벌어졌다. 이 논쟁을 배경으로 1983년 '여성평우회'가 창립되었다. 여성평우회는 여성이 남성과 '다름'을 반영한 민주사회 건설을 목표로 했다. 성차별뿐 아니라 사회적 불평등으로 고통당하는 여성 노동자, 빈민 여성, 여성 농민에 더 중점을 두었다. 사회운동과 여성운동이 왜 병행해서 진행되어야 하는가를 이론적으로 제시하고자 했다. 그러나 진보운동의 남성들은 여성 독자조직을 제기하는 것 자체가 운동의 전체 대오를 흐트러뜨린다고 비난했다. 사회운동의 기반이 넓어지고 있었는데도 진보운동의 남성들은 여전히 여성 문제는 독재 투쟁이 끝난 후에야 제기할 수 있는 부차적인 문제로 간주했다. 80년대 중반 민주화운동이 더욱 강화되고 조직화되면서 민족민주운동의 과제와 통일적으로 제시되지 못한 남녀평등권 쟁취는 불가능하다는 내부 반론이 제기되었다. 여성평우회는 1986년 해체되었다. 통합론에 근거한 여성운동은 이후 80년대 여성운동의 주요 입장으로 자리잡았다. 여성 문제를 논하면서 성별의 문제를 제기하는 것도 비판의 대상이었다(조주현, 1996: 145).

2) 중산층 지식인 중심의 여성운동의 독자성

또 다른 방향에서 새로운 흐름을 만들어낸 것이 〈또 하나의 문화〉(1984)였다. 〈또 하나의 문화〉(이하 또문)는 자율적인 중산층 지식인 여성을 운동의 주체로 구성했다. 노동자, 농민 여성을 변혁의 주체로 구성하는 진보 여성운동에서 중산층 (지식인) 여성은 누락되어 있는 존재였다. 또문은 제도 개혁보다는 일상적인 삶의 양식의 변화를 목적으로 하여, 글쓰기(출판)와 특강 등을 통해 유대감을 만들어가는 느슨한 조직을 표방했다. 운동의 주요 주제는 교육 문제였다. 가부장적 권위주의와 성차별주의를 벗어나 자유롭게 아이를 키우는 과정과 방법에 관해서였다. 또문은 90년대 새로운 사회문화적 지평에서 여성 문제의 독자성을 인식하고 다양성이 인정되는 사회 변화를 통해 여성 문제를 해결하려는 전략을 표방했다(조주현, 1996).

3) 공권력에 의한 성폭력 대책 연대 운동과 여성운동의 전국 조직화

1980년대 여성운동은 반성폭력 연대 운동을 통해 전국적인 조직으로 체계화되었다. 청량리경찰서 여대생성추행사건(1984), 부천경찰서 성고문사건(1986) 등은 공권력이 자행한 성추행, 성폭행의 현실을 보여주는 사건이었다. 부천경찰서 성고문사건에 대응해 여성단체연합 성고문대책위원회(1986.6)가 결성되었다. 대책위는 이후 21개 여성단체가 가입한 '한국여성단체연합'(1987. 2)이 발족하는 모태가 되었다.

여성학 도서와 이론의 도입

한국 사회에 여성학 도서와 이론은 1970년대 중반 정도부터 대중적으로 도입되기 시작했다. 미국 사회와 학계를 흔들었던 케이트 밀레트의 『성의 정치학』(1970/1976), 베티프리단의 『여성의 신비』(1963/1978), 줄리엣 미첼의 『여성해방의 논리』(1973/1980), 슐라미스 파이어스톤의 『성의 변증법』(1970/1983) 같은 책들이 번역되었다. 여성학과 여성주의 운동을 소개하고 소모임 학습에 도움을 주었던 이효재는 1979년 『여성해방의 이론과 현실』을 발간했다. 무크 동인지 형식의 『또 하나의 문화』가 1984년 창간되었고, 대학에서 여성학을 공부하고 여학생회를 조직하던 한국여성사연구회가 1985년 『여성』 1호 (1990년 『여성과 사회』로 재창간)를 발간했다.

이 시기 진보 여성단체의 반성폭력 운동은 여성 노동자 주체를 탄압하는 공권력에 대응한다는 관점에서 이루어졌다. 부천서 사건 당사자 권인숙은 성고문 경험을 공개하며 대학생 출신인 자신을 여성 노동자로 정체화했다. 공권력이 현장 노동자로 일하던 자신을 성폭행한 것은 노동운동을 탄압하기 위한 것이라며 그는 이 사건을 성폭행을 당한 여성의 문제로 보지 말 것을 요구했다. 지배 집단의 억압으로부터 인간 해방을 이루는 것을 목표로 하는 진보 여성운동의 관점에서는 성폭력 피해자 여성의 정체성보다는 여성 노동자 정체성이 우선이기 때문이었다. 80년대 여성운동이나 여성주의는 '여성'이라는 독자적인 정체성을 인식하지 못하는 한계에 갇혀 있었다. 그럼에도 80년대 여성운동의 경험은 90년대 여성문제의 독자성을 인식하는 운동단체들이 출현하고 성장할 수 있는 토양이 되었다.

3. 여성운동의 정치세력화와 '여성 일반'의 정체성 형성

1987년 이후 제도적 민주주의로 이행 과정 속에서 한국의 시민 사회는 자신의 공간과 역할을 확장해가고 있었다. 통일된 사회운동 대신 환경운동, 평화운동 등 다양한 시민 운동이 등장했다. 여성운동 역시 여성주의 관점을 '자주적으로 관철'하는 독자적 활동을 표방했다. 진보 진영과는 '함께 또 따로'라는 사안별, 선택적 연대 관계를 채택했다. 여성운동의 주체는 기층 여성과 중산층 여성을 포함하는 '여성 일반'으로 규정되었다. 여성의 독자적인 정체성이 여성운동의 가장 중요한 의제가 됨에 따라 '여성은 누구인가'를 다루는 '정체성의 정치'가 본격적으로 시작되었다(조주현, 1996: 6).

1) 여성운동의 정치세력화와 입법 운동

1987년을 기점으로 대거 창립된 여성단체들은 정치세력화를 최우선 과제로 추진했다. 여성 문제 해결을 위해서는 법제화와 정책 수립이 시급하다는 판단에서였다. 1991년 시작한 지방자치제를 계기로 시작된 여성의 정치세력화는 90년대를 관통하는 주제였다. 한국여성단체연합(이하 여연)을 중심으로 하는 진보 여성운동은 수도권뿐 아니라 지역을 대표하는 여성 인물을 발굴하는 적극적 노력을 통해 다수 여성 후보를 지방 의회와 국회에 진출시키는 데 성공했다. 여성 대표들이 정부 각 위원회와 정책 결정 과정에 참여하고 정부 관료로 진출하는 사례도 많아졌다. 정치세력화는 지역의 여성운동 조직을 만들어내는 지역화와 여성 대중에 뿌리박는 대중화의 두 축으로 추진되었다.

이 시기 여성운동은 가족법 개정, 호주제 폐지 운동을 비롯해 성폭력특별법, 가정폭력방지법, 남녀차별금지 및 구제법, 여성발전기본법 등 많은 법률을 제정, 개정, 폐지하는 복잡한 법제화 운동의 모든 과정에 적극적으로 개입했고 높은 성과를 이루어냈다. 일반 여성들도 여성운동의 노력으로 법이 바뀌거나 새로 제정되는 변화를 충분히 인식하고 있었다. 성폭력특별법 제정 운동은 여성 대중에게 호소력이 높았고, 전국적인 참여를 이끌어냈다. 여성운동의 조직 역량을 강화하고 외연을 확대하는 기회가 되었다. 여연이 1999년부터 주도하기 시작한 호주제 폐지 운동은 가부장적 가족 제도의 문제를 여성 의제만이 아닌 사회적 의제로서 범시민적 연대 운동('호주제 폐지를 위한 시민 연대')으로 조직해내는 결실을 거두었다. 물론 이 같은 성과는 90년대 한국 사회가 변혁운동의 의제들을 인권과 복지의 틀에서 수용해가는 흐름과 무관하지 않다. 그러나 여성의 법적, 제도적 권리를 빠른 속도로

50년에 걸친 가족법 개정과 호주제 폐지 운동

가족법 개정 운동은 1950년대 초반 한국 최초의 변호사인 이태영에 의해 시작되었다. 3차에 걸친 가족법 개정 운동 과정과 2005년 대법원 위헌 판결에 의해 호주제가 폐지되기까지 걸린 시간은 여성이 가족 내 평등권과 인권을 쟁취하기 위해 얼마나 오랜 역사적 투쟁이 필요했는가를 보여준다. 호주제 폐지 운동 과정에서 여성단체는 '부모 성 함께 쓰기' 운동을 시작했다. 쇄도하는 비난에도 불구하고 이 문화 운동은 아버지의 성만을 써야 한다는 오래된 고정관념에 균열을 내는 데 성공했다.

상당한 수준으로 진전시킬 수 있었던 것은 정치적 세력화에 기반한 것임에는 분명했다(김영 외, 1997: 8-14).

2) 여성단체의 반성폭력 운동

1990년대 여성운동이 성폭력특별법, 가정폭력방지법 제정 운동을 주도한 것은 한국 사회의 변화에 따라 부상하는 성폭력과 성문화 의제에 적극적으로 개입했기 때문이다. 1980년대 중후반부터 직장 내 여성 차별 및 성폭력 상담 운동과 (공권력) 성폭력 대응 운동을 전개해오던 진보 여성단체들은 그동안 경험을 바탕으로 더욱 본격적인 연대 활동에 나설 수 있었다. 1990년 한국정신대문제대책위원회가 구성되어 수요 시위를 시작한 것을 필두로, 1991년 김부남 사건에 대응하는 과정에서 한국성폭력상담소(1991.4)가 창립되었고 성폭력상담소는 1992년 김보은 김진관 사건 공동대책위원회에서 중심 역할을 했다. 피해자들과 함께 싸우고 지원하는 여성단체의 활동은 이 사건들을 사회 문제로 가시화했다. 이 과정에서 성폭력 가해자를 친고죄와 공소시효 만료로 처벌할 수 없게 되는 한계, 가족이나 친족에 의한 성폭력 처벌의 취약성 등의 문제를 발견했고, 이를 성폭력특별법 제정 운동으로 이어갔다. 1993년 발생한 서울대 신정휴 교수 사건은 6년여의 재판 끝에 한국 사회에서 첫 번째 '직장 내 성희롱' 사건으로 인정되었다. 학생회와 동아리 연합회, 대학원생 자치회 등과 여성단체가 공동대책위원회를 구성하여 진상규명 활동을 벌이며 획득한 성과였다. 특히 이 사건은 가해자의 이름을 붙여 신교수 사건으로 명명되면서 피해자만 대중에 노출되던 관행에 인식 변화를 가져왔다. 연대 활동의 경험은 대학생들이 한국 사회 성폭력과 여성 인권 문제에 관심을 갖는 계기가 되었다(김보명, 2008: 198).

3) 여성운동의 제도화 비판

1990년대 중후반부터 여성운동 내부에서는 '운동의 제도화'를 우려하는 목소리가 나오기 시작했다. 정책 결정 과정에 참여하여 자원을 획득하고 법제화를 이끌어내고 새로운 정책을 집행하는 과정에서 운동의 목표와 방향이 정부 정책의 틀에 맞춰 타협되는 현실에 직면했다. 특히, 김대중 정부(1998)는 정치 사회 개혁을 위해서 뿐 아니라 IMF 금융위기 이후 대량 실업 사태에 대응한 복지 서비스 제공을 위해 시민단체와 여성단체의 역할을 필요로 했다. 정부와 함께하는 사업이 늘어날수록 운동의 제도화가 심화될 수밖에 없었다. 정부의 지원금으로 성폭력 상담소, 가정폭력 상담소를 운영하고, 고용 상담, 일자리 창출 등의 사업을 펼치는 많은 여성단체들은 재원 조달 방식에서 비롯되는 한계를 경험하며 더욱 깊은 고민에 빠질 수밖에 없었다(신상숙, 2011: 165-167). 정부나 지방자치단체의 프로젝트 사업비에 의존하는 재원의 문제는 대부분의 시민단체에도 보편적인 일이었다. 다른 한편으로는 여성단체의 관료화가 비판되었다. 여성의 목소리에 힘을 싣기 위해 조직 리더의 위상이나 지명도를 높이고 이에 의존하는 운동 방식으로 인해 조직이 위계화되었다. 일선 활동가들은 인력 부족에 시달리며 취약한 활동 조건으로 어려움을 겪었고, 의사소통 채널이 부족하여 조직 리더와 활동가 사이에 인식의 차이가 커졌다. 높은 성과를 빠른 속도로 만들어냈으나 조직 운동은 '세대 간 단절'의 상황에 직면했다(김현미, 2003: 282).

4. 영페미니스트 문화운동과 반성폭력 연대 운동의 여성주의 정체성

1990년대 한국 사회의 지형 변화가 가장 극심하게 드러나는 공간은 대학이었다. 개인 가치와 문화 다양성을 중시하고 소비주의를 경계하지 않는 신세대 학생 주체가 진입하며 학생운동의 영향력도 빠르게 쇠퇴했다. 대학과 대학생 수가 양적으로 팽창하는 가운데 여학생이 차지하는 비율이 급격히 증가했다. 수적으로 증가한 여학생들은 주변부에 머무르지 않고 학생회나 동아리 활동에 적극적으로 참여하며 가시적이고 주도적인 역할을 하기 시작했다. 이들은 여학생회를 중심으로 대학에 여성학 강좌 개설을 요구하고, 커리큘럼에 개입하는 등 한국 대학에 여성주의 인식론을 제도화했다. 이들 세대는 여성주의 이론과 담론을 적극적으로 재구성하여 새로운 독자적인 문화운동을 벌여나가는 새로운 페미니스트 범주로 탄생했다(여성사연구모임 길밖세상, 2001: 323).

이들 영페미니스트는 이전 세대와 차별화된 가치와 태도로 대학가와 사회운동 전반에서 권위적이고 획일적인 관계를 거부했다. 자유롭고 평등한 개개인의 관계맺기를 시도하며 조직 내에서 서로 반말을 하고 대표를 뽑지 않는 등 새로운 문화를 만들었다. 자아찾기, 자매애, 여성 간의 연대 회복, 여성주의 문화, 사적이고 일상적인 것들에 대한 문제 제기 등 일상의 정치화를 통한 변혁 운동을 의제로 했다(김영 외, 1997: 16). 90년대 중반 영페미니스트를 특징짓는 가장 주요한 주제는 성정치 담론이었으며 '성정치 문화제', '월경 페스티벌' 등의 문화적 실험을 통해 '성'의 문제를 공적으로 이슈화했다. 또한 이들은 새로운 테크놀로지인 PC통신을 여성주의 공간으로 전유하며 다양한 젠더 이슈를 논쟁했고, 학교 밖의 여성주의자들과 접속점을 만들며 사회변혁 운동 내의 가부장제에 문제를 제기하는 여성운동으로 다원화했다.

1) 대학가의 성정치 운동

1995년 연세대 학생회 성정치국이 개최한 '성정치 문화제'는 대학사회에 성정치 담론을 확산하는 계기가 되었다. 성정치 문화제는 성을 성관계나 성별 구분을 넘어 정치적인 비판을 제기할 수 있다는 '성정치학'의 용어를 한국사회에 등록했고 성정치학은 1990년대를 특징짓는 문제의식으로 대학가에 영향을 미쳤다(달과 입술, 2001: 14). 각 대학 학생회 산하에는 '성정치위원회'나 '여성위원회'가 결성되었고, 성정치는 세미나에서 가장 먼저 선택하는 주제가 되었다. 이후 '성의 정치학'은 여성학, 여성운동, 영페미니스트 모두에게 매우 중요한 의제이자 연구 주제가 되었다.

성정치 문화제에서는 여성의 출산 경험, 강간 공포, 남근 피라미드 등을 전시 주제로 삼고 동성애자 인권 모임 토론회, 섹슈얼리티 주제 도서전, 영화제 등을 개최했다. 문화제가 제기하는 질문은 "우리 사회가 성을 어떻게 말하고 있고 어떤 방식으로만 말하도록 허용하고 있는가"의 문제였다. 성정치 문화제는 사생활이라는 테두리로 보호되거나 가족주의 성윤리라는 상투적 언어 속에서 행사되는 남성의 권위와 폭력을 가시화하고 이러한 권력을 지탱해주는 한국사회의 구조를 드러내고자 했다(달과 입술, 2001: 51-52). 성정치의 지식과 인식론은 사적인 문제로 간주되었던 '성'의 문제를 운동 과제로 구성할 수 있는 자원이 되었고 대학 내 반성폭력 연대 운동의 기반이 되었다. 아직 한국 강단의 페미니즘이 여성의 욕망이나 동성애 의제를 지식화시키지 못하고 조직 운동이 성정치 운동을 금기시하던 때, 영페미니스트들은 저항과 욕망을 동시적으로 표현하며 '섹슈얼리티'를 적극적으로 표현했다(김현미, 2003).

2) 대학내 반성폭력 연대 운동과 영페미니스트 정체성의 형성

대학 내 반성폭력의 운동 주체와 담론이 형성되는 구체적인 계기는 서울대학교 신정휴 사건(1993), 이화여자대학교 대동제 고대생 난동 사건(1996), 연세대학교 한총련 여학우 성추행사건(1996) 등의 사건에서 찾아볼 수 있다(김보명, 2008: 199). 1993년 서울대학교 신정휴 교수 조교 성희롱 사건은 성적 괴롭힘sexual harassment이 개인의 성적 자율권을 침해할 뿐 아니라 여성의 노동권과 학습권을 침해하는 폭력임을 입증했다. 수년간 반복적으로 이화여자대학교 대동제에 난입하여 소란을 피우는 고대생 난동 사건은 1996년에 이르러 '이화인'이라는 여성 집단 및 그들의 자율적 공간과 문화를 침입한 '성폭력'으로 규정되었다. 이 사건이 사회 문제로 가시화되며 성폭력 개념을 새롭게 구성했고 이는 대학 반성폭력 운동의 새로운 국면을 형성했다. 연세대 성추행 사건은 범민련 대회 참여 여학생들을 연행하는 과정에서 전경들이 집단적으로 성적 모욕과 추행, 구타를 가한 사건이었다. 이는 '공권력에 의한 성폭력' 사건으로 공개되며 시민사회단체와 연대한 대책위원회가 조직되었고 정부의 사과와 책임자에 대한 법적 처벌이 요구되었다. 주류 학생운동은 이 사건을 학생운동에 대한 정권의 탄압이라는 국가 폭력으로 담론화했다. 대학 여성주의자들은 이러한 시각이 사실상 성폭력에 공모하는 행위임을 비판하며 학생 사회에 내재한 젠더 폭력의 지점을 드러내주었다. 이 사건의 대책위는 이후 '학내 폭력 근절과 여성권 확보를 위한 여성연대회의'로 발전하여 반성폭력 학칙 제정 운동을 주도했다. 여성연대회의는 반성폭력 운동에 필요한 이론적 실천적 자원들을 공유하는 연대 틀이자 대학 여성운동의 활성화를 도모하는 적극적인 위상을 가졌다. 주목할 것은 반성폭력 운동의 과정이 대학 영페미니스트 집단이 등장하고 정체성이 형성되는 과정을 보여주었다는 점이다(김보명, 2008).

3) PC통신의 여성주의운동: 운동 사회 가부장성 비판과 '성폭력 뿌리뽑기' 운동

영페미니스트들은 대학생으로서 여성운동을 한다는 의식을 가지고 여성운동을 할 수 있는 동지들을 만난다면 학교 틀은 그리 중요하지 않다고 보았다. 그런 가능성을 탐색할 수 있는 공간이 PC통신이었다(권김현영, 2017). 3대 PC통신사들 중 천리안은 '여성학 동호회'(1994), 나우누리는 '미즈'(1995), 하이텔은 '페미니스트들의 천국'(1996)이라는 여성 모임이 있었다. 이외에도 PC통신에는 이미 적지 않은 여성주의 모임이 활동하고 있었다.

PC통신 여성주의 모임은 당시 여러 진보적 동호회나 사회단체들과 함께 의제를 모았고 젠더 이슈를 두고 경합하기도 했다.

사이버 테러로 명명되는 여성 적대적 환경 속에서 영페미니스트들은 웹진이나 커뮤니티를 통해 여성주의의 거점을 만들고자 했다. 1998년 7월 창간한 〈달나라 딸세포〉, 2000년 4월 문을 연 여성주의 웹사이트 〈언니네〉, 2003년 5월 창립한 여성주의 저널 〈일다〉 등이 대표적이다. 최초의 여성주의 웹진을 표방한 〈달나라 딸세포〉는 "너무도 민주적이고 자유로워 보이는 이 공간이 진정으로 다양한 모습들이 억압되지 않는 공간이 되기를, 달딸은 여성의 목소리로, 딸의 목소리로 주장할 것이다"(윤보라, 2014: 174)라며, 여성주의운동을 확장하기 위한 공간이 절실하게 필요했음을 토로하고 있다. IMF 금융위기와 닷컴 기업의 열풍 속에서 영페미니스트들은 자기 삶의 중요한 기준이자 지표인 페미니즘을 계속 실천하고자 했다(윤보라, 2014: 173).

온라인에서의 여성주의 논쟁 가운데 특히 주목해야 할 이슈 중의 하나는 한국 사회운동에 내재해 있는 가부장성 비판이었다. 사회운동 조직의 여성활동가들이 벌인 민주노총 노동절 기념 포스터 온라인 항의 시위(1999)는 온라인 커뮤니티를 통해 자생적으로 성장한 페미니스트들이 독자적인 정치적 목소리를 만들어가는 과정을 보여주는 단초였다. 온라인 항의 시위를 통해 '운동사회내 가부장성과 권위주의 철폐를 위한 여성활동가 모임'이 결성되었고 이들은 나중에 100인위 운동의 주체를 구성했다(엄혜진, 2009: 40).

민주노총 포스터는 쟁의복을 입고 싸우러 나가는 남성(가장)을 전면에 크게 배치하고 아기를 안은 여성이 남편을 배웅하는 모습을 작고 흐리게 배경으로 처리했다. 여성 노동 활동가들은 IMF 이후 본격화된 '여성 우선 해고'를 막아내지 못했던 한국 노동운동이 반성은 커녕 여전히 남성, 대기업, 정규직 중심의 노동운동을 전면화하며 여성 노동자를 삭제해버리고 있다고 비판했다. 포스터 배포를 중단하고 재제작할 것을 요청하는 PC통신 게시판 시위가 벌어졌다. '포스터를 비판하는 페미들은 모두 운동의 적'이라는 논란이 벌어졌다. 이 사건은 여성 활동가들이 페미니즘의 영향을 받으며 사회운동의 가부장성에 저항해 새로운 정치적 목소리를 키워가는 온라인 운동의 방식을 보여주었다.

이들 여성 활동가들은 노동조합에서 일어난 성폭력사건대책위원회 활동을 계기로 운동 사회에 광범위하게 퍼져있는 성폭력 문제에 대응하기 위해 구성한 100인위원회의 주축이 되었다. 100인위는 이들 여성 활동가들과 여성단체, 그리고 기존 운동조직의 권위와 위계를 문제 삼아왔던 새로운 흐름의 인권사회단체들을 핵심구성원으로 만들어진 기구였다. 이들은 사설 BBS 게시판에 17건의 성폭력 사건의 가해자 실명을 공개하고 가해자 활동 제한 및 감시 체제 구축 등을 위한 활동을 해갔다. 성폭력의 집합적 피해자이자 적극적인 운동 주체로 자신을 구성한 여성활동가들은 자신들이 겪어온 폭력과 차별의 경험을 공개하고 고발하는 언어 자원으로 반성폭력 운동을 급진적 정치운동으로 의미화했다(엄혜진, 2009: 33). 100인위원회 반성폭력 운동은 현재에도 여전히 참조되고 토론되는 의제이다. 100인위는 권위주의와 성폭력에 대응하는 사유와 실천의 방식에서 영페미니스트의 지향과 접속하고 있다(권김현영, 2017: 36). 2016년 트위터를 중심으로 ○○내 성폭력을 고발하는 해시태그 운동은 권력을 이용해 젊은 여성들에게 성폭력을 행사한 가해자들의 이름을 말하고 있다. 이 모든 상황이 익숙한 것은 바로 2000년의 100인위원회의 이야기와 다르지 않기 때문이다.

5. 2000년대 차이의 정치학과 '신생 여성주의운동'

2000년대 등장한 새로운 여성주의운동의 주체들은 많은 부분 1990년대 영페미니스트의 운동 지형과 내적 맥락을 공유한다. 이들을 90년대 영페미니스트와 달리 '신생 여성주의 그룹'으로 명명하는 지점은 '여성 일반'이라는 공통의 이해에 의문을 제기하고 여성들 내부의 '차이'를 강조하기 때문이다(김숙이, 2007). 이미 앞에서 보았듯이 90년대 여성운동들 사이에도 계급과 이념, 운동 주체 등에 있어 차이 문제는 지속적으로 있어 왔다. 그러나 그것이 '차이'의 정치학이라는 언어로 제기되기 시작한 것은 90년대 말부터였다. 신생 여성주의 그룹은 90년대 여성운동의 성과와 경험에 기대어 다양한 여성들의 삶에 관심을 갖게 되었고, '여성'이 우리라는 동질적인 하나의 위치로 환원되지 않는다는 것을 발견했다. 이들은 주류 여성운동이 여성들 공통의 문제를 도출하는 젠더 정치에 고착되어 있음을 비판하며, 자신들의 목소리를 드러내기 위해 기존 여성운동과는 다른 새로운 여성주의운동을 지향하는 주체로 등장했다.

차이의 담론은 비혼 여성, 장애인 여성, 노동자 여성, 레즈비언 등과 같이 여성들의 다중적인 정체성과 다양한 여성들의 위치성에 주목하고 여성 내부의 권력 관계가 작동하고 수행되는 방식에 주목한다. 신생 여성주의 그룹은 포스트모더니즘, 포스트구조주의 등 포스트 이론과 아나키즘 등 다양한 사상 조류에 입각한 인식과 언어를 사용하며, 여성주의운동과 소수자와의 연대라는 수사를 공통적으로 드러냈다. 이들의 운동 지향과 활동 내용은 소수자 여성의 입장을 가시화하고 운동의 주체로 확립하는 것이었다(김숙이, 2007; 임국희, 2010).

1) 신생 여성주의운동의 구성 주체와 소수자성 지향

2000년대를 전후하여 등장한 새로운 여성주의 집단들은 매우 다양한 형태로 존재했지만, '언니네트워크'(2004.4) '연분홍치마'(2004.6), '피자매연대'(2003.9), '서울여성해방연대'(2002.3) 같은 몇 개의 그룹만으로도 운동 주체의 구성적 특성과 여성주의운동의 지향성을 일부나마 이해할 수 있다.

이들이 단체를 형성한 시발점은 무엇보다 "다른 여성운동을 하고 싶다"는 욕구와 "다른 여성운동이 필요하다"는 판단에서 비롯되었다. '언니네트워크'는 여성주의 웹진 〈언니네〉(2000.4) 활동의 연장으로 창립되었다. 1,500여 개에 이르는 '자기만의 방'을 비롯해 수백 개의 동호회, 수다방, 토론방 등을 운영했다. 언니네트워크는 영페미니스트 활동을 경험한 사람들이 대학을 졸업하며 전망을 찾는 가운데 사이버 공간에서 '명확한 관점과 차이를 드러내는 여성운동'을 하려는 의도로 창립되었다. '연분홍치마'는 여성과 소수자의 삶을 연구하고 다큐멘터리로 제작하는 문화운동을 목적으로 했다. 성소수자 운동이자 여성문화운동을 지향하며 2005년에 기지촌에서 성매매 종사 여성인 '마마상'을 다큐멘터리로 제작하여 상영했다. '피자매연대'는 4-5명의 소수 성원으로 구성되며 일회용 생리대와 탐폰 대신에 면월경대와 같이 친여성, 친환경 대안 월경용품 사용 운동을 펼쳤다. 대안 생리대 만들기 워크샵을 진행하고 판매하여 얻은 수익금으로 이주노동자 운동 등 소수자 운동을 후원했다. 서울여성해방연대는 2001년 모성보호 관련법 개정 및 여성노동권 개악반대 투쟁에 참여하여 주류 여성운동과의 차이를 인식했고 주변부 여성의 목소리를 견지하는 급진적인 여성운동이 필요하다는 판단으로 결성되었다. 이들이 규정한 주변부 여성의 정체성은 "장애여성, 성적 소수자, 이주여성" 등이었다. 주요 상근 활동가들이 그만두면서 대외활동이 중지되었고 2005년 10월에 해소했다.

이들은 대부분 역사가 짧고 인터넷을 주요 매개체로 쌍방향 소통을 하고 있으며, 여성운동 외에 소수자 운동, 문화운동, 평화운동 등 다중적 정체성을 띠었다. 이들은 여성운동의 경계를 가로지르는 공통된 맥락 위에 서 있지만, 운동 주체들은 각각 다양한 이론적, 이념적 토대 위에서 운동의 정체성에 뚜렷한 차이를 보여주었다. 언니네트워크는 영페미니스트 운동 경험을 가지고 있으며, 연분홍치마는 대학원에서의 포스트모더니즘과 포스트구조주의 이론을 학습했다. 피자매연대는 국가와 자본의 통제를 거부하는 아나키즘에 근접성을 갖고 자율성을 우선시했으며, 서울여성해방연대는 좌파 사회운동단체의 경험을 통해 마르크스주의의 입장을 견지했다. 이들의 소수자 운동성은 주류 여성운동의 '진보성'이 이른바 '비정상' 범주에 속하는 여성들을 배제하고 있음을 문제화했고 여성운동들 사이의 갈등을 가시화했다(김숙이, 2007).

2) 영페미니스트들의 주류 여성단체 '대중 여성운동'의 정체성 비판

2004년 17대 총선은 주류 진보 여성운동 단체인 한국여성운동단체연합과 영페미니스트 그룹의 갈등을 표면화하는 계기가 됐다. 이미 정부 협력사업과 지원금으로 제도화와 관료화의 비판이 제기되었던 것에 이어 총선을 통해 여성 운동단체 대표 상당수가 정치 제도권으로 진입하게 되면서 여성단체의 운동성과 방향을 둔 논란이 거세졌다. 1990년대부터 여성의 정치세력화를 주요 운동과제로 삼아왔던 여연은 17대 총선이 기존 정치문화를 바꾸고 여성의 정치참여를 확대할 수 있도록 정치제도를 개선할 수 있는 중요한 기회라고 판단했다. 여연은 321개 단체로 구성된 '총선여성연대' 조직을 구성하여 선거법 관련 정치개혁안을 만드는 동시에 '맑은정치여성네트워크'를 통해 정치신인을 발굴하여 '여성100인 국회보내기 운동'을 전개했다(정현백 · 김신현경, 2004).

영페미니스트 그룹은 진보 여성운동단체가 표방한 '한국사회 보편적 대중 여성'이라는 운동의 주체에 의문을 제기했다. 보편이라는 이름으로 소수자 운동이 제기하는 '급진적 여성 이슈'를 다루지 못하고 있다는 것이었다. 또한, 제도 정치권으로의 진입을 최우선 목표로 설정한 운동의 방식이 여성을 억압하는 일상의 문화가 정치 경제적 현실과 분리되지 않는 권력의 문제라는 점을 인식하지 못하고 있다며 비판했다. 스스로를 '보편'의 위치에 놓지 않고 자신의 일상에서 자신의 문제를 발언하며 이를 페미니즘적 의제로 접근해야 한다는 것이었다. 이들은 개인의 삶을 구성하는 '일상에 시비 걸기'라는 문화운동의 정치학으로 눈을 돌려야 할 것을 주장했다(정현백 · 김신현경, 2004: 50).

영페미니스트 그룹은 17대 총선을 앞두고 '여성 정치세력화 운동의 방향'이 잘못되었다고 날카롭게 비판했다. 지도급 여성 인사들이 여성단체 이름과 인맥을 개인 성과로 전용하는 방식으로 정치세력화 운동이 이루어지고 있으며 이를 보편 대중 여성의 이익이라는 명분으로 용인하고 있다고 지적했다. 더 많은 여성이 국회에 진출하여 여성의 현실을 정치적인 의제와 정책으로 풀어내야 한다는 데는 동의하나, 정치판에서 실현해야 할 여성주의 목표를 설정하고 이를 자신의 지지집단에서 설득하는 과정이 없었다는 것이다. 여성 지도자의 개인 명성과 권위주의 리더십에 기댄 운동 방식으로 인해 정치세력화를 통해 획득할 여성주의운동 목표가 실종되는 결과에 이르렀다고 지적했다. 한국 사회에서 여성주의를 주류화하겠다는 것은 정치영역에서 자원과 네트워크에 대한 여성의 접근성을 높이겠다는 것이나, 성별화된

공·사 영역의 틀을 문제 삼지 않고 '사적 영역의 어머니'서 권리'를 주장하는 여성주의 전략은 패권적 중심주의를 넘어서지 못한다는 비판이었다(정현백·김신현경, 2004: 51).

여성단체 지도자들은 영페미니스트들이 제도적 장치와 권리 확보를 위한 여성운동의 '현실'을 이해하지 못한다고 반박했다. 영페미니스트 그룹의 비판은 "운동에 대해 잘 모르는" "현실을 간과하고 원칙만 세우는" '어린' '젊은' 여성주의자들의 주장으로 폄하됐다(조이여울, 2004.7.5.). 여연은 '간판급 스타'들이 공직에 진출하거나 총선에 출마하는 방식이 비판을 불러올 수 있으나 여성에게 닫혀있는 정치제도로 진입하는 과정에서 부분적으로 발생하는 어쩔 수 없는 현실이라는 점을 강조했다. 특히, 여성운동의 '제도화'라는 비판에 대해, 서구 사례로부터 비롯된 '제도화'라는 용어를 잘못 적용하고 있다고 지적했다. 제도화는 국가의 광범위한 지원을 받으며 여성단체가 유사 사회복지기관으로 전락하거나 활동가가 복지 관련 전문가에 의해 충원되고 여성운동이 비판력과 동력을 상실한 경우를 지칭하는 것인데 여연은 국가로부터 지원받는 모든 재정 지원을 전체 재정의 40% 이내로 제한하는 규정이 있으며, 대부분의 여성단체는 재정과 인력 부족의 어려움에 처해있다는 점을 이해하지 못한 잘못된 비판이라는 것이었다. 여연은 여성단체 지도급 인사들이 관계, 정계에 진출하는 것을 '여성주의 관료 femocrats'의 양산이라는 관점에서 인식할 것을 주장했다(정현백·김신현경, 2004: 53)

이들의 논쟁은 이제 단일한 여성주의적 정체성을 중심으로 연대하는 것이 더 이상 가능하지 않다는 현실을 상징했다. 새로운 여성운동의 비전은 여성운동 내부의 다양한 차이와 차이점을 긍정적으로 상상하기 위한 인식론에서 재설정되어야 한다는 점이 명확해졌다.

6. 신자유주의 '백래시'와 여성운동의 위기

1990년대는 새로운 문화 감수성을 지닌 신세대들이 등장하고 대중문화 시장이 빠르게 성정하던 시기였다. 여성운동 역시 대중문화를 소통하고 활용해야 하는 중요한 의제로 인식했다. 80년대 대중여성단체에서 문화활동을 하던 운동가들은 90년대 문화의 부각에 주목하여 '여성문화예술기획' 단체를 설립하고 여성주의 문화운동을 조직하고자 했다(조애리 외, 1994). 그러나 IMF 경제위기를 계기로 본격화된 신자유주의 체제에서 한국의 여성주의와 여성학, 여성운동은 모두 급격한 역풍을 맞이하게 됐다. 학생운동이 해소되고 '먹고사니즘'이 모든 의제를 삼키며 페미니즘의 접속점이 사라지는 가운데 여성운동은 법률적, 제도적 평등을 넘어서 여성주의 관점에서 사회진보를 재해석하고 운동의 비전을 재설정해야 하는 힘겨운 과제에 직면했다.

1) 페미니즘의 대중화와 상품화 그리고 IMF 체제의 백래시

대학에서 여성학과 여성학 교육을 공부한 신세대들이 증가하고 신세대 문화 감수성을 상품화한 대중문화 시장이 성장하는 흐름이 맞물리며 한국 사회에는 '페미니즘의 대중화'라는 거대한 자장이 형성되었다. 페미니즘 운동, 지식, 문화가 교양 지식으로서 저변을 확대해가는 한편, 제도 정치와 공론장에 적극 결합했고, 팽창된 대중문화 담론에서도 페미니즘의 재현과 관점이 넘쳐흘렀다. 페미니즘이 대중화됨에 따라 페미니즘 지식과 담론은 학교에 머무르지 않고 사회와 상호 순환되었다.

1990년대 전반부터 팽창하던 대중문화 산업은 90년대 중후반을 넘어서며 빠르게 페미니즘을 상품화했다. 대중문화 공간을 여성운동의 의미 자원으로 활용하려던 여성운동은 '페미니즘의 패션화', '페미니즘의 상업화'에 당황하며 '페미니즘 담론과 여성운동의 다리놓기'를 고민해야 했다. 삼성세탁기의 현모양처 광고, 미시 모델이나 미시 탤런트 선발대회 같은 미디어 이벤트는 전통적인 여성상과 다른 코드로 여성들의 욕망을 반영했다. 보통여자들이 대중문화를 통해 자아를 발견하는 회로를 무시한 채 여성을 소비 주체로 재현한다고 비판만 할 수는 없었다. 페미니즘의 담론이 다양해지고 미디어가 폭증하고 있으나 여성 문제에 대한 인식이 높아지지도 여성운동의 활성화로도 이어지지 않는 징후들은 여성운동에 위기감을 주었고 재설정해야 할 운동의 방향이 어디인가를 고민하게 만들었다(김영 외, 1997: 23-24).

이 시기 발간된 여성주의 저널 『IF』(1997)는 여성학의 학술 담론과 여성운동을 대중과 이어주는 다리 역할을 선언하며 페미니즘 대중화의 기치를 내세웠다. 상업 대중문화를 껴안으며 대중의 감각과 정서로부터 출발하는 『IF』의 실험은 대중문화와 문화산업의 밀접한 관계와 구조에 천착하지 않은 채 느슨하게 정의된 페미니스트 범주를 양적으로만 확대하려고 한다는 부정적 평가로 끝나고 말았다(이영자, 2002).

1998년 IMF 이후 시작된 신자유주의의 확산은 페미니즘 단절의 시발점이었다. 질적 민주화가 진행되었지만 경제위기가 심화되며 페미니즘은 2000년대 들어 급속한 반동의 시기를 겪게 되었다. 1990년대 개설되었던 대학원 여성학 전공 과정이 2004년 서울여대를 필두로 차례로 폐지되거나 축소되었다. 학생들은 여성학을 과거의 차별 경험을 당위적으로 반복하는 퇴행된 지식으로 여기거나, 여자친구를 골페미로 만드는 불편하고 위험한 학문으로 봤다. 평등은 이미 충분히, 혹은 과잉 달성되었다는 믿음이 팽배했다. 페미니즘 운동과 여성에 대한 공격이 다양하게 벌어지는 '백래시'가 대학과 강의실에 횡행했다. 여성학 강좌를 대신해 '여성의 직업과 경력 개발' '여성 비즈니스 스킬' 등과 같이 취업을 위한 실용 강좌들이 개설되었다. 2007년 '먹고사니즘'이 모든 의제를 삼키며, 대학은 스펙 공장으로 변화했고 학생운동도 거의 해소되었다. 페미니즘이 어필할 수 있는 접속 지점들이 거의 사라져버렸다(손희정, 2017).

2) 주류 진보 여성운동의 위기: 운동의 정체성과 진보성의 재구성 과제

1990년대 법제화 운동은 여성단체들이 조직적 역량을 강화하고 여성운동의 외연을 확대하는 기회가 되었지만 1990년대 후반으로 갈수록 입법 운동 차원에서도 대중 동원은 점차 축소되고 있었다(신상숙, 2011). 특히 여성부(2001) 설치를 전후해 여성운동의 제도화가 고도화되고 성주류화를 기조로 국가 정책과 제도 정치에 깊이 편입되어가는 과정이 맞물려 더욱 급속히 위축되었다.

운동 내부적으로는 여성운동으로서의 정체성 위기, 성평등의 진보적 관점 실종, 운동가 충원과 재생산의 어려움 등 여러 가지 위기에 직면했다. 첫 번째 위기 징후는 여성운동으로서의 정체성이 상실되고 급진성이 탈각되었다는 측면이다. 운동이 법과 제도의 개념, 언어, 정책 실행 메커니즘을 따르게 되면서 운동의 의제를 '알아서 조율'하는 수동성이 내재화되었다(이강수, 2013: 234). 다음으로 여성운동가들의 자기 정체성의 위기가 더욱 심화되었다. 스스로가 운동가인지 정부의 하급 공무원인지를 질문하는 지경이 되었다. 셋째, 여성운동의 제도화에 대한 여성운동 내부의 비판이 거세지면서 여성운동의 재생산이 어려워졌다. 주류의 바깥에서 활동하는 영페미니스트까지도 '여연'을 비롯한 여성단체 상부 조직이 지나치게 지도자 중심적이며 정치화되었다는 비판을 제기했다(강이수, 2013; 신상숙, 2011; 윤정숙, 2004).

여성운동은 여성의 정치 참여를 가장 우선 목표로 추진해가며 운동의 이론과 담론을 새롭게 만들어가는 데 실패했다. 여성주의 관점의 운동 방향과 정체성에 관한 논의는 멈춰 있는 상태였다. IMF 체제 아래 고용 없는 성장과 취업 불안의 공포는 기층 여성들에게 더욱 가혹했다. 이들과 성공한 알파걸과의 격차는 더욱 커졌다. 여성 내부의 차이가 확대되며, 비정규직 일터로 나온 여성들은 일-가족을 양립시키는 데 더욱 어려움을 겪고 있었다. 여성운동은 여성주의 관점에서 '진보란 무엇인가?'를 되물으며 구체적 현실에서 여성 문제를 분석하고 다양한 실천을 모색하며 진보성을 만들어가야 한다는 과제에 직면했다(윤정숙, 2004: 68). 무엇보다 여성운동 20년의 결과인 제도적 평등을 넘어 무엇을 할 것인지를 논의해야 했다. 형식적 평등은 신자유주의 체제에서 젠더를 '비가시화'하는 그늘을 만들어내기 때문이었다. 정부 정책에서는 복지 서비스를 필요로 하는 취약 계층이 아닌 이상 단독 주체로서 여성은 담론과 정책의 중심에서 사라졌다(류진희, 2015: 52).

7. 신자유주의 여성 주체의 정치성과 온라인 페미니즘

한국 사회에서 페미니즘 담론이 사라지다시피 하는 동안 젊은 여성들의 정치적 목소리가 주목받았던 몇 개의 국면이 있었다. 그 가운데 2008년 미국산 쇠고기 수입 재개 반대 촛불 정국은 새로운 '여성 정치 주체'가 부상하는 과정이었다. 촛불 정국에서 주도적 역할을 했던 이들 젊은 여성들은 외모관리 커뮤니티 삼국카페(소울드레서, 쌍커플 코성형, 화장발 등)의 회원들이었다. 여성 전용 웹사이트의 이용자 정체성에 대한 관심과 논의가 증폭되었

영페미니스트 온라인 사이트

1990년대 후반과 2000년대 초반에 폭발했던 영페미니스트들은 온라인 페미니즘을 조직하고 달나라 딸세포, 언니네트워크 같은 사이트들을 여성주의 공간으로 운영하며, 여성운동과 문화평론, 성폭력, 미혼모, 비혼식 등의 여성 관련 정보, 소수자 인권 및 연대 관련 콘텐츠를 제공했다. 이 온라인 사이트들에서 여성들은 글을 쓰고 이야기하며 생활을 공유하는 대안적 여성 공간을 창출했다. 포털 대기업이 '마이클럽'과 같은 여성 전용 상업 사이트를 서비스하며 이들 공간은 운영의 어려움을 겪었다.

다. 그동안 소비 주체로 포섭되어 있다고 비난받은 여성들이 소비와 사적 영역에만 함몰되어 있는 것이 아니라는 것을 보여주었기 때문이다(윤명희, 2013: 145).

외모 관리 커뮤니티의 여성 회원들은 자신들의 온라인 공간에서 패션, 화장, 성형 등의 일상 관심뿐 아니라 다양한 정치적 관심을 같이 이야기하고 있었다. 이들 커뮤니티는 일반 여성 사이트와 여성주의 사이트라는 이분법이나 일상과 정치의 위계적인 이분법으로 설명할 수 없는 실천을 보여주었다. 삼국카페의 여성들은 광우병 쇠고기라는 먹거리의 위기에 대응해 갑자기 정치적 목소리를 높였던 것이 아니었다. 이들은 커뮤니티의 일상 속에서 다양한 유형의 정치적 실천을 통해 오랫동안 자신들을 정치적 주체로 구성해오고 있었다(윤보라, 2011; 윤명희, 2013). 촛불 광장의 여성 정치 주체는 외부 조건에 의해 갑자기 부상한 것이 아니라 온라인에서의 일상적 실천을 오프라인에서 수행함으로써 사회적으로 가시화되었을 뿐이었다.

여성 커뮤니티의 역사는 PC통신 시대의 여성 사이트와도 친연성이 있지만, 초고속 인터넷이 확산되던 2000년대 초반 닷컴 열풍을 타고 우후죽순 생겨났던 상업 여성 전용 사이트의 기억에서 찾아볼 수 있다. 페미니즘의 반동기를 통과하며 여성들은 페미니즘의 정치적 올바름에서 벗어나 화장, 외모, 다이어트, 연애, 결혼, 시댁 이야기 등을 이야기할 공간을 원했다. 마이클럽, 루루, 주부닷컴, 아줌마닷컴, 여자와닷컴 등의 상업 여성 전용 사이트는 남성들의 사이버 (성)폭력으로부터 안전하고 자유로운 온라인 공간을 욕망하던 여성들의 환영을 받았다. 다음이나 네이버 등 대형 종합 포털 사이트가 카페라는 이름의 커뮤니티 서비스를 제공하면서 사이버 공간에서 여성들의 놀이터를 선택할 수 있는 범위는 더욱 넓어졌다. 이 사이트들은 외부에서 주어진 공간이었으나 한국 사회에서 일어나는 젠더 변동의 주요 장소가 되었다(윤보라, 2014: 174).

스스로를 현명한 소비자로 정체화하고 있던 젊은 여성들은 '지나치게' 상업적이었던 여성 사이트에 불만을 가지고 좀 더 독립적이었던 '삼국카페'나 '여성시대'와 같은 커뮤니티로 모였다. 이 커뮤니티의 유저들은 '20대 성인 여성으로서의 당당함과 주체성'을 내세웠다. 스스로 판단해 소비하고 자기

촛불 정국

촛불은 2002년 미군 장갑차 사건의 여중생 미선-효순 죽음을 애도하던 광장에서 시작되었다. 이후 2004년 노무현 대통령 탄핵 반대 촛불 시위를 거치며, 2008년 미국산 쇠고기 수입 재개 반대 운동에서 정점에 이르렀다. 촛불은 2016년 탄핵 정국에서 다시 한번 타올랐다.

계발을 하면서 이 사회의 열려 있는 가능성을 획득해갈 수 있다고 여기는 신자유주의 개인주체들이었다. 온라인 커뮤니티 여성들은 자신들을 페미니스트로 정체화하지 않았고 오히려 페미니스트가 아니라는 정서가 더 강했다. 그러나 이들은 페미니즘의 언어를 채택해 자신의 경험과 위치를 성찰하고 여성혐오나 성차별에 대항할 수 있는 힘을 기르고자 했고 자신의 주장이 어떤 면에서는 페미니즘에 공명한다는 것도 알고 있다. 이들은 여성운동이 쟁취해온 페미니즘의 수혜를 누리면서 여성으로서 겪게 되는 차별과 억압에 저항했다. 그러나 신자유주의 가부장제를 내면화한 어떤 특정한 실천들로 자신이 보상을 받고 있다는 것과 그것이 가부장 체제의 유지에 복무하고 있다는 것에 대해서는 성찰하지 않은 채였다(손희정, 2015: 43). 이들은 2000년대 초반 영페미니스트와는 달랐다.

촛불 광장에서 이들은 '배운 여자'로 거듭났다. 촛불 정국에서 활약하던 삼국카페 여성들은 "여자들이 너무 나댄다", "배운 년들이 거세다" 등의 비판에 맞서 '배운 녀자'라는 말로 응답했다. 이들이 손에 든 빨간 피켓은 "너희들이 우리를 배운 년들이라고 몰아댄다면 우리는 '그래, 우리는 배운 여자다!' 라고 답하겠다"고 말하고 있었다. '녀'자라는 표현을 통해 1920년대 신여성들과 자신들을 유비시켰다(권김현영, 2017). 이들은 광장의 정치 참여를 통해 가부장제 이데올로기에 포획되어 화장이나 성형 정보에 몰두하는 주체로서 기입되던 '된장녀'의 기표를 '배운 여자'라는 기표로 대체했다(김수아, 2012: 204). 정치 참여의 경험은 온라인 여성 주체들에게 더 많은 페미니즘의 언어와 사유가 필요하다고 말해주었을 것이다. 그러나 이들은 앞선 여성운동 선배들이 고민하던 페미니즘의 담론이나 시각과는 다른 실천들을 해갈 것임은 분명했다.

8. 지금, 여기, 디지털 네이티브 세대의 페미니즘

한국 사회가 보여주는 최근의 상황은 얼핏 1990년대 페미니즘의 대중화 현상과 유사하다. 젊은 여성들뿐 아니라 10대 청소년 여성들도 자생적으로 페미니스트 의식을 고양하고 페미니스트 정체성을 선언한다. 현재 한국 사회의 페미니즘을 이끌고 있는 젊은이들은 디지털 네이티브 세대이다. 1990년대 태어나 1998년 인터넷 폭발 시대에 초등학생이던 이들은 인터넷 사용이 일상화된 세대이며 온라인과 오프라인의 삶을 구분하지 않는다. 광대한 네트는 이들의 삶의 조건이자 기반이다(김수아 2015; 장민지, 2016). 이들은 학교가 아니라 여초 커뮤니티에서 그리고 대중문화로 페미니즘을 배웠다. 소비자본주의와 대중문화의 수혜 속에 자란 이들을 소비자 정체성으로부터 분리할 수 없다.

또한 이들이 태어난 1990년대 초반은 여아 낙태가 횡행하던 시대이다. 1990년대 여아 100명 당 남아 수는 116.5명(자연수준 106)이다. 셋째 아이 성비는 남아가 193명이다. 친구들과의 대화에서 '여자여서 태어나지 못할 뻔했다'는 얘기가 나오고 '동생도 태어나지 못할 뻔' 한 것을 경험했다(박송이, 2016.9.27.). 미디어에서는 여성 상위, 여풍 당당, 여인천하를 말하고, 여성 평등권의 제도가 마련되어 있으나 실제 현실에서 여성에 대한 억압과 폭력이 사라지지 않았다는 모순을 가슴에 품고 있는 세대라고 토로한다(이민경, 2016b).

디지털 네이티브 세대가 경험하고 있듯이 2015년 페미니즘의 재부상은 우연한 것이 아니다. 기존 여성운동 세대가 성취해온 법적, 제도적 권리가 이미 당연한 것으로 주어져 있던 시대에 성장한 이들이 분노를 쌓아오고 있었다. 이들이 일상에서 경험하는 차별과 억압의 고통을 트위터와 페이스북

페미니즘 '다시 시작'

2015.2.10	'#나는_페미니스트입니다' 해시태그 운동 시작
2015.5.29	메르스 갤러리 개설됨
2015.8.6	메갈리아 독립 사이트 개설 2017년 중단. 페이스북 메갈리아2, 메갈리아3, 메갈리아4, 메르스 갤러리 저장소 등을 운영하다 현재 메갈리아4만 운영됨
2016.1.22	메갈리아에서 '워마드' 분화, 워마드임시대피소를 거쳐 '다음' 공개 카페 운영
2016.4.7	불법동영상 음란물사이트 '소라넷' 폐쇄운동으로 사이트 폐쇄
2016.5.17	강남역 여성 살인 사건 발생
2016.7.18	넥슨 게임캐릭터 클로저스 티나 성우 교체, '예스컷' 운동
2016.10	'#문화예술계_내_성폭력' 해시태그 운동
2016.11~12	박근혜 퇴진 촛불 집회
2018.1.29	서지현 검사, 성폭력 피해 고발, '미투 운동' 촉발
2018.3.15	안희정 전 충남지사 성폭력 가해 고발, '스쿨 미투 운동'
2018.5.19~	불법 촬영 편파수사 규탄 시위(혜화역), 낙태죄 폐지 운동
2019.4.11.	헌법재판소 '낙태죄 헌법불일치' 결정
2019.9.9	대법원 안희정에게 업무상 위력에 의한 간음(추행죄) 징역 3년 6월 판결 확정.

으로 공유하며 페미니즘의 언어로 싸우고 있을 때 영페미니스트 선배들의 경험과 접속하게 된다. 1990년대 영페미니스트 역시 현실의 모순에 대항하며 싸워왔던 선배들이다. 학생운동이 쇠퇴하고 사회에 편입되어 사라진 것

으로 보였던 영페미니스트들은 학생 시절의 문제의식을 가지고 자기 자리에서 의견을 내고 있고, SNS를 통해 디지털 페미니스트와 만났다(권김현영, 2017).

올드 페미, 영페미, 영영 페미, 디지털 페미 등은 모두 페미니즘의 역사 속에서 여성 주체로 만나고 있다. 2000년대 여성운동이 고민하던 새로운 페미니즘의 담론과 운동성이 이 만남 속에서 어떻게 새로운 패러다임으로 창출되고 새로운 길을 만들어갈 것인지는 미지수이다. 그러나 페미니즘 운동이 여성주의 인식론, 여성학, 여성운동의 삼중의 실천이라는 점에서 무엇을 해야 할지는 비교적 분명한 셈이다.

더 읽을거리

수잔 팔루디(2017/1991). 황성원 역. 『백래쉬: 누가 페미니즘을 두려워하는가?』. 아르테.

앤 브룩스(1997/2003). 김명혜 역. 『포스트페미니즘과 문화 이론』. 한나래.

유선영 외(2013). 『지금, 여기, 여성적 삶과 문화: 위태로운 시대와 그녀들의 일상적 응전』. 이화여자대학교출판문화원.

생각해볼 문제

1. 호주제 폐지는 가족 내에서 여성의 위치와 권리를 어떻게 변화시켰을까?
2. 대중문화는 어떻게 페미니즘을 상품화하고 다시 페미니즘의 성취를 해소시켜버렸을까?
3. 촛불 광장의 '삼국카페'는 온라인 커뮤니티의 일상생활에서 어떻게 정치적 실천을 한다는 것일까?
4. 남성들이 페미니즘이 자신들을 차별하고 있다고 여기는 사례와 근거는 어떤 것들이 있을까?
5. 여성운동단체들은 지금 어떤 운동을 하고 있을까?
6. 디지털 페미니스트는 삼국카페의 온라인 여성 주체와는 어떤 차이와 공통점이 있을까?

2장

퀴어 이론과 교차성

나영

머릿속에 '성'과 관련된 단어를 떠올려보자. 그다음 떠오른 단어들을 차례로 적어보자. 이 장을 다 읽은 후 그 단어들을 다시 보았을 때 자신이 적은 단어들이 어떻게 연결되는지, 또는 그 단어의 목록을 통해 자신이 가지고 있었던 성에 대한 편향된 생각은 무엇이었는지 찾아보면 좋을 것이다.

이 장에서는 퀴어와 교차성에 대해 다룬다. 두 가지 모두 다소 복잡한 개념이지만 현대 사회를 이해하는 데 있어서 매우 중요한 개념이고 특히 최근의 정치, 사회, 문화, 경제 전반에 걸쳐 다양한 영향을 미치고 있는 것이기도 하다. 또한 영화, 드라마, 음악, 스포츠 등 여러 문화 영역에서도 미디어 콘텐츠의 구성과 제작, 보도 윤리 등에 많은 변화를 만들어내고 있다.

일례로, 이제 미디어에 등장하는 정치인이나 주요 인물들은 이성애자만이 아니며 드라마와 영화 등에는 다양한 성별 정체성과 젠더 표현을 지닌 인물들이 등장한다. 파트너나 가족 구성의 형태도 다양해지고 있다. 넷플릭스의 드라마들은 이러한 변화를 적극적으로 보여준다. 넷플릭스 제작 드라마 〈원 데이 앳 어 타임One day at a time〉에는 여성 3대로 구성된 쿠바 이민자 가정이 등장하는데 이민 2세대인 엄마 페넬로페는 이라크 파병 군인 출신으로 혼자 아이 둘을 키우는 간호사이며, 3세대인 딸 엘레나는 자신의 성별 정체성을 논바이너리로 정체화한 애인과 사귀는 페미니스트 레즈비언이다. 건물주인 슈나이더는 캐나다 출신의 백인 남성이지만 사회적으로 기대되는 역할에 어긋나 있는 캐릭터로 나온다. 이들이 미국이라는 공간에서 살아가면서 경험하는 일들은 이민자라는 정체성뿐만 아니라 성별, 성적 지향, 연령, 국적 등에 따라 다양한 형태로 교차한다.

퀴어와 교차성에 대한 이해는 정치, 경제 영역에서의 변화를 다루는 데에 있어서도 중요하다. 우리는 이제 게이/레즈비언/트랜스젠더 정치인들을 볼 수 있고, 각국 정상의 부인들이 모여서 찍은 사진에 게이 총리의 파트너가 함께하고 있는 모습을 볼 수 있다. 동성 결혼의 인정과 가족 구성의 변화, 성소수자 노동자들의 가시화는 기업 문화와 소비 시장의 변화를 추동하고 있으며, 성소수자의 인권 이슈는 국제 정치에서도 전쟁이나 원조, 경제 제재, 무역 제한을 가하는 데 다양한 명분으로 작동하고 있다.

이 장에서는 이러한 변화들을 읽어내기 위해 필요한 기본 개념들과 몇 가지 정치사회적 주제들을 살펴볼 것이다.

1. 섹스, 젠더, 섹슈얼리티

퀴어를 이해하기 위해서는 먼저 기본적으로 섹스, 젠더, 섹슈얼리티의 개념을 이해할 필요가 있다. 퀴어와 관련된 다양한 논의들이 섹스, 젠더, 섹슈얼리티의 사회적 의미와 논쟁에 밀접하게 연결되어 있기 때문이다. 한국을 비롯한 한자권에서 사용하는 '성'의 경우 성씨, 성별, 성행위를 비롯하여 성과 관련된 문화, 규범, 가부장적 가족 체계에 이르기까지 다양한 의미를 함축하고 있다는 점에서 섹스, 젠더, 섹슈얼리티의 사회적 논쟁점을 모두 포괄하고 있는 용어라고 볼 수 있다.

우선 '섹스sex'에 대해서 이야기해보자. 이 단어는 일반적으로 '성별'과 '성관계'라는 두 개의 의미를 지니고 있다. 이 때, '성별'은 남성과 여성이라는 두 개의 범주로 구분되고, 모든 사람은 성기 모양, 신체적 특징, 염색체, 호르몬 등의 생물학적 조건에 따라 이 두 개의 성별 중 하나에 해당되는 것으로 이해된다. 또한 '성관계'를 의미할 때는 이 두 개의 서로 다른 성별을 지닌 사람이 성기 결합을 비롯하여 다양한 성적 행위를 나누는 것으로 전제된다.

'섹스sex'는 특히 생물학적이고 본질적인 것, 자연의 법칙 같은 것으로 이해되기 때문에 '성별'과 '성행위'에 대한 이러한 이분법적 이해는 마치 모든 자연세계의 보편적 원칙인 것으로 생각하기 쉽다. 그러나 실제의 자연 세계에는 무수히 많은 예외가 존재한다. 인간은 물론이고 모든 식물과 동물은 단 두개의 성별로만 존재하지 않으며, 서로 다른 성별 사이에서만 성행위를 하거나, 서로 다른 성별 간의 성행위를 통해서만 새로운 생명의 재생산이 이루어지는 것도 아니니다. 따라서 성별과 성관계를 이분법적인 방식으로 구분하는 것은 오히려 인간 사회가 의도적으로 구성한 범주라고 할 수 있다. 우리가 일반적으로 '생물학적' 기준이라고 여기는 외부성기나 염색체, 호르몬 등도 발달과정이나 개인의 특성에 따라 다양한 변수를 지닌다.

일례로, '간성intersex'인 사람들의 경우 이 사회의 이분법적인 성별 범주로는 자신의 성별을 정확하게 정의하기가 어렵다. 간성인들 중에는 예를 들어, 난소와 정소를 모두 가지고 태어나는 사람들도 있고, 외부 성기와 내부 생식기의 성별 특징이 다른 경우도 있다. 또는 xx 염색체를 지니고 있으나 남성 호르몬으로 구분되는 안드로겐이 많이 분비되는 경우와 그 반대인 경우, 염색체의 구성이 xxy, xxxy 등으로 x 염색체가 많은 경우, xx 염색체 사이에 y 염색체의 일부가 끼어들어간 경우 등 다양한 경우가 있다. 한편 태어났을 때 외부적으로 드러나는 간성의 특징이 있을 경우 의료진이 성별을 결정짓는 수술을 행하기도 하는데 이는 간성인 당사자의 동의 없이 이루어지는 결정일 뿐만 아니라 자라면서 다른 특징들이 나타나기도 하므로 자신의 성별 정체성에 따라 살아가야 할 당사자의 인권을 침해하는 행위이다.

그렇다면 외부 성기와 염색체, 호르몬, 2차 성징 이후의 신체 발달이 각기 다른 조합으로 나타날 수 있음에도 출생 시 확인되는 외부 성기의 특징만으로 성별을 결정짓는 수술을 한다는 사실은 오히려 성별의 결정이 사회적인 구분 기준에 의해 규정되고 있다는 점을 보여주고 있는 것이 아닐까? 외부 성기와 염색체, 호르몬, 2차 성징 이후의 신체 발달이 각기 다른 조합으로 나타날 수 있음에도 출생 시 확인되는 외부 성기의 특징만으로 성별을 결정짓는 수술을 한다는 사실은 오히려 성별의 결정이 사회적인 구분 기준에 의해 규정되고 있다는 점을 보여주고 있는 것이다.

이러한 사실에서 알 수 있듯이 성별은 훨씬 복잡하고 사회적이며 정치적인 의미를 담고 있다. 주민등록번호의 숫자 1과 2, 3과 4가 의미하는 것처럼 성별에 따른 분류 체계가 존재하고, 사회에서는 출생 시 부여받은 성별에 따라 많은 것들이 기대되거나 규정된다. 성별은 가족과 사회에서의 지위를 규정하기도 하고, 특정한 옷이나 머리모양 등 외모에 대한 기대를 규정하기도 하며, 성별에 따라 다르게 기대되는 역할과 능력을 규정하기도 한다. 또한 이런 것들은 일종의 표식으로서의 역할을 한다. 그래서 사람들은 누군가가 여성인지 남성인지를 구분할 때 굳이 그 사람의 생식기 모양이나 염색체, 호르몬 등을 확인하지 않더라도 그 사람의 외모나 행동, 주민등록번호 등을 보고 성별을 인식하게 되는 것이다.

'젠더gender'는 이처럼 이미 이분법적 범주 하에 전제되어 있는 '섹스'를 바탕으로 하여 그에 따른 성별 규범, 성 역할의 수행 등을 통해 성별을 구분짓는 체계이자, 이를 인식하고 수행해나가면서 형성되는 성별에 대한 사회적 인식을 분석하기 위한 범주라고 할 수 있다.

처음으로 '젠더'라는 이름의 개념을 사용한 사람은 정신의학자였던 로버트 스톨러Robert Stoller이다. 그는 남성으로 자랐지만 여성의 신체로 자신을 변화시킨 사람들을 연구한 결과를 토대로 〈섹스와 젠더Sex and Gender〉라는 글을 썼다(Stoller, 1968). 그는 자신의 연구를 통해 신체적, 생물학적 요소를 바탕으로 정의하는 섹스와 사회와 문화의 영향에 따라 형성되는 정체성으로서의 젠더를 구분할 것을 제안했다. 또한 스톨러는 당시 이를 일종의 심리학적, 정신적 질병으로 다루었다. 한편, 시몬 드 보부아르Simone de Beauvoir는 "누구도 여성으로 태어나지 않는다. 여성이 되어가는 것이다"[1]라는 명제를 통해 아예 여성이라는 성별을 규정해온 전제들에 문제를 제기했다. 일례로, 여전히 모든 여성은 타고난 생물학적 특성에 따라 여성의 생식기와 풍만한 가슴, 자궁을 지니고 있고 따라서 아이를 낳는 존재이며, 그 역할을 잘 수행할 수 있도록 모성이라는 본능이 있다고 전제된다. 그뿐만 아니라 그러한 생물학적, 근본적인 특성으로 인해 근육이 많이 발달하지 않고, 남성에 비해 감성적, 감정적이며, 논리적인 판단력을 가지고 공적 역할을 수행하기보다는 돌봄, 양육, 가사 등의 사적 영역에서의 역할을 수행하기에 알맞다고 여겨진다. 그러나 보부아르에 따르면 일반적으로 사회에서 여성의 특징이라

---

1 보부아르의 〈제2의 성〉에 실린 원문의 문장은 "One is not born, but rather becomes, a woman"이다.

고 여겨지는 이러한 것들은 생물학적으로 타고난 특성이거나 본질적인 것이 아니라, 오히려 사회가 '여성'을 그러한 존재로 규정하고 그 범주 안에서 여성의 특징과 역할을 설정하여 길들여 온 결과라고 할 수 있다. 보부아르는 이를 논증하며 '여성'은 그 자체로 본질적인 범주가 아니라 남성의 '타자'로서 설정된 범주라고 보았다. 보부아르는 '젠더'라는 개념이 있기 전에 이미 성별 범주로서의 '섹스'가 사회적으로 규정된 개념임을 논증한 것이다. 따라서, 흔히 이해하듯 단순히 '섹스는 생물학적인 성', '젠더는 사회적인 성'인 것이 아니라 이미 '섹스'와 '젠더'는 사회의 이분법적인 성별 범주 체계 안에서 서로 연동되어 있는 개념이라고 볼 수 있다.

한편, 젠더는 섹스와 마찬가지로 이미 사회적으로 규정력을 지니기 때문에 대부분의 사람들은 자신에게 부여된 생물학적 조건과 사회적 조건에 따라 자신의 성별 정체성을 형성해나간다. 즉, 누군가가 자신의 성별정체성을 '여성'이라고 인식한다는 것은 스스로 자신의 섹스와 젠더를 사회적 범주 안에서 이해되는 '여성'이라는 정체성에 어느 정도 일치시켜 형성하고 있다는 의미이다. 그런데 자신의 젠더 정체성이 이러한 사회적 범주 안에서의 정체성과 다른 사람들이 있다. 트랜스젠더는 '자신이 생물학적으로 타고난 조건에 따라 부여된 젠더와 실제 자신의 젠더 정체성이 일치하지 않는 사람'이다. 그래서 트랜스젠더는 자신의 성별 정체성에 따라 살아가고자 하며 자신의 정체성과 어긋나는 신체에 불일치감을 느끼고 이를 일치시키는 수술을 하기도 한다. 사회는 이미 교육, 노동, 관계 등 모든 영역에서 특정한 성별 체계를 통해 작동하고 있기 때문에 트랜스젠더에게 자신의 성별 정체성과 다르게 사회적으로 부여된 성별을 의료적 조치나 법적 인정을 통해 정정하는 것은 일상뿐 아니라 학업, 취업 등 사회생활에 영향을 미치는 중요한 문제이다. 하지만 모든 트랜스젠더가 자신의 신체적 조건을 완전히 다른 성별의 몸으로 바꾸기를 원하는 것은 아니다. 예를 들어 어떤 MTFMale To Female인 여성은 자신에게 부여된 남성이라는 성별에 불일치감을 느끼고 여성으로 살아가고자 하지만, 그것이 반드시 화장과 긴머리를 고수하며, 매일 치마 입는 삶을 유지하기를 원한다거나 완벽하게 여성 신체로 탈바꿈해야만 한다는 것을 의미하는 것은 아니다. 다른 여성들처럼 자신에게 편한 짧은 헤어스타일에 바지를 입을 수도 있다. 그러나 대부분의 사람들이 겉으로 드러나는 신체 모양과 외모, 옷차림을 연결시켜 타인의 성별을 인식하기 때문에 트랜스젠더 여성은 자신의 성별 정체성에 맞춰 살아가기 위해 오히려 다른 여성들보다 더 사회적으로 전형화된 젠더 표현에 맞추어야 패싱passing이 이루어진다. 트랜스젠더는 그 자체로 사회의 이분법적인 섹스와 젠더의 구분에 균열을 내기도 하지만, 동시에 젠더 규범을 계속해서 해체해나가는 것은 트랜스젠더에게 수반되는 사회적 억압에 대응하기 위해서도 중요한 문제라고 할 수 있다. 트랜스젠더인 사람들은 사회의 성별 이분법적인 기준에 맞추어 성기 변경 수술까지 마쳐야만 성별 정정을 인정해주는 법적 규제도 폐지할 것을 요구하고 있다.

사회의 성별 이분법으로 인해 삶에 어려움을 겪는 이러한 상황들을 변화시키기 위한 오랜 노력의 결과로, 2011년 호주에서는 최초로 출생증명서의 성별란에 제3의 성을 기재할 수 있도록 했고, 이후 여러 국가에서 남성과 여성 외의 성별 등록을 인정하는 변화가 이어지고 있다. 네팔에서도 2013년부터 신분증에 제3의 성을 표기할 수 있도록 했고, 독일의 경우 2019년부터 인터섹스인 사람들이 공식 문서에 '다양성diverse'이라는 항목으로 성별을 표시할 수 있게 되었다. 또한 독일은 출생 시 성별란을 공란으로 남겨두었다가 이후 본인이 스스로 자신의 성별 정체성에 따라 공식적인 성별을 결정할 수 있도록 하고 있다.

마지막으로 '섹슈얼리티'는 신체적인 성관계를 의미하는 '섹스sex'와 구분하여 성적 욕망, 성적 지향, 성적 취향, 성적 판타지 등을 정의하고 형성하는 사회적 영역을 의미하는 용어이다. 앞서 섹스와 젠더가 사회적이라는 점을 살펴본 바와 같이 섹슈얼리티 또한 사회적이라는 점이 중요하다. 즉, 섹슈얼리티는 사회, 문화, 역사적으로 다르게 형성되고 이에 대한 인식이나 인정/관리 체계도 다르게 나타나며, 변화한다는 것이다. 대표적으로 동성애 섹슈얼리티는 어떤 문화권에서는 관습처럼 여겨지고, 어떤 문화권에서는 강력한 처벌이나 병리화의 대상이 되어왔으며, 현 시대에는 여러 국가에서 자연스러운 것으로 인식되고 있다.

한국의 군형법 92조의 6[2] 역시 동성애를 처벌하는 법으로 남아 있다. 군대 내 성폭력은 군형법 15조 '강간과 추행의 죄'를 근거로 처벌될 수 있음에도 불구하고 '항문성교나 그 밖의 추행을 한 사람'이라는 규정을 통해 동성 간 성관계를 처벌할 수 있는 조항을 별도로 두고 있기 때문이다. 이 조항은 군대 내 동성 간 성폭력에 대해서 왜곡된 인식을 갖게 하고 권력에 의해 벌어지는 성폭력을 욕망의 문제로 인식하게 한다는 점에서도 매우 문제적이다. 남성 중심의 상명하복 문화가 지배하는 군 내에서는 계급 권력을 이용한 성폭력이나 조직적 성폭력이 이루어지는 경우가 대부분임에도 불구하고 이 조항으로 인해 오히려 피해자가 동성애자일 경우 자신이 처벌받게 될까봐 신고를 하지 못하는 경우가 발생해오기도 했다.

한편 페미니스트들은 여성의 섹슈얼리티를 관리하고 통제함으로써 남성

---

2 군형법 92조의 6(추행) 제1조 제1항부터 제3항까지에 규정된 사람에 대하여 항문성교나 그 밖의 추행을 한 사람은 2년 이하의 징역에 처한다. 이 조항은 2013년 개정 이전까지 '계간鷄姦이나 그 밖의 추행을 한 사람은 2년 이하의 징역에 처한다'라고 되어 있었다. 계간은 닭의 성관계를 의미하는 것으로 남성 간의 성관계를 비하하는 표현이다.

성적 지향과 성별 정체성

성적 지향이란 상대를 향한 성적 끌림의 방향을 말한다. 이때 성적 끌림이란 성적 행위와는 다르다는 점을 구분할 필요가 있다. 성적 끌림은 성적 행위와 반드시 연결되지 않을 수도 있다. 이성과의 성적 경험이 없는 이성애자가 있듯이 동성과의 성적 경험이 없는 동성애자도 있는 것이다. 또는 동성과의 성적 경험이 있다 해도 성적 지향으로는 동성애자가 아닐 수 있다. 성적 지향을 나타내는 개념으로는 이성애Heterosexual와 동성애Homosexual가 있고, 이성과 동성 모두에게 성적 끌림을 느끼는 양성애Bisexual, 상대의 성별 정체성에 상관없이 어떤 사람을 향한 사랑의 감정을 중요시하는 범성애Pansexual, 상대에게 매력이나 사랑은 느끼지만 성적인 끌림을 가지지는 않는 무성애Asexual 등이 있다. 성소수자를 의미하는 영어 약자로는 보통 LGBTAIQQLesbian, Gay, Bisexual, Transgender, Asexual, Intersexual, Questioning, Queer가 사용된다.

성별 정체성은 자신의 성별에 대한 정체성을 의미한다. 이때 성별 정체성은 자신의 섹스와 젠더에 관한 복합적인 정체화 과정을 통해 구성된다. 자신의 성별 정체성이 태어났을 때의 신체적 조건 등을 바탕으로 사회에서 부여된 성별과 일치하지 않아 다른 성별로 정체화하는 경우를 트랜스젠더Transgender라 하고, 지정 성별 남성이 여성으로서의 성별 정체성을 지닌 경우를 MTFMale To Female 트랜스젠더, 반대의 경우를 FTMFemale To Male 트랜스젠더라고 한다. 반면, 사회적으로 지정된 성별 구분과 자신의 성별 정체성이 일치하는 경우를 시스젠더Cisgender라고 하고, 자신이 양성의 특성을 모두 지니고 있으면서 두 성별이 섞여 있다고 정체화하는 경우 안드로진Androgyne이라고 한다. 이 밖에도 자신의 성별을 남성이나 여성이라는 두 개의 기준 안에서 한 쪽으로만 정체화하지 않고 유동적인 경우

논바이너리Non-binary, 데미젠더Demigender 등으로 정체화하기도 하고, 어떠한 젠더에도 속하지 않는다고 정체화하는 경우 에이젠더Agender라고 한다. 하나 이상의 젠더로서 자신을 정체화하는 경우에는 팬젠더Pangender라고 한다. 이렇게 성별 이분법에서 벗어나는 다양한 성별 정체성을 포괄하는 용어로 젠더퀴어Genderqueer가 있다. 인터섹스Intersex의 경우는 호르몬, 염색체, 외부 생식기 등 생물학적, 신체적 조건이 양성의 특성을 모두 지니고 있는 경우이며 이는 생물학적 지정 성별과 자신의 성별 정체성의 불일치에 따라 정체화되는 트랜스젠더와는 다르다.

중심적인 정치와 경제, 문화를 유지해온 구조의 문제를 다루어왔다. 남성 섹슈얼리티는 보다 자유롭게 용인되고 적극적으로 실천되는 반면 여성들의 섹슈얼리티는 남성들의 욕망에 맞추어 통제되도록 함으로써 여성의 위치를 취약하게 만들어온 사회적, 정치적 구조가 존재하기 때문이다. 이는 성별에 따른 동성애자의 사회적 가시화의 차이를 통해서도 드러난다. 남성들은 자신의 성적 욕망을 보다 자유롭고 적극적으로 탐색하는 주체로 여겨지기 때문에 남성 동성애자에 대한 사회적 금기와 처벌은 보다 강력하게 유지되어왔던 반면, 여성들은 스스로 다른 방식의 성적 욕망을 실현하는 주체로 여겨지지 않아 여성 동성애자들은 상대적으로 비가시화되어온 것이다.

섹슈얼리티는 단지 개인의 욕망이나 취향의 문제만이 아니라 정치적이고 경제적인 구조 속에서 작동하고 있다. 많은 문화권에서 동성애 섹슈얼리티를 억압하고 이성애 섹슈얼리티만을 자연스러운 것으로 용인해온 이유, 여성 섹슈얼리티를 통제해온 이유는 이성애 관계를 통해 가족 단위를 구성하고 남성 중심의 혈연을 통한 상속과 노동력 재생산이 지속적으로 유지되게 하기 위해서이다. 따라서 섹슈얼리티에 대한 사회적 인정과 통제의 변화는 사람들의 관계, 이동, 노동, 가족 구성이나 파트너십의 변화 등에 연결된 문제이기 때문에 새로운 문화를 형성할 뿐만 아니라 다양한 경제적 변화도 추동하게 된다.

2. Born this way? 성소수자 권리 운동과 정체성의 한계들

앞서 살펴보았듯이 섹스, 젠더, 섹슈얼리티가 모두 사회적으로 규정되고 구성된다는 사실은 사람의 성별과 성적 지향, 욕망 등을 단순히 이분법적이거나 본질적인 것으로 치부할 수 없으며, 따라서 모든 사람들이 생물학적 특징을 통해 출생과 함께 자신에게 부여된 성별과 사회에서 당연하게 전제되는 이성애 섹슈얼리티를 지니지 않을 수도 있다는 것을 의미한다. 그러나 성별 이분법과 이성애만을 당연한 것으로 전제해온 사회에서는 그 차이를 비정상으로 다루거나 차별과 낙인, 처벌을 가함으로써 성적 규범과 역할을 통제해왔다. 여전히 일부 국가에서는 동성애자에게 사형이나 태형의 처벌을 가하고, 동성애를 음란 행위로 간주하며, 성적 지향을 강제로 바꾸려는 폭력적인 전향 치료나 교정 강간까지 벌어지고 있다. 따라서 성소수자 권리 운동에서 성적 정체성의 차이를 사회적으로 인정하고 성소수자들에게 동등한 권리를 보장하도록 하는 것은 여전히 매우 중요한 목표이다. 성소수자들은 이성애나 이분법적인 성별만이 자연스러운 것이 아니며 성적 정체성은 강제로 바꿀 수 있는 것이 아님을 강조해왔고, 남성/여성 동성애자는 여성/남성이 되고 싶은 사람으로 간주하는 사회에서 성적 지향과 성별 정체성의 차이를 설명하며 정체성의 구분을 구체화했다. 그리고 이런 정체성의 차이를 인정하고 긍정할 수 있도록 자긍심을 고취시키고 사회적으로 이를 가시화하는 커밍아웃을 장려하는 한편, 프라이드 퍼레이드 등을 통해 인식과 제도의 변화를 이끌어냈다. 그 결과 1990년 5월 17일에는 세계보건기구가 정신질환 진단 기준의 질병 목록에서 동성애를 삭제했고, 네덜란드, 독일, 프랑스, 아일랜드, 대만 등 여러 국가에서 동성 결혼이나 동성 간 파트너십을 제도적으로 인정하게 되었으며, 트랜스젠더의 성별 정정 요건 변화 등 구체적인 변화가 이루어지기도 했다. 정부와 기업에서는 성소수자에 대한 차별을 규제하는 다양한 법과 제도도 마련되고 있다. 성소수자는 이제 단순히 변태나 일탈자가 아니라 세계 곳곳에서 중요한 인구 집단이자 동등한 권리를 지니는 시민이 되었다.

그런데 여기서 잠깐 질문을 던져보자. 성적 지향이나 성별 정체성이 개인이 지니고 있는 고유한 '정체성'이라는 것은 어떤 의미를 지니는 것일까? 레이디 가가의 유명한 곡 'Born this way'는 제목처럼 당신이 누구이든 이미 그 자체로 완벽하게 창조되었고 그렇게 태어난 것이니 있는 그대로 자신감을 가지라고 용기를 북돋운다. 세계 각국의 프라이드 퍼레이드에서는 여전히 이 곡이 빠짐없이 울려 퍼진다. 그렇다면 정체성은 그렇게 태어났다는 의미인 것인가? 타고났다고 할 때만이 긍정될 수 있는 것일까?

다시 이 글의 앞 장으로 돌아가보자. 젠더 개념의 등장은 우리의 속성이 단지 타고난 생물학적 특성을 통해서 결정되는 것이 아님을 인식하게 해주었다. 『젠더트러블』의 저자 주디스 버틀러는 "젠더는 명사가 아니며, 자유롭게 떠도는 일군의 속성도 아니다. 우리는 이제 젠더의 본질적 효과가 젠더 일관성의 규제적 관행 때문에 수행적으로 생산되고 강제된다는 것을 알게 되었기 때문이다"라고 이야기한다(Butler, 2006). 즉 '남성성'이나 '여성성'이라는 것은 본질적인 실체가 있는 것이 아니고 사회적 규범을 개인들이 계속해서 내면화하고 수행함으로써 구성되어왔다는 것이다. 버틀러는 젠더가 강력한 규율로서 영향을 미치고는 있지만 동시에 이에 영향을 미치는 권력관계들의 변화에 따라 젠더 수행성 역시 변화할 수도 있다는 점을 강조한다. 버틀러의 이러한 논의는 정체성을 마치 본질적인 특성인 것처럼 인식하는 태도에 대해서도 다른 관점을 제시해준다. 즉, 정체성이란 타고나는 것이거나, 절대 변화나 예외가 있을 수 없는 고정된 것이 아니라 나와 외부의 관계에 따라 계속해서 구성된다고 볼 수 있는 것이다. 동시에, 정체성은 외부에 의해, 혹은 자기 자신에 의해 규정력을 갖는다. 사회가 특정한 정체성의 범주를 어떻게 설정하고 규정하는지, 그리고 이를 개인이 어떻게 내면화하고 수행하는지가 개인의 정체성 형성과 이를 바탕으로 한 정체성 집단의 형성에 중요한 영향을 미치는 것이다. 예를 들어 '한국 사람'이라는 정체성을 생각해보자. 이 정체성은 기본적으로 한 개인이 대한민국 국적을 가지고 태어났을 때 외부로부터 부여된다. 한국에서 태어나, 한국인 정체성을 지닌 부모와 친척, 친구 등과의 관계에서 생활하고, 한국인 정체성을 강조하는 학교와 사회에서 자라면서 우리에게는 한국인이라는 정체성이 자연스럽게 내면화된다. 한국에서 태어나지 않았더라도, 혹은 한국에서 태어났으나 한국인이 아닌 부모 사이에서 태어났더라도 자신을 둘러싼 구성원들과 소속된 공동체가 한국인 정체성을 중요하게 여기고 이를 강조한다면 자라면서 한국인이라는 정체성을 형성하게 될 것이다. 그러나 그렇지 않은 경우도 있다. 한국인 가정에서 태어났지만 다른 나라의 국적을 가지고 다른 나라에서 태어나 자란 경우 한국인이라는 정체성과 동시에 자신이 태어나 자란 나라의 구성원으로서의 정체성을 가질 수 있으며, 또는 아예 한국인이라는 정체성이 형성되지 않을 수도 있다. 한편 한국인이라는 정체성은 개인의 의식주, 생활방식, 사고방식, 언어, 태도 등에 다양한 영향을 미치고 집단적 힘을 강화한다.

서로가 집단적 정체성을 강조하고 이를 규범적으로 요구하거나 내면화하는 과정에서 그 규정력이 더욱 강화되기도 하는 것이다. 따라서 정체성은 한 개인이 자신이 속한 집단에서 자신을 승인받는 중요한 요소가 된다.

'이성애자'라는 정체성 역시 이와 마찬가지로 생각해볼 수 있다. 대부분의 사람들은 이성애자라는 정체성을 굳이 생각해볼 계기도 없을 정도로 이성애는 사회에서 당연한 것으로 전제된다. 여자아이는 분홍색 옷을 입고 인형놀이나 소꿉놀이를 하며, 남자아이는 파란색 옷을 입고 로봇이나 자동차, 조립 장난감을 가지고 노는 사회에서 우리의 취향, 태도, 성격 등은 사회의 성별 규범에 따라 상당히 깊은 영향을 받는다. 수많은 동화와 이미지, 미디어의 재현물은 이성애의 판타지를 보여주고, 이성을 향해 매력을 드러낼 수 있도록 외모나 의상, 행동 등을 맞춰가라고 이야기한다. 이러한 성별 규범과 성적 지향에 자신을 잘 맞춰가는 것은 이 사회에서 따돌림이나 차별, 처벌을 당하지 않고 성원권을 인정받는 과정이기도 하다. 그렇기 때문에 이 과정에서 다른 성적 지향이나 성별 정체성을 인지하게 되었다고 하더라도 많은 사람들은 이를 일시적인 것으로 여기거나 억누르기도 한다. '이성애자'라는 정체성은 모든 사람들이 자연스럽게 타고나는 것이 아니라 사회에 의해서 학습되고, 이를 수행하며 강화되는 것이다.

한편 성소수자 권리 운동은 이렇게 성별 이분법과 이성애 중심의 정체성을 요구하는 사회에서 다른 성별 정체성과 성적 지향을 지닌 사람들이 이를 개인적 일탈 혹은 병리적인 문제가 아닌 자연스러운 고유의 정체성으로 강조함으로써 성장해왔다. 그에 따라 점차 동일한 정체성 집단으로서의 의미와 규정, 구분도 강화되었다. 즉, '게이란 어떠한 사람들이고 레즈비언이란 어떠한 사람들이다'라는 식의 규정이 어느새 중요하게 자리를 잡게 된 것이다. 그러나 이러한 규정은 초기에 사회에서 성소수자를 집단적 정체성으로

전환 치료와 교정 강간

전환 치료는 개인의 성적 지향이나 성별 정체성을 의도적으로 변화시킬 수 있다는 전제하에 시도되는 행위를 의미한다. '치료'라는 명분으로 시행되지만 실제로는 대부분 종교적 행위를 통해 시도되거나 비과학적 행위들로 이루어진다. 과거에 시도되었던 전환 치료는 영상을 보여주면서 동성 간 성행위가 나올 때마다 전기 충격을 가하거나 심지어 뇌의 일부를 잘라내는 경우도 있었다. 그러나 이와 같은 행위는 오히려 더 극심한 자기혐오와 죄책감 등을 강화하여 개인의 정신 건강과 사회적 관계에 더욱 안 좋은 영향을 미치게 되고 심한 경우 자살로 몰아가기도 한다. 이에 2016년 세계정신의학협회는 전환 치료가 비과학적, 비윤리적이며 효과도 없고 유해하다는 공식 입장을 발표했다. 한국에서도 부모에 의해 강제로 종교 시설에 감금되어 종교 행위를 강요받거나 폭행을 당하는 일이 발생하여 2016년에는 '전환치료근절운동네트워크'가 결성되기도 했다.

한편, 교정 강간은 성적 지향을 변화시키겠다는 명분으로 이루어지는 강간 행위를 의미한다. 세계 곳곳에서 벌어지고 있지만 특히 남아프리카공화국의 경우 수많은 여성과 소녀들이 동성애자로 간주되어 교정 강간의 피해자가 되었다. 또한 이 문제는 단순히 동성애자에 대한 폭력이 아니라 남아프리카공화국의 복잡한 사회적 배경과 연동되어 있는 것으로, 경제적 불안과 가부장적 문화 속에서 행해진다. 교정 강간을 명분으로 지참금을 받고 강제로 결혼을 시키기도 하고, 지역의 목사와 가족 구성원들이 가해자가 되기도 한다. 이러한 배경 속에서 여성으로서 기대되는 역할을 하지 않는 여성과 소녀들, 축구를 하는 소녀들 중 다수가 피해자가 되었다.

서 설명하고 설득해내는 데에는 효과적이었지만 동일한 정체성 집단으로 간주된 성소수자 집단 내부의 차이를 간과하거나 무시하게 되는 결과를 낳기도 했다. 또한, 정체성을 고정된 틀로 설명할수록 이성애를 비롯한 기존의 규범적 정체성 또한 의도치 않게 재강화하는 효과를 가지기도 한다. 이어서 소개할 퀴어 이론과 상호교차성 이론은 이러한 문제들에 대한 중요한 통찰을 제시해준다.

3. 퀴어와 교차성

'퀴어'는 흔히 다양한 성소수자 집단을 한데 묶어 통칭하는 말이거나 게이, 레즈비언, 트랜스젠더, 인터섹스 등 특정한 정체성 집단으로 묶일 수 없는 '그 외'의 성소수자 집단을 일컫는 말로 이해되고는 한다. 그러나 이는 퀴어에 대한 정확한 이해가 아니다. 퀴어는 다양한 성적 소수자들에게 해당되는 말이기도 하지만 동시에 특정한 집단이나 정체성을 일컫는 말로 한정되거나 규정될 수 없기 때문이다. 퀴어 이론가이자 시각 문화 연구자인 데이비드 헬퍼린은 "퀴어 이론이 규범적인 학문 분야가 되어가면 갈수록 퀴어 이론이 그럴듯하게 주장하는 만큼 퀴어해질 수 없다"고 말한다(Halperin, 1990).

'퀴어'는 원래 동성애자들을 모욕하고 낙인찍는 말로 사용되었으나 동성애자들이 이를 오히려 적극적으로 전유함으로써 새로운 의미를 갖게 되었고, 나아가 동일하고 확정적인 정체성 집단의 범주를 의미하는 것 이상의 개념이 되었다. 테레사 드 로레티스는 1991년 학술대회에서 '퀴어 이론'이라는 명칭을 처음 사용한 것으로 알려져 있다(Wiegman, 1994). 비록 로레티스는

3년 후 '퀴어'가 자신이 기대했던 비판성이나 저항성을 불러오는 대신 또 하나의 정체성으로 고착되거나 소비문화적인 스타일로 고착되어 있다고 비판했지만((사)여성문화이론연구소, 2015), 여전히 정체성 정치를 넘어서고자 하는 퀴어의 의미는 중요하게 다루어지고 있다.

퀴어 이론에서는 "동성애자란 어떤 사람들인가?"라고 질문하는 대신 "무엇이 동성애자를 구성하는가?"라고 질문한다. 정체성을 규정하고 증명하는 것보다 정체성의 형성과 규범에 영향을 미치는 다양한 조건과 힘의 관계, 그에 따른 차이들을 다루는 것을 중요하게 여기기 때문이다. 즉 특정한 성소수자 집단이 지니는 정체성의 의미와 그들의 집단적 특성을 정의하고 이를 사회적으로 의미화하며 인정을 요구하는 것보다는, 애초에 특정한 섹슈얼리티와 성적 실천, 성별 정체성을 문제시하는 권력의 구조와 영향, 그에 따라 정상과 비정상을 가르는 이데올로기, 이를 지속시키거나 변화시키는 데에 영향을 미치는 다양한 힘들에 주목하는 것이다. 따라서 퀴어는 단지 성소수자 집단만을 의미하는 개념이 아니고, 동일한 언어로 정의될 수 없는 존재, 정상과 비정상의 경계를 흩트리는 존재, 규범과 규정을 해체하는 존재이며, 그러한 실천을 의미하는 개념이라고 할 수 있다.

이처럼 퀴어 이론이 권력의 작동 방식에 주목하면서 정체성을 불확정적이고 유동적인 것으로 보는 관점을 제시한다면 교차성 이론은 다양한 권력의 장이 교차하는 지점에 주목한다. 법학자인 킴벌리 크렌쇼는 1989년에 발표한 논문(Crenshaw, 1989)에서 구체적인 사례들을 통해 교차성에 접근해야 하는 이유를 설명했다. 크렌쇼가 제시한 하나의 사례는 다섯 명의 흑인 여성이 흑인 여성에 대한 고용차별을 이유로 제너럴 모터스를 고소한 사건이다. 그러나 판사는 제너럴 모터스가 백인 여성을 고용한 사례가 있어 이 사건을 성차별로 볼 수 없으며, 인종차별과 성차별을 동시에 다룰 수는 없다는 이유로 제너럴 모터스에 승소 판결을 내렸다.

또 하나의 사례는 휴즈 헬리콥터사에 제기된 소송이다. 이 사건의 경우 원고가 흑인 여성인 이유로 상급 숙련공 및 감독 업무를 수행하는 직책으로 승진하는 데 차별이 있었다고 주장했는데, 판결에서 인정되지 않았다. 소송을 제기한 흑인 여성이 흑인 여성으로서의 차별을 주장한 것이기 때문에 백인 여성까지 포함하는 '여성 일반'에 대한 차별로 보기 어렵다고 판결했던 것이다. 제너럴 모터스에 대한 소송에서는 백인 여성을 고용한 사실이 흑인 여성에 대한 차별을 성차별로 인정할 수 없다는 근거가 되었는데, 휴즈 헬리콥터에 대한 소송에서는 흑인 여성이 여성 일반을 대표할 수 없다는 이유로 소송이 기각되었다. 결국 여성 일반을 대표할 수도 없고, 흑인 일반도 대표할 수 없는 조건에 있는 흑인 여성은 자신이 겪은 차별을 성이나 인종 중 하나의 범주로는 인정받을 수가 없는 것이다.

교차성 이론은 이처럼 억압이나 차별이 하나의 축으로만 발생하지 않으며 인종, 성별, 연령, 지역, 국적, 장애, 계급 등 다양한 요소들이 교차하며 구성된다는 점을 드러낸다. 개인의 정체성 또한 이러한 사회적, 정치적 요소들의 다양한 교차점 위에서 규정되고, 구성되는 것이다. 이때 교차성은 여러 억압들의 단순한 '더하기'가 아니라는 점을 이해하는 것이 중요하다. 앞의 사례에서 확인할 수 있듯이, 흑인 여성이 경험하는 차별은 단순히 '인종차별 더하기 성차별'이 아니라 오히려 인종차별이나 성차별이라는 범주로만은 설명할 수 없는 '흑인 여성'이라는 교차적 위치에서 경험하게 되는 차별이기 때문이다.

한국에서도 이러한 상황들은 곳곳에 있다. 일례로 한국에서 이주노동을 하고 있는 남아시아 국가 출신의 한 여성 성소수자는 이주노동자로서도, 이주여성으로서도, 성소수자로서도 가시화되지 못한다. 이 여성은 한국의 이주 정책에 따라 이주노동자는 남성으로 대표되고, 이주여성은 결혼 이주민 여성으로 대표되는 상황에서 제도적, 사회적 사각지대에 놓이며, 동시에 대부분 백인 영어권 이주민을 중심으로 구성되어 있는 한국 내 외국인 성소수자 커뮤니티나 한국인 성소수자 커뮤니티에도 참여하기가 어렵기 때문이다. 또한 여성이고 성소수자라는 이유로 자국 출신의 이주민 커뮤니티에서도 또 다른 차별을 경험하게 될 수 있다.

따라서 퀴어 이론과 교차성 이론은 동일성을 전제로 하는 정체성 집단으로서가 아니라 다양한 사회 구조가 동시에 영향을 미치고 있는 현장들을 구체화해야 한다고 강조한다.

4. 교차성과 퀴어를 다루는 미디어의 태도와 변화

현대의 미디어 환경에서 퀴어는 더 이상 낯선 용어가 아니다. 물론 여전히 한국의 방송에서는 퀴어는커녕 동성애나 트랜스젠더를 드러내고 다루는 것조차 쉽지 않지만 2000년 한 기자에 의해 성적 지향이 알려지면서 방송에서 퇴출되었던 연예인 홍석천 씨는 이제 여러 미디어에서 활발하게 활동하고 있고, 드라마나 영화, 만화 등에서도 성소수자에 관한 에피소드나 등장인물이 상당수 등장하고 있다. 유튜브와 팟캐스트에는 퀴어를 주제로 한 콘텐츠가 해마다 증가하고 있다. 또한 온라인 스트리밍 서비스를 제공하는 넷플릭스 등을 통해서도 다양한 퀴어 드라마와 영화를 접할 수 있다. 그러나 여전히 성소수자의 모습이 전형적인 편견에 따라 재현되거나 자극적인 이슈로 다루어지는 관행도 반복되고 있다. "표현의 자유와 평등에 관한 캄덴원칙 Camden Principles on Freedom of Expression and Equality"은 매체의 책임으로 다음

과 같은 원칙들을 제시한다.[3]

원칙 9: 매체의 책임

모든 매체는 다음의 사항 등을 고려하여, 차별에 대항하고 문화간의 이해를 증진시키는 역할을 도덕적, 사회적 책임으로서 담당해야 한다.

① 차별 행위가 대중의 주목을 받도록 하면서도, 맥락 속에서 사실적이고 민감한 방식으로 보도하도록 주의한다.
② 개인이나 집단에 대한 차별이나 부정적 고정관념이 매체에 의해서 조장될 수 있다는 위험을 경계한다.
③ 불관용을 조장할 수 있는 인종, 종교, 성별, 기타 집단 특성에 대한 불필요한 언급을 자제한다.
④ 차별과 부정적 고정관념에 의해 생기는 해악에 대한 인식을 제고한다.
⑤ 여러 집단이나 공동체에 대해 보도하면서, 그 집단이나 공동체의 구성원들을 더 잘 이해할 수 있게 촉진하는 하나의 방법으로 그 구성원들이 발언하고 의견을 진술하도록 기회를 부여하며, 동시에 그러한 집단이나 공동체의 관점을 반영한다.

한국의 미디어 매체에서도 이와 같은 국제 원칙에 따라 성소수자의 재현이나 관련 보도에서 편견과 차별을 조장하지 않도록 노력을 기울여야 할 것

---

3 2008년 12월 11일과 2009년 2월 23-24일에 런던에서 표현의 자유와 평등을 주제로 UN, 시민사회단체, 학자 등 국제인권법 전문가들이 모여 회의한 내용을 바탕으로 국제인권단체인 ARTICLE19이 마련한 언론, 정보, 표현의 자유에 관한 국제 원칙.
(한글 번역본 출처: 국제인권소식 통 http://www.tongcenter.org/ccpr/cp11-2))

이다. 미국의 성소수자 미디어 모니터링 단체인 GLAADGay & Lesbian Alliance Against Defamation는 성소수자 관련 용어와 용법에 대한 소개와, 결혼과 양육, 종교, 증오범죄, 전환 치료, HIV/AIDS 등 주요 이슈에 대한 설명을 담은 미디어 레퍼런스 가이드를 발간하고 있으니 참고해보면 좋을 것이다.[4] BBC의 경우 '레즈비언, 게이, 바이섹슈얼 시청자의 묘사와 포함에 관한 BBC 실무 그룹'에서 정기적으로 성소수자와 관련된 BBC의 방송 내용을 모니터링하고 성소수자 시청자의 의견 조사 결과를 반영하여 BBC의 '다양성 위원회'에 보고서를 제출한다.[5]

한편, 퀴어 이론과 교차성 이론은 특히 재현의 문제에서 중요한 시사점을 준다. "모든 여성은 백인이고, 모든 흑인은 남성이다. 하지만 우리 중 일부는 용감하다"라는 흑인 페미니즘의 문구가 상징적으로 보여주듯이 특정한 집단을 재현할 때 그 사회에서 상대적으로 우위의 위치에 있는 집단을 중심으로 대표성을 상정하게 되기 쉬우며, 하나의 정체성 집단을 다룰 때에도 그 차이를 쉽게 간과해서는 안 되기 때문이다. 여성 성소수자와 남성 성소수자는 사회경제적 자원이나 사회의 인식에서도 상당히 다른 위치에 있으며, 성소수자 그룹 내에서도 경제적 자원의 차이에 따라 경험과 관계가 다르다. 또한 정보와 자원이 풍부하고 성소수자 커뮤니티가 활성화되어 있는 서울의 성소수자와 이러한 기반이 없는 지역에 사는 성소수자의 경험은 문화적, 사회경제적으로도 다를 뿐만 아니라 자신의 정체성을 인지하고 받아들이는 시기,

---

4 2016년 10차 개정판 가이드를 아래의 사이트에서 다운받아 볼 수 있다.
GLAAD Media Reference Guide, 10th Edition, October 2016, http://www.glaad.org/sites/default/files/GLAAD-Media-Reference-Guide-Tenth-Edition.pdf

5 BBC Working Group on Portrayal and Inclusion of Lesbian, Gay and Bisexual Audiences, 관련 보고서는 아래의 사이트에서 다운받아 볼 수 있다.
https://www.bbc.co.uk/diversity/audiences/lgb-consultation

가족이나 사회와의 관계 등에서도 차이가 있다. 장애인 성소수자는 장애인을 무성적 존재로 대하는 사회에서 자신의 성정체성을 제대로 탐색하기가 어렵고, 장애인에 대한 인식이나 관계 자원이 매우 취약한 성소수자 커뮤니티에서도 자유롭게 어울리기가 어렵다. 성소수자 그룹 내에서도 성별 정체성, 연령, 장애, 국적, 인종, 이주상태, 지역 등에 따라 다양한 차이가 존재하며 그에 따라 각자의 경험이나 맥락도 다르게 나타난다는 사실을 반드시 염두에 둘 필요가 있다.

오늘날과 같이 퀴어에 대한 태도가 정치, 경제, 문화적으로 점점 복잡한 권력 관계 속에서 작동하고 있는 현실에서는 이와 같은 통찰과 문제의식이 더욱 중요하다. 이를 잘 보여주는 사례로는 대표적으로 이스라엘에서 팔레스타인을 국제적으로 비난하기 위해 '핑크워싱'을 동원하는 경우를 들 수 있다. 이스라엘이 성소수자들에게 친화적이라는 명분을 들어 자국 내에 만연한 반인권 사안들의 문제를 덮고, 상대적으로 'LGBT를 탄압하는 팔레스타인'의 이미지를 강조하는 것이다. 미국의 오바마 전 대통령은 2014년 우간다의 동성애자에게 종신형을 선고하는 법안을 추진하던 무세베니 대통령에게 "법안에 서명할 경우 한 해 4억 달러에 달하는 원조를 중단하겠다"고 경고하기도 했다. 이처럼 국제 관계에서 성소수자의 인권 문제가 중요한 정치 전략으로 대두하는가 하면, 아일랜드의 사례와 같이 동성 결혼을 합법화하는 국민투표 과정에서 커밍아웃을 했던 게이 총리가 당선되면서 이후 낙태죄 폐지에까지 힘을 싣는 과정으로 나타나고 있기도 하다. 한편 최근 많은 기업들은 성소수자 친화적인 기업 정책을 마련하고 이를 마케팅 전략으로 적극적으로 활용하고 있다. 해외의 프라이드 퍼레이드에서는 행사에 스폰서로 참여한 다양한 기업들의 모습을 볼 수 있다. 성소수자들의 시장 구매력을 의미하는 '핑크머니'는 이러한 변화를 추동하는 주요한 동력이다. 이에 더해 동성 결혼의 인정 또한 사회문화적으로뿐만 아니라 경제적으로도 큰 변화를 가져오고 있다. 결혼과 양육 시장에서도 핑크머니의 영역이 확대되고 가족 구성의 변화에 따라 노동, 교육 등의 영역에서도 다양한 변화들이 이어지고 있는 것이다. 그러나 이러한 변화의 효과가 성소수자들에게 미치는 영향은 동일하지 않다. 미디어는 이러한 변화들의 긍정적인 효과에 주목하는 한편, 이 변화에 연계된 정치·경제·문화적 헤게모니의 변화를 분석해야 하며, 이러한 변화를 통해 재구성되는 정상성의 범주와 그 경계 밖으로 더 내몰리게 되는 이들을 보아야 한다. 이스라엘의 핑크워싱에 반대하는 이스라엘 성소수자들과 팔레스타인 성소수자들의 연대, 동성애자의 권리를 증진하는 사회제도적 변화 이후 백래시 현상으로 나타나는 트랜스젠더에 대한 혐오범죄의 증가, 추방의 불안을 늘 안고 사는 이주민 커뮤니티에서 더욱 자신을 드러내기 어려운 성소수자 이주민 청소년들, 다양한 성적 경험의 탐색 기회가 주어지지 않는 장애인 커뮤니티의 성소수자 장애인 등 이들의 교차성과 퀴어로서의 위치에 주목한다면 앞으로의 미디어 환경에서 더욱 깊이 있는 관점을 만들어낼 수 있을 것이다.

더 읽을거리

마리 미콜라(2008/2017), 강은교·김민지·김혜연·신우승·이지원·한가람 역. 『섹스와 젠더에 대한 페미니즘의 관점들』. 전기가오리.
주디스 버틀러(2006/2008). 조현준 역. 『젠더트러블』. 문학동네.
애너메리 야고스(1997/2012). 박이은실 역. 『퀴어이론-입문』. 도서출판 여이연.
케이트 본스타인(1994/2015). 조은혜 역. 『젠더무법자』. 바다출판사.
한우리·김보명·나영·황주영(2018). 『교차성x페미니즘』. 도서출판 여이연.
전혜은·루인·도균(2018). 『퀴어 페미니스트, 교차성을 사유하다』. 도서출판 여이연.
미미 마리누치(2010/2018). 권유경·김은주 역. 『페미니즘을 퀴어링!』. 봄알람.

생각해볼 문제

1. 오늘 날 동성 간의 파트너십을 법적, 제도적으로 인정하는 대표적인 방식으로 동성 결혼과 시민 결합(생활동반자법)이 있다. 퀴어 단체들 사이에서는 각 제도에 대한 다양한 비판적 입장이 개진되어왔다. 두 제도에 대해서 알아보고 어떠한 차이와 쟁점이 있는지 정리해보자.

2. 2018년 고등군사법원은 성소수자임을 밝힌 여성 해군에게 지위를 이용하여 성폭력을 행한 두 명의 상관에게 무죄 판결을 내렸다. 두 명의 가해자는 1심에서 각각 징역 10년, 징역 8년을 선고받았음에도 고등군사법원은 폭행 또는 협박 행위에 대한 입증이 부족하다는 이유로 무죄 판결을 내린 것이다. 이 사건에서 군대, 여성, 성소수자, 해군, 부하라는 상황이 어떠한 영향을 미쳤는지를 생각해보고, 군형법 92조의 6항이 지닌 문제점을 이 사건과 연결하여 제시해보자.

3. 영화 <감염된 여자들 (원제 Nothing Without Us: The Women Who Will End AIDS)>은 미국과 사하라 이남 아프리카 지역에서 싸워온 HIV/AIDS 감염인 여성들의 이야기를 다루고 있는 다큐멘터리이다. 이 영화는 AIDS가 '동성애자의 병'으로 알려지면서 질병에 대한 진단부터 약의 공급, 의료적 지원에서까지 소외되어온 감염인 여성들이 어떠한 변화를 만들어왔는지 보여준다. 경제적 조건이나 지역 조건, 인종, 국가 상황, 남성 중심의 가부장적 문화와 가정 폭력 등은 여성 감염인들의 상황을 더욱 취약하게 만드는 데에 복합적으로 작용한다. 이 영화를 보고 HIV/AIDS 감염인에 대한 왜곡된 인식과 낙인이 미치는 영향, 이 여성들의 상황에서 읽어낼 수 있는 교차성에 대해 이야기해보자.

3장

남성성 이론과 한국의 남성성

김성윤

1. 남성성의 위기?

남성성이란 남성에 어울리는 것으로 간주되는 사고, 심리, 태도, 행동, 역할 등을 의미한다. 우리가 "남자답다"라고 말할 때 떠오르는 이미지가 있다면 그게 바로 남성성이라 봐도 좋다. 그런데 언젠가부터 한국 남성들이 남자다움을 발휘하기가 어렵다는 이야기가 심심찮게 들린다. 어쩌다 이렇게 남성들의 자신감이 추락하게 된 걸까?

예전의 남성 가부장에게는 조금 무뚝뚝하더라도 능력이 있고 가족을 이끈다는 이미지가 있었다. 가족 구성원들은 그런 그에게 두려움 섞인 존경을 보이곤 했었다. 그러다 언젠가부터 부인이 바가지를 긁고 자식들은 대들기 시작한다. 가족을 위해 밤낮 없이 일하지만 현금인출기 취급이나 받는다. 심지어 요즘은 제대로 된 일자리조차 가지기 어려워서 무능력한 가부장 신세가 되지 않을까 전전긍긍하는 상황이다. 어디 그뿐일까. 집 밖에서도 시달리긴 마찬가지다. 직장 생활은 숨통을 조여오고 사회에서도 말발이 먹히기는 커녕 꼰대 소리나 안 들으면 다행이다. 여성들의 권익은 늘어간다는데 남성들이 발붙일 곳은 점점 더 좁아지는 느낌이다.

이런 추세는 언제부터 시작된 것일까? 적지 않은 사람들이 IMF 구제금융 시기를 떠올릴 것이다. 물론 틀린 말은 아니다. 하지만 남성들의 권위가 실추된 것은 그보다 좀 더 앞선 시기부터였다. '고개숙인 남자'라는 유행어를 다들 들어봤을 것이다. 이 말이 퍼진 것은 높은 시청률을 기록한 같은 제목의 드라마 때문이었는데 그게 정확히 1991년이었다. 대개의 유행어가 그렇듯 이 말 역시 일정 부분 현실을 반영한 것이었다. 남성 일반의 사회경제적 지위가 흔들리기 시작했다. 가족을 부양하는 것은 점점 더 힘들어지는데 그동안 가족들과 살갑게 살아본 경험도 별로 없으니 한국 가부장이 찬밥 신세가 되는 건 예견된 수순이었다. '고개숙인'이라는 말이 가리키는 것처럼 이 모든 상황들은 대한민국 남성들이 일종의 상징적 발기부전 상태에 접어들었다는 신호이기도 했다.

1990년대 초반 상황이 일종의 전조였다면, 1997년 이후 신자유주의적인 경제 재편이 이뤄짐에 따라 한국 남성들의 사회경제적 위치는 더욱더 추락하게 되었다. 국내 경기 침체는 일자리 자체의 축소를 뜻했다. 또한 제조업과 건설업이 위축되면서 상대적으로 금융업과 서비스업 등이 중요해졌는데 이는 여성의 경제활동 참여 증가를 의미하는 것이었고 그런 까닭에 남성 중심의 육체 노동의 지위 역시 예전 같지는 않게 되었다. 요컨대 남성을 중심으로 하는 1인 생계 부양 모델이 심각한 위협에 직면하게 되었다. 한마디로 말해 남성들은 고개를 숙일 수밖에 없다.

최근 들어 청년 남성들 사이에서 안티페미니즘 정서가 확산되는 것도 이와 같은 사회 변동의 여파로 이해할 수 있다. 이전 세대와 달리 그들은 경제적으로 더 많은 여성들과 한정된 일자리를 두고 경쟁해야 한다. 나눠먹을 파이는 작아지는데 달라붙는 사람이 많아지면 갈등이 생길 수밖에 없을 것이다. 게다가 자기 몫일 거라고 기대를 하고 있던 입장에선 상대적 박탈감도 나타날 수 있다. 물론 이런 갈등이 경제적 차원에만 해당하는 이야기는 아니다. 청년 남성들은 사회적으로도 이전 세대와 다른 대우를 받아야만 한다. 강인하고 진취적이고 이성적이면 그에 따른 보상이 뒤따라야 하는데, 오늘날 남성들에게는 그와 같은 전통적 남성성을 발휘하는 게 쉽지 않다. 보상은 커녕 오히려 폭력적이라는 비난을 들을 수도 있지 않을까?

심지어 오늘날에는 남자답다는 게 그렇게 명확한 의미만은 아닌 것처럼 보이기도 한다. 어떤 때 보면 강인하기보다 유연해야 하고 진취적이기보다 배려해야 하며 이성적이기보다 감성도 풍부해야 남자답다는 인정을 받는다. 그렇다면 대체 어느 장단에 춤을 춰야 하는 걸까? 견고해야 할까? 아니면 부드러워져야 하는 걸까? 아, 이렇게 갈피를 못 잡는 것이야말로 남자답지 못한 것이 아닐까? 적절한 평형감각이란 것을 잡아내지 못한다면 사회적 갈등, 내면적 갈등의 골은 깊어질 수밖에 없다.

2. 가부장제적 지배의 역사

지난 20~30년 동안 한국 남성들의 위신이 급속히 추락한 것은 분명해보인다. 우리는 지금 끔찍할 정도의 사회적 변동을 경험하고 있는 것일까? 급속한 추락이라는 이미지는 그 직전에 어떤 정점이 있었다는 이미지를 전제하는 것이기도 하다. 우리는 그것을 보통 가부장주의적 권력이라 부른다.

TV 프로그램에서 '가모장'이라는 말이 심심치 않게 들리는 걸 보면 가부장의 권력이 땅에 떨어진 건 더 이상 부인하기 어려운 현실인 것 같다.

그런데 가만히 생각해보면 한국 남성들의 사회적 지위가 언제나 그렇게 확고부동했었던가 하는 의심도 들 수 있다. 예컨대 임진왜란과 한국전쟁이라는 엄청난 전란 뒤에도 남성의 지위가 그대로였을까? 일제 강점으로 나라를 잃었을 때는 또 어땠을까? 남성들이 나라를 잘 다스리지 못해서 환란을 겪었는데도 남성들의 권위가 그대로 존중받을 수 있었을까? 역사의 면면을 들여다보면 남성의 입지는 언제나 흔들림의 연속이었다.

한국 사회의 이른바 가부장 프리미엄은 조선 후기부터 이어져왔다고 이야기된다. 유교 사회가 동반한 남녀유별 가치가 성차별을 정당화하는 장치가 되었다는 것은 널리 알려진 사실이다. 많은 역사학자들이 조선 사회가 매우 정교하게 조직된 사회였기에 장기 지속할 수 있었다고 해석하기는 하지만, 그것은 반상의 법도를 논하고 남녀의 차이를 차별로 만들며 나이에 따라 위계를 만들었기에 가능한 시스템이었을지 모른다. 그렇지만 근대 문명에 개화를 하면서부터 한국사에서의 가부장 프리미엄은 지속적으로 침식되어왔다. 갑오개혁으로부터 시작된 신분제 철폐, 신여성들의 주도로 늘기 시작한 여성의 사회 진출 등이 대표적이다. 게다가 전쟁으로 인해 거의 모든 것이 폐허로 남게 되면서 사회 세계 자체는 물론 성적 규범과 권력의 분배 체계는 전면적으로 재설계되어야 할 상황에 직면했다.

물론 이 자체가 일순간의 혁명 같은 것은 아니었기에 단번에 일어난 일은 아니었으며 따라서 어떤 신세계 같은 것이 단번에 펼쳐진 것은 더더욱 아니었다. 그럼에도 일제 강점과 한국전쟁을 거치면서 한국의 남성성은 분명 위기의 조짐을 보였다. 강제 징용과 징병이 횡행하던 시기였으니 사실상 '아버지 부재'의 시대라 봐도 무방하다. 그 직후 역시 마찬가지였다. 예컨대

1950~60년대의 문제작 이범석의 「오발탄」이나 김승옥의 「서울, 1964년 겨울」 등을 떠올려보면, 가족 부양에 힘들어 하는 당대 한국 남성들의 분열증적 모습들을 충분히 확인할 수 있다. 그러나 이것이 곧바로 여성들의 성적 해방을 뜻하는 것은 아니었다. 급속한 변화를 가로막는 어떤 장벽 같은 것이라도 있었을까? 오히려 그 당시 대부분의 여성들은 가계에 참여하는 등 사실상 가부장제를 침식했으면서도 남성 배우자 및 아들 자녀에게 제공할 가부장의 상징적 지위까지는 건드리려 하지 않았던 것으로 보인다.

남성에 의한 1인 생계 부양 모델이 확립된 것은 산업화 시대였다. 돌이켜보면 이 짧은 기간이 역사상 거의 유일했었을 것이다. 조선 시대 가부장제가 엄혹했다고 하지만 그것은 당시 정치 질서에 의한 것이었다고 봐야 한다. 농경 사회에서의 경제생활은 가족 노동에 기초하고 있었으니 엄밀히 말해 가부장 1인이 가족 전체의 생계를 유지하는 것은 한국사에서도 굉장히 이례적인 장면이라는 이야기이다. 그렇지만 1960~70년대에 도래한 산업화 물결은 가부장의 권위를 신화화하는 데 결정적 모티브를 제공했다. 실제로는 다양한 삶이 있었겠지만 적어도 남성 가부장을 정점으로 하는 사회적 표준 자체는 그 어느 때보다도 확고해졌다. 첫째, 핵가족화로 인해 피부양자가 직계가족 단위로 축소되었다. 둘째, 그마저도 산아제한 정책으로 인해 피부양 자녀의 수가 급격히 줄었다. 셋째, 산업 사회의 노동 시장 성별 분업으로 남성들이 경제적 주도권을 행사하기 시작했다.

그리고 이와 같은 양상들은 한 가지 중요한 문화적 모순을 동반하기도 했다. 하나는 과거로부터 이어진 혼전 순결과 정절 그리고 종족 번식을 특징으로 하는 유교적인 성적 규범이었고, 다른 하나는 (일제 강점기부터 싹트기 시작했던) '낭만적 사랑'과 같이 개인의 해방을 요구하는 계몽주의적인 성적 규범이었다.[1] 한마디로 말해 현대 한국인들은 전통과 현대, 공동체와 개인,

금욕과 욕망 등등 일련의 이율배반적인 상황들과 마주하며 살아야만 한다. 물론 이러한 이중 규범으로 인해 더 많은 곤란을 겪어야 하는 것은 여성들이지만, 남성들이라 해서 결코 예외는 아니다. 남성들은 남성 나름대로 사회적 지위와 경제적 능력을 갖춰야 하는 규범적 압력에 짓눌리기 때문이다. 누구나 알고 있듯 자본주의 체제라 해도 사회적 지위가 모두에게 평등하게 배분되지는 않는다. 그렇다면 남성들은 경제적 능력이라도 발휘를 해야 성적 규범을 제대로 수행할 수 있지 않을까? 물론 산업화 시대에는 지속적인 경제성장이 가능했기에 비교적 많은 수의 남성들이 (부족한 사회적 지위에도 불구하고) 가부장으로서의 경제적 능력과 체면을 유지할 수 있었다.

산업화 시대의 가부장 신화에 균열이 나기 시작한 것은 역설적이게도 그 신화가 가장 무르익은 순간부터였다. 1980년대 초반 여성운동이 자리를 잡기 시작하면서 반성폭력 운동이 비로소 수면 위로 올라왔다. 이때부터 본격화된 페미니즘의 도전은 한국적 남성성에 흠을 들춰내기 시작했다. 그뿐만 아니라 두 번의 오일 쇼크 이후 산업 구조를 바꾸기 위해 대학 정원을 늘리는 등 이른바 '고급 인력' 확충 정책을 쓰기 시작한 것도 한몫 거들기 시작했다. 이를테면 이제부터 한국 남성들에게 요구되는 남성성은 육체 노동을 견디는 신체보다는 지식 노동을 영유하는 신체를 요구하기 시작했기 때문이다. 여러모로 한국의 남성성은 흔들릴 수밖에 없는 상황이었던 셈이다.

---

1 '낭만적 사랑' 담론은 흔히 신데렐라 콤플렉스라고 하는 이야기 구조와 관련이 깊다. 1697년의 프랑스 동화 〈상드리용Cendrillon〉을 개작한 〈신데렐라 이야기〉는 경제적 능력을 갖춘 남자와 외모 및 순종적 태도를 겸비한 여자가 만나는 구도를 동기화했다. 낭만적 사랑이라는 성적 패러다임은 여성으로 하여금 남성의 사랑을 갈구하는 순응적 태도를 갖게 하고 결과적으로 자신의 활동 반경을 가정 안으로 가두게 한다는 점에서 비판을 받곤 한다. 그러나 그와 같은 욕망이 비록 수동적이라 할지라도 봉건제적 구습이 남은 한국 사회에서는 과거와 달리 여성들 개인의 자유의지를 허용한다는 점에서 부분적으로는 해방의 견지를 갖는 것이기도 했다.

1980년대의 극적인 3저호황[2]이 막을 내리자마자 새로운 세대와 갈등에 치이는 〈고개숙인 남자〉(1991) 그리고 여성 캐릭터와 그들의 공간을 중심으로 만들어진 〈여자의 방〉(1992) 등이 방영되었던 것도 결코 우연만은 아니었을 것이다.

전통적 가부장 신화의 폐막을 돌이킬 수 없게 만든 건 아무래도 IMF 구제금융 시기였다. 각종 공기업이 민영화되고 노동시장 전반이 유연화되면서 가부장 프리미엄을 보증했던 남성들의 경제적 능력은 심각한 타격을 입었다. 그뿐만 아니라 사회 전반적으로 서비스 산업의 비중이 높아지고 금융화 양상이 고조될수록 전통적인 성적 규범은 곤란을 겪을 수밖에 없다. 이는 여성들의 경제 활동 참여를 늘리는 한편, 산업 시대의 남성성을 근본적으로 위협하는 사회경제적 요인이 되기 때문이다. 이 시기부터는 남성적 신화가 더 이상 예전 같을 수가 없다는 증거들만이 발견될 뿐인데, 요컨대 이른바 포스트산업 사회로 진입하고 페미니즘의 도전이 전개될수록 우리는 남성성이라는 것을 전면적으로 재검토해야 할 숙명을 떠안을 수밖에 없다.

그런데 좀 더 사려 깊은 사람들이라면 여기서 한 가지 질문을 품어볼 수도 있을 것이다. 고개숙인 남자니 뭐니 해서 여성의 지위와 권익이 높아지고 남성들이 제대로 된 권리를 누릴 수 없다고들 하는데, 정말로 이 모든 상황에 대해 남성성이 위기에 처했다고 말해야 하는 것일까? 그렇다면 과거 신화 속 남성성은 우리가 돌아가야 할 과거라도 된다는 말인 것일까? 그렇게 되면 가부장적 폭력이라는 문제가 더욱 엄혹해지거나 적어도 반복될 뿐일

---

2 저유가, 저금리, 저달러 등 국제 정세로 인해 한국 경제가 호황을 누렸던 것을 뜻한다. 산유국 카르텔의 약화로 유가가 떨어져 제조업 분야에 유리한 기반이 조성되었고, 국제 경기 하락에 대응해 주요국 금리가 낮아짐으로써 외채 규모 4위 수준이었던 한국 경제가 수혜를 입었으며, 달러화 약세로 인해 상대적으로 엔화 가치가 상승하면서 한국 공산품이 가격 경쟁력을 얻으면서 수출이 호조를 띠었다. 이런 상황들은 산업화 시대의 가부장 신화를 더욱 견고하게 만드는 것이기도 했다.

텐데? 심지어 이런 상황에서 여성들은 소망하는 바를 아직 다 이루지 못한 채 미러링, 미투 등 더 많은 도전적 요구를 제기하고 있다. 그렇다면 남성성이 위기에 봉착하고 여성성이 득세했다는 판단도 어딘가 이상하지 않은가? 오히려 남성성이 위기인 만큼 또는 그 이상으로 여성성도 위기라고 말해야 하지 않을까? 물론 모두가 느끼듯 남성들의 삶과 문화에 어떤 중대한 변화가 일어나고 있는 것은 사실이다. 그렇다면 아예 이번에는 우리 자신에 대해 의심을 해볼 필요도 있지 않을까 싶다. 어쩌면 우리는 뭔가 새롭고도 낯선 현상들을 기존에 우리가 알던 익숙한 언어로 재단하려 하는 게 아닐까? 그런 맥락에서 남성성이라는 이 불충분한 언어에 대해 좀 더 분석적이고 비판적으로 접근해보는 게 좋을 것 같다.

3. 남자 만들기: 젠더 사회화와 수행

사실 남성성에 대한 논의는 비교적 까다로운 일이기도 하다. 서로 연관된 다음과 같은 세 가지 이유 때문이다. 첫째, 남성성 자체를 본질화하거나 보편화해서 남성 문화 자체를 자연화할 수 있다. 남성성을 두고 남자는 이러저러하다(본질화)거나 아예 언급하지 않는 식(보편화)의 조야한 논점은 이론적으로도 부실하고 정치적으로도 성적 지배를 재생산할 뿐이다. 둘째, 성차별과 성폭력 등을 성찰하다가도 어느 순간 연민에 빠져 위기에 처한 남성성을 변명하는 처지가 되기도 한다. 이런 식으로 남성성 형성의 역사적 맥락을 놓친 채 남성 개인들의 경험과 현실 논리에 치중하다 보면 일종의 자기 합리화에 빠질 수도 있다. 셋째, 결과적으로 여성이 겪는 남성 및 남성성 경험을 왜곡하고 간과하거나 부정할 수도 있다. 그동안 한국 사회에서 남성성에 대한 '학술적 연구'가 드물고 주로 여성학자들을 중심으로 논의가 이뤄졌던 것 역시 이런 사정 때문인 것으로 볼 수 있을 것이다.

이상과 같은 이론적 함정이나 부정적 효과에 빠지지 않기 위해서는 그만큼 신중한 접근이 필요하다. 이를 위해서는 남성성이 사회적 행위자들의 상호작용을 통해서, 주어진 제도와 관행을 통해서, 그리고 일련의 관계적 체계를 통해서 구성된다는 비판적 상상력으로부터 시작할 필요가 있다.

우선, 가장 통념적인 것으로서 남성성이 여성성과의 차이로 인해 발생한다는 입장을 살펴보자. 강인함, 독립심, 책임감, 능동성, 공격성 등의 '남자다움'과 연약함, 관계성, 의존성, 수동성, 배려 등의 '여성스러움'처럼 남성과 여성에게 특정한 정신적 속성이 있고 이들의 차이에 의해 남성성이 존재한다는 것이다. 생물학적 성과 구분해서 우리가 흔히 사회적 성이라 부르는 젠더적 체계가 바로 여기에 해당한다. 우리가 흔히 "남자가 왜 그래?" "저 사람은 참 여성적이야"라고 말하는 것처럼 남성과 여성에게 어울리는 사고방식, 심리 상태, 언어 습관, 행동 양식 등이 있다는 것이다.

그런데 왜 하필 특정한 정신적 특성을 두고 '남성적'이라거나 '여성적'이라는 이름을 붙이는 것일까? 남성성은 여성성이 아니어서 남성성이고 여성성은 남성성이 아니어서 여성성이라면 다소 김빠지는 이야기가 아닌가? 강인함은 연약하지 않아서고, 독립심은 관계적이지 않기 때문이고, 책임감은 의존성이 없어서이며, 능동성은 수동성에 반대인 덕분이고, 공격성은 배려심과 거리가 멀어서, 등등. 하지만 이렇게 기호sign 놀이에 빠져 무엇이 남성성이고 무엇이 여성성인지 분별하는 데 빠져버린다면 이상과 같이 정신적 특성을 분류하는 체계 자체가 성차별적이라는 근본적인 문제를 놓쳐버릴지도 모른다.

게다가 이러한 입장은 젠더적 속성을 본질화한다는 점에서 종종 비판을 받는다. 흔히들 운전이 서툰 사람을 '김여사'라고 조롱하고 말장난 좋아하는 사람을 '아재'라고 놀리곤 한다. 그렇지만 그들이 반드시 여자거나 남자라는 법은 어디에도 없다. 물론 상대적으로 특정 성에서 많이 관찰되기 때문이라고 반박을 할 수도 있을 것이다. 그런데 그런 식으로 보게 되면 남성성과 여성성이라는 사회적 성의 근거를 아이러니하게도 생물학적 성에서 찾아야 하는 셈이 된다. 이를테면 남자들이 성폭력 가해자인 경우가 많은 것은 종족 번식의 욕구가 있기 때문이고, 여자가 육아와 돌봄에 더 적합한 것은 젖가슴이 있기 때문이라는 식의 논리들이 대표적이다. 그렇기에 남성성을 단순히 젠더적 속성으로만 이해하게 되면 이론적으로 생물학적 환원론에 빠지고 정치적으로 성차별을 자연화하는 우를 범할 수도 있다.

실제로 남자가 된다는 것, 그리고 그로 인해 젠더 질서가 유지된다는 것은 생각처럼 단순한 문제가 아닐 수 있다. 전통적으로 주류 사회학은 젠더 불평등 문제를 '젠더 사회화'에 의한 것으로 설명해왔었다. 인간이 사회 구성원이 되기 위해서는 일련의 사회화 과정을 거치게 되는데 젠더 불평등 문제가 나타나는 이유는 우리들 인간이 성에 따라 서로 다르게 사회화되기 때문이라는 것이다.[3] 예컨대 가족에서 이뤄지는 젠더 사회화가 대표적이다. 대개의 부모들은 아들에게 로봇 장난감 세트를 주고 딸에게 인형의 집을 줄 것이다. 그런 식으로 남성들은 (적어도 일정 연령대에 이르게 되면) 짧은 머리를 하게 되고 바지만 입고 푸른색 계통을 선호하게 된다. 어디 가족에서만 일어나는 일이겠는가? 사회화 기관이라 일컫는 거의 모든 사회적 장소들에서 비슷한 양상이 반복된다. 학교에서는 '소년이니까 꿈을 가지라'고 암시받고, 미

3 그런데 왜 그렇게 특정한 방식으로 젠더 사회화되느냐는 물음에 주류 사회학은 아이러니하게도 생물학적 근거를 다시금 끌어들인다. 남녀의 해부학적·유전학적 특징에 따라 사회적 필요가 다르게 형성되기 때문이라는 것이다. 이렇게 역사적 맥락에 대한 검토 없이 사회 체계에 의해 사회적 행위가 규정된다고 보는 관점을 구조기능주의라 부른다.

디어라는 거울을 통해서도 남자가 봐야 할 것과 해야 할 것들이 영상화되어 송출된다. 대개의 남성들이 이런 식으로 사회적 성역할을 학습하게 된다는 사실을 부인하기는 매우 어려울 것이다.

성역할을 설득하고 정당화하는 일련의 장치들로 인해 남성성이 (여성성과 차별적으로) 형성되어 오늘날의 불평등한 젠더 현실을 재생산하고 있다. 그런데 이렇게 보면 사회화 기관은 문화 이론에서 말하는 '이데올로기적 국가 장치', 사회화 과정은 '이데올로기적 주체화'와 정확히 일치한다는 사실을 알아챌 수도 있다. 여기에 덧붙여 슬라보예 지젝Slavoj Žižek은 현대인들이 교리, 의례, 신념이라는 세 가지 범주를 통해 이데올로기적 주체가 된다고 주장했던 바 있다. '교리doctrine'는 주로 말과 글을 통해 체계화된 논리를 일컫는다. "남자는 딱 세 번 운다" 같은 이야기들이 대표적이다. '의례ritual'는 특정한 행동 패턴을 뜻한다. 로봇 장난감 등을 가지고 놀면서 소위 '남성적인' 공격성을 갖추게 되는 것을 들 수 있다. '신념'은 이데올로기 체계에 사실상 자동-식민화된 상태를 가리킨다. 간혹 더 이상의 교리나 의례가 없더라도 일말의 의심 없이 그 자신이 남성성의 화신이 된 남성들을 볼 수 있을 것이다. 그 정도면 누가 이데올로기적 주체이고 무엇이 이데올로기적 국가 장치인지 식별이 불가능할 지경이다.

여기서 의례 부분에 좀 더 주목할 필요가 있겠다. 그동안 이데올로기론은 말, 글, 사고, 심리 등 인지적인 차원만을 다루기 때문에 인간의 감정이나 신체의 사회적 중요성을 설명하는 데 허점이 있다는 평가를 받곤 했었다. 그러나 우리가 몸을 움직이는 과정을 통해 젠더 사회화 및 주체화된다는 논리에는 좀 더 섬세한 주의가 필요하다. 상징적 상호작용론자들이 이야기하듯 사회적 행위는 무대 위에서 주어진 대본을 실연하는 것이기도 하다. 의례는 바로 이와 같은 일련의 과정을 집약하는 말이기도 하다. 말과 글을 통해서만 남성성을 배우는 게 아니라 거기에는 몸소 체화하는 과정들이 동반된다는 것이다. 바로 이 지점이 중요하다. 글로 배우는 것과 체험을 통해 익히는 것은 '질적으로' 다르지 않겠는가.

젠더를 비롯해 성적 통념 일체를 허물고자 했던 주디스 버틀러Judith Butler를 빌려, 남성들 역시 주어진 대본으로 젠더를 초연, 재연, 그리고 무한 상연함으로써 남자가 되고 또 그런 한에서 남성성이 만들어진다고 이야기할 수 있을 것이다. 다만, 여기서는 이러한 '수행'적 과정이 남자 만들기에 대한 특정한 대안적 관점을 유도할 수도 있다는 점에 집중할 필요가 있다. 일단 젠더 질서가 수행에 의한 것이라면 남성성 역시 결코 생래적이거나 본질적인 것은 아니라는 이야기가 된다. 이제껏 이야기해왔듯 남성성은 자연 발생한 것이 아니라 특정한 사회 구조 안에서 구성된 결과물이다. 여기까지는 충분히 이해가 가능할 것이다. 우리의 경험을 비춰보더라도 젠더 질서에서 우리가 어떻게 사회화되었고 또 사회화되고 있는지를 파악하는 것은 그리 어렵지 않다.

그런데 공교로운 점은 이와 같은 수행성의 맥락은 기존의 젠더 질서를 견고하게 할 뿐 아니라 역으로 젠더 질서 자체를 흔드는 방아쇠 구실을 할 수도 있다는 사실에 있다. 앞서 살펴봤던 것처럼 오늘날 젠더 사회화 장치가 의도치 않은 불협화음을 만들어낸다면 논점은 전혀 다른 방향으로 튈 수도 있기 때문이다. '나'는 어떤 이가 요구하는 대로 마초적인 남성성을 취해야 하는가, 아니면 또 다른 이가 요구하는 대로 신사적인 남성성을 취해야 하는가. 만약 어느 남성이 한국 사회로부터 이 이중적인 목소리를 듣고 있다면 종국에는 전혀 예기치 않은 우발적 결과가 이어질 수도 있다. 남자아이가 "요즘은 딸이 최고야"라는 어른들 대화를 엿듣고 로봇 장난감의 머리를 빗기기 시작한다면? 관점에 따라선 아주 재미있는, 하지만 다소 혼란스러운 장면들은 얼마든지 가능하다.

물론 오늘날의 남성들은 이율배반적인 성적 규범에 어떤 대본을 연기해야 할지 모른 채 불안과 스트레스에 시달릴 수도 있을 것이고, 또 어쩌면 자신에게 주어진 대본 자체가 의심스러워서 아예 뒷짐을 지고 잠시나마 사태를 관망해볼 수도 있을 것이다. 드러나는 양상이야 어떻든 모순적 젠더를 수행해야 하는 남성으로선 정서적 혼란을 겪는 것이 차라리 자연스러운 일일지 모른다. 재삼 말하지만 대체 어느 장단에 맞춰야 할지 어지간해서는 쉬운 일이 아니기 때문이다. 현재의 모순적 젠더 질서는 남성성의 수행자들로 하여금 남성성을 확보하는 것이 아니라 오히려 혼란과 좌절을 맛보게 할 수도 있는 기묘한 위험성을 배태하고 있는 셈이다. 결국 우리가 그동안 알아왔던 남성성 신화는 이론적으로든 현실적으로든 설 자리가 점점 좁아질 수밖에 없지 않을까?

4. 남성성의 발생: 남성 경제와 동성 사회성

남성성은 끊임없이 만들어진다. 지금 이 순간에도 말이다. 앞에서는 남성들이 남성성을 내면화하는 과정에 대한 이론적 논의를 살폈다. 그렇다면 자연히 이런 궁금증이 떠올라야 한다. 남성성이라는 것 자체는 대체 어떻게 형성되는 것일까? 남성성의 발생적 기원에 대한 해명도 필요하다는 이야기이다. 남성성의 발생에 대해서는 크게 두 가지 접근 방식을 특별히 주목해볼 만하다. 이들 각각은 남성이 사회적 특권과 성적 쾌락을 누리게 되는 문화적 배경으로서 남성성의 원리와 기원을 해명하고자 하는 시도들이다.

첫 번째 접근은 남성성이 여성을 성적 거래 대상으로 삼는 과정과 맞물려 있다는 입장이다. 전통 사회에서 가문의 이해를 위해 (말이 좀 과격하긴 하지만) 여성을 일종의 선물로 교환하는 관계가 대표적이다. 그렇다. 바로 결혼이다. 이때 여성은 남성들의 거래물로서 교환 대상이 된다. 나아가 아들이라는 또 다른 남성을 번식하는 과정이 뒤따르게 된다. 이렇게 교환과 그 효용이 실현되면 당사자 남성들간에 모종의 유대적 관계가 형성되기 마련이다. 뤼스 이리가레Luce Irigaray는 이같은 일련의 과정을 두고 '남성 경제'라 부르기도 했다. 이때 여성은 남성 경제하에서의 상품[4]으로서 무엇도 아닌 존재라는 의미의 비체the abject가 되며 이 세상에는 사실상 남성이라는 하나의 성만 남게 된다.

이런 관점에서 남성성은 보편성 그 자체로서의 지위를 가지게 된다. 아니, 정확히 말해 그 반대항인 여성성이 아무런 이름값을 가지지 못하므로 남성성이라는 말 역시 아무런 의미가 없어진다고 보는 것이 옳겠다. 쉽게 말하자면 사회 세계에서 남성이 모든 물질과 상징의 자원을 독점하고 있으므로 그 자체로 인간이라는 등식이 성립하게 된다는 것이다. 따라서 현실 논리로만 따진다면 남성성은 인간성 그 자체를 가리키는 말이기도 하다. 여성들이 법률이나 학문 세계 그리고 시민 사회 공론장의 언어가 남성 위주로 되어 있다고 지적할 때 대다수의 남성들이 무슨 말인지 몰라 어리둥절하게 되는 상황이 아마 가장 가까운 예일 것이다. 그래서 사실상 진정한 성적 관계는 (여성과의 관계는 시장 교환의 관계이므로) 같은 남성을 번식시키고자 하는 남성들 사이의 관계만 있을 뿐이며, 이런 상황을 두고 (남성 그 자체만으로 성적 욕망이 실현되는) 남성-동성애homosexual 상황이라 부르곤 한다. 성애적

---

4 이리가레는 여성의 상품화 현상이 아버지의 번식 도구로서 재생산의 '사용 가치'를 지니는 '어머니', 뭇 남성들의 성적 쾌락을 위해 '교환 가치'가 가늠되는 '창녀', 그리고 아직 어떤 것으로도 결정되지 않아 '순수한 교환 가치'를 지니는 '처녀' 등의 형태를 지닌다고 보았다. 추가적으로, 동시대로 오게 되면 (다소간 양상이 복잡해지기는 하지만) 결혼 정보 시장을 통해 배우자를 물색하거나 디지털 미디어를 통해 음란물을 공유하는 행태들에 대해서도 생각해볼 수 있겠다.

으로까지 이어진 관계라니 매우 끈끈한 사이가 아닐 수 없다.

여성을 거래하는 남성 경제에 대한 비판은 남성들이 남성적 보편성을 취득 및 유지하는 과정에서 성적인 시민권이 어떻게 형성되는지를 살피게 해주는 이론적 장점이 있다. 우리는 성역할을 분류하고 심지어 여성을 성적으로 비체화하는 과정들을 통해 성적 시민권의 불평등한 배분 체계가 재생산되고 있다는 사실을 명심해야 한다.

다만, 관점에 따라서는 여기에 세 가지 정도의 쟁점이 뒤따를 수도 있다. 첫째는 남성 경제에 남성-동성애성이라는 성애적인 언어를 부여하는 게 정말로 타당한가 하는 점이고, 둘째는 남성적 보편성을 향유하는 집단을 여성 거래를 통해 긴밀한 우애와 협력이 이뤄지는 단일체로 봐도 무방한가 하는 점이며, 셋째는 남성성 및 성적 지배의 기원을 해명하는 이런 논설이 현재의 포스트 산업 사회 국면에도 적용하는 것이 가능한가 하는 점이다. 요컨대, 남성 경제 비판이 여성들에게 부여된 (또는 부여되지 않은) 시민권의 기원을 이해하고 젠더를 넘어 섹슈얼리티에 관한 문제의식을 독려하는 데 분명 큰 도움이 되기는 하지만, 남성성 및 남성 문화에 대한 동시대적이고 분석적인 설명틀을 제공하는 데에는 한계가 있을 수 있다는 이야기이다.

두 번째 접근에서는 남성성이 남성들의 동성애성이 아니라 '동성 사회성 homosociality'을 통해 발생한다고 설명한다. 우에노 치즈코上野千鶴子가 『여성 혐오를 혐오한다』에서 소개한 이브 세지윅Eve Sedgwick의 동성 사회성 개념은 남자로서 성장한다는 것의 의미를 보다 세밀하게 들여다보게 하는 지점이 있다. 단적으로 말해, 동성 사회성 개념의 가장 중요한 이론적 특징은 무엇보다 남성 집단 내의 미시적 동학에 주목한다는 점에 있기 때문에 자연히 남성과 남성성은 단일한 주체로만 포착되지는 않게 된다.

우선 남성 집단 내부의 동학을 보자. 남성 경제 논의와 가장 다른 점은 남성성이 여성을 대상화/타자화함으로써만 형성되는 것이 아니라 남성들 사이에서의 인정 투쟁이 더 결정적인 것처럼 보일 때가 있다는 것이다. 과잉된 남성성을 드러냄으로써 남자 무리에서 일원이 된다는 것은 소년기부터 어쩌면 노년기에 이르기까지 남성들에게는 가장 중요한 존재감 확인 방법일지 모른다. 침을 뱉었을 때 누가 더 농도가 짙은지, 멀쩡한 대화 중에도 누가 더 진한 음담패설을 내놓는지 등등. 이렇게 자신들의 신체성을 과시하거나 여성을 대상화하는 모종의 게임에 참여하는 것, 그렇지 않으면 남성 집단 내에서 배제될 위험성도 감수해야 하는 것, 그리고 가급적이면 다른 참여자들보다 남성성 과시 경쟁에서 우위에 서는 것이 중요한 미덕으로 작용한다. 동성사회성 논리는 인정과 배제와 경쟁 등 복합적인 상호작용을 통해서 남성성이 발생하기 시작한다는 이야기를 담고 있다. 남성 경제의 남성-동성애성이 유대 모델에 가깝다면 동성 사회성의 연대성은 유대 모델은 물론 사실상 투쟁 모델까지도 포괄하는 셈이다. 동성 사회성은 남자다움의 정도에 따라 남성들 사이의 보이지 않는 위계가 존재하며 심지어 내적 갈등의 요소도 잠재한다는 사실을 가리킨다.

그렇다면 동성 사회성 참여자들은 인정 투쟁의 과정에서 자신의 남성성을 어떻게 증명할까? 단도직입적으로 말해 남성의 반대항을 만듦으로써 가능해진다. 남성성의 대척점에 있는 성적 특징을 추출해내고 이를 동성 사회성의 표적으로 삼으면서 말이다. 그 대상은 여성적인 것과 동성애적인 것이다. 남성성이 강화될수록 여성혐오(미소지니)와 동성애혐오가 심각한 문제로 동반된다는 이야기이다. 여성과 동성애자의 정신적 특징, 즉 비-남성성을 혐오함으로써 남성들 사이의 동질성이 발견되고 이를 토대로 해서 남성성 표출 게임이 동기화된다.

동성 사회성 논리가 남성 경제 비판의 남성-동성애성 논리와 다른 점이 감지되는가? 남성들의 연대에서 남성-동성애성이 아니라 동성애혐오가 특징이라는 사실은 무엇보다도 결정적인 차이점이다. 여성을 타자화함으로써 성적 쾌락을 향유하는 것은 분명 이성애적 구도를 전제로 한다. 이는 남성 자신이 성적 관계에서 주체 위치에 서고 여성을 대상 또는 비체 위치에 몰아넣는다는 이야기이기도 하다. 그런데 동성애적 관계는 이와 같은 남성성을 동요시키는 위험성을 지니고 있다. 이를테면 어떤 주체가 된다는 것은 다름 아니라 삽입의 주체가 된다는 의미이기도 한데 동성애는 자신의 위치가 삽입의 주체인지 대상인지 불명료하게 만드는 측면이 있기 때문이다. 그렇기에 동성 사회성의 구성원들은 실제로는 자신이 성기 삽입의 대상이 됨으로써 남자다움을 잃을 것에 대한 공포를 먼저 경험한다. 가령 "동성애를 인정하지만 남에게 강요하거나 내 주변에는 없는 게 좋다"는 말은 (뻔히 보이는 논리적 비일관성 문제뿐만 아니라) 다른 무엇보다 자신의 남성성이 상실될 수 있다는 공포, 따라서 자기 자신이 실제로는 동성 사회성에 공조하고 있다는 역설을 드러내는 셈이다.

여성을 대상화함으로써 동성 사회성이 강화되는 맥락은 앞서 남성 경제 논의에서도 충분히 다뤘으므로 재삼 반복할 필요는 없을 것이다. 다만 동성 사회성 개념은 여성을 성적 시선이나 농담 또는 행위의 대상으로 삼는 것이 곧바로 남성들간의 유대로 이어지는 것은 아니라고 본다. 미시적 동학의 중요성을 놓칠 수 없기 때문이다. 따라서 동성 사회성에 대한 비판적 접근은 남성 개인이 남성성을 확보하는 전략적 행위를 통해 일어나는 인정과 경쟁의 상호작용에 주목한다. 동성 사회성은 그런 한에서만 구축되기 때문이다. 이렇게 보면 동성 사회성 접근의 이론적 장점은 비교적 명확해진다. 남성성을 남성 일반의 문제로 보는 게 아니라 다양한 층차가 존재하는 남성들의 문제라고 보는 분석적 접근과 상상력의 가능성을 열어두는 것이다.

5. 남성성의 분해: 젠더 위계, 그리고 패권의 황혼

이런 생각을 해볼 수가 있다. 통념적으로야 남성성이 강인함, 주도성, 적극성 등의 특성들로 구성되어 있다지만 어쩌면 그런 덕목들은 몇몇 중요한 사실들을 은폐하고 있는 것이기도 하다. 남성성의 실상은 여성에 대한 성적 지배와 혐오 그리고 동성애자에 대한 혐오를 특징으로 한다. 게다가 많은 페미니스트 이론가들이 지적하듯 성적 지배와 혐오는 남성성으로 인한 의도치 않은 결과라기보다는 그 자체가 남성성을 가능하게 하는 가장 실질적인 원동력으로 보이기까지 한다. 결국 우리는 다음과 같은 뼈아픈 결론에 도달하게 된다. 누군가 남자가 되는 순간 그 자리에는 억압과 불평등 그리고 차별과 혐오 또한 똬리를 틀고 있을 수밖에 없다는 것이다.

그런데 이런 지적에까지 이르게 되면 누군가는 (아마도 그 또한 남성일 가능성이 크겠지만) 고개를 갸웃거릴 수도 있다. '나는 누군가를 억압하면서 남성이 된 게 아닌데'라고 말이다. 페미니즘이 성적 시민권의 불평등한 배분 체계를 고발하고 그 표적으로 남성성을 거론하기 시작하면 종종 맞부딪치게 되는 대표적인 반문 중 하나이다. '정말 불평등하기는 한가?' '남성성이 그렇게도 큰 죄악인가?' 이런 질문들이 제기되는 것은 젠더와 섹슈얼리티에 대한 사람들의 경험이 저마다 다르기 때문이다. 경험에 의하면 때때로 남자 역시 불평등을 겪는 것 같기도 하고 남성성이란 것도 그렇게 무자비한 폭력만을 휘두르는 것 같지는 않다. 그렇다면 이런 경험들은 낱낱의 반증 사례들이 되어 앞에서 이야기한 남성성 비판에 대한 다양한 논의들을 무력하게 만들게 되는 것일까?

여기서 유념해야 할 사안이 있다. 단순히 '우리는 지금 추상적 구조를 다루고 있으니까 너네들의 구체적 경험은 중요한 상황이 아니야'라며 함구하라는 이야기는 절대 아니다. 그보다는 동성 사회성 접근이 열어놓은 토론의 장에 주목할 필요가 있다. 남성성을 남성 모두가 똑같이 경험하고 가담하는 문제가 아니라 실제로는 이질적인 성적 경험과 가치들로 이뤄진 복잡한 관념으로 볼 수 있게 해주기 때문이다.

오늘날 남성성(들)은 변형될 수밖에 없다. 실업과 불안정 노동으로 경제적 능력이 위축되고, 성적 지배에 대한 폭로와 여성의 사회 진출로 사회적 권력 역시 예전 같지 않게 되었다. 그뿐만 아니라 여전히 사회적 혐오의 대상이 되고 있기는 하지만 퀴어 이론 등의 기여로 인해 동성애를 비롯한 다양한 성적 정체성과 관계 방식이 수면 위로 오름으로써 여성과 동성애를 혐오함으로써 유지되던 남성성 신화는 거대한 동요에 휩싸이고 있다. 그렇기에 남성들 내부에서도 성적 연대의 방식은 흔들리기 마련이다. 청년 남성들은 중장년 남성들을 기득권 남성이라 문제화하고 주변적 남성성에 불과했던 덕목들은 과거의 패권적이고 독소적이었던 남성성에 반기를 들기도 한다.

물론 이와 같은 남성성 신화의 동요와 변형에도 불구하고 과거의 패권적 남성성으로부터의 저항이 제기되는 형국임은 감안할 필요가 있다. 어쩌면 현대 한국 남성들이 성적 규범과 관련하여 과거 어느 때보다 자기 중심이 흔들리고 갈피를 못잡고 있다는 것은 그만큼 믿을 만한 규범이 부재하다는 뜻일지도 모른다. 이를 두고 '성적 아노미'라 불러보면 어떨까? 말 그대로 성적 규범의 부재 상황인 셈이다. 이런 상황에서 과거의 성적 패권에 대한 기대와 새로운 시대의 윤리 사이에서 일종의 문화적 지체 현상이 일어나는 것은 당연한 수순일지도 모른다.

『남성성/들』의 저자 래윈 W. 코넬Raewyn W. Connell은 남성성이 위기에 처한 것이 아니라 정확히 말해 젠더 질서가 위기에 처한 것이라 주장했던 바 있다. 코넬의 지적은 오늘날 한국에서도 비교적 정확히 재연되고 있다. 한국 남성의 자신감 위축은 정확히 말해 자신들이 새로운 성적 규범에 적응하지 못하고 있음을 가리키는 것이기도 하다. 이 말이 무슨 뜻이겠는가. 산업 구조, 권력 관계, 문화적 관행 등 거의 모든 면에서 젠더 체계는 산업화 시대와는 다른 문법이 필요하다고 강변하고 있다. 젠더 체계 자체가 다른 국면으로 이동하고 있기 때문이다. 그러니 남성성이 위기를 맞은 게 아니라 한국의 젠더 체계가 위기에 처했다고 말하는 게 적절하지 않을까?

우리는 코넬의 남성성 논의에서 적어도 세 가지 이상의 논점을 생각해볼 수 있다. 첫째, 남성성을 단순히 사회적 구성물이라고만 한정하진 않는다. 아마도 우리들 중 대다수는 젠더가 사회적으로 만들어진 결과물이라는 데 동의할 것이다. 이런 주장을 급진적으로 밀어붙이게 되면 젠더뿐만 아니라 생물학적 성이라는 섹스 역시 사회적으로 만들어졌다는 논리는 얼마든지 가능하다. 가령 남성과 여성의 근육량 차이는 남성이 근력을 많이 사용하도록 조직화된 해당 사회의 문화적 차이에 의한 것이라고도 볼 수 있기 때문이다. 예컨대 어떤 문화권에서 어려서부터 여성이 육체 노동을 해왔다면 근육량 때문에 성적 차이가 나타난다는 주장을 더 이상 고수하기는 어려워진다. 게다가 XXY 염색체처럼 기존의 유전자 배열로 설명되지 않는 사람들도 얼마든지 있다. 요즘처럼 성형 수술 나아가 성전환 수술까지 가능한 시점까지 이르게 되면 성기, 유전자, 호르몬 등등이 사회적으로 가변적이라는 사실을 발견할 수도 있을 것이다.[5]

그러나 코넬은 이와 같은 접근의 유용성을 받아들이면서도 생물학적 성의 규정성 자체를 무의미한 것으로 여겨서는 곤란하다고 보았다. 몸의 물질

---

5 도나 헤러웨이는 자신의 「사이보그 선언문」(1985)에서 인간과 동물, 유기체와 기계, 물질적인 것과 비물질적인 것의 경계가 해체되는 양상을 지적하며 우리는 이미 어느 정도 사이보그일 뿐만 아니라 차라리 그와 같은 신체성을 인정할 때 더 나은 정치사회적 입지를 가질 수 있을 것이라고 보았다.

성을 부정하고 상징성을 강조하면 섹스에 근거한 젠더 불평등에 대항하는 데 얼마간 도움이 될 수는 있겠지만, 그렇다고 해서 생물학적 몸의 기원성이 아예 무의미한 것은 아니기 때문이다. 코넬은 '재귀적 몸 실천'이라는 용어를 사용하는데 우리의 사회적 삶이 점점 더 섹스로부터 벗어난 듯한 양상을 보이기는 하지만 상당수의 경우에는 섹스 관점에 근거해서만 설명될 수 있는 현상들 또한 존재하기 때문이다. 이를테면 탈모 남성이 프로페시아라는 약물을 복용할 때 발기 부전에 이르지 않을까를 가장 큰 고민으로 여긴다거나, 유방암으로 절제 수술을 받은 여성이 예전같지 않게 심리적 위축감을 느낀다거나 하는 경우들은 생물학적 몸을 중심으로 하는 사회적 요청과 개인들의 내면화가 얼마나 뿌리 깊은지를 보여주는 사례들이라 할 수 있다. 그렇기에 코넬은 선언적으로 생물학적 결정성을 부정하기보다는, 상징성과 물질성의 절충을 통해 더 나은 논의들을 전개해야 한다고 본다.

따라서 코넬이 이야기하는 남성성 및 젠더 질서는 무수히 많은 n개의 특성들로 해체되거나 남성과 여성으로 이분화되는 극단적 양상을 띠지 않게 된다. 여기서 두 번째 시사점을 발견하게 되는데 남성성은 특정한 중심을 가지는 복수적인 것으로 이해가 될 수 있다. 코넬은 이를 설명하기 위해 대략 서너 가지 변인이 중요하다고 보았다. 권력, 노동, 카텍시스cathexis[6], 상징 등이 그것이다. 한 사회의 거시적·미시적 권력이 어떻게 배분되어 있는가에 따라서 남성과 여성 사이 그리고 그들 내부에서의 차이와 불평등이 만들어진다. 자본주의 사회에서 산업 구조와 노동이 어떻게 배치되어 있는가에 따라 젠더적으로도 경제적 소득과 접근성에 편차가 생기게 된다. 또한 그 사회

6 리비도와 같은 정신적 에너지를 특정한 방향, 대상, 인물, 관념, 경험 등에 집중해서 실제 행동으로 이어가기도 하는 것을 뜻하는 정신분석학 용어이다. 남성과 여성 사이의 성애적 감정과 행동을 설명하기에 유용한 개념이기도 하다.

를 지배하는 섹슈얼리티 관행이 어떤가에 따라서도 특정한 성이 우위에 서고 다른 성들은 착취당하거나 억압받는 일이 일어난다. 그 외에도 종교와 여가 등등 사회문화적 관습이 남성이나 여성에게 유리하게 작용하는 일도 있을 수 있다.

코넬은 이러한 복합적 요인들에 의해 젠더적 질서가 발생한다고 보았고, '젠더 위계' 도식을 제안함으로써 이와 같은 양상을 더욱 구체화했다(오른쪽 그림 참조). 코넬의 젠더 위계 도식은 맨 위의 패권적/헤게모니적 남성성을 기점으로 양 옆의 비대칭적인 남성성과 여성성의 배열을 기본 골자로 한다. 여기서 눈여겨볼 것은 남성성들의 차이와 위계에 관한 문제이다. 현대 사회에서 젠더 질서는 위계적이다. 정점의 패권적 남성성을 중심으로 젠더적 특성들이 위계적으로 분포되어 있다. 이러한 속성은 결혼 제도, 이성애 규범, 육체 노동, 강인함 등을 통해 보장받는다. 다음으로 패권적 남성성 아래로는 남성성과 여성성의 두 계열이 분포한다. 그러나 이들 계열이 결코 대칭적이지 않다는 사실이 중요하다. 좌측의 남성성 계열이 우측의 여성성 계열보다 (그림에서 보듯 전체적으로 더 위쪽에 있으면서) 상대적으로 강한 권력을 누리고 있음을 확인할 수 있다. 그리고 복수의 남성성 그리고 여성성을 볼 수 있다. 쉽게 말해 코넬은 남성성을 남성성'들'로 이해한다는 점, 그리고 패권적 남성성 아래로 공모적 남성성과 종속적 남성성 그리고 동성애적 남성성이 위계적으로 질서화되어 있다는 점을 지적한다.

물론 모든 도식화에는 위험이 따른다. 실제로 코넬의 『남성성/들』에 대해서도 여러 논평들이 있었다. 우리 역시 이 부분에 대해서는 감안을 해볼 필요가 있겠다. 우선, 패권적 남성성을 특정한 고정관념에 따라서만 기술했다는 점. 패권적 남성성이 흔히 이야기하는 마초적 특성만을 가지는 것인지는 분명 토론거리가 된다. 둘째, 패권적 남성성을 부정적으로만 다룬다는 점.

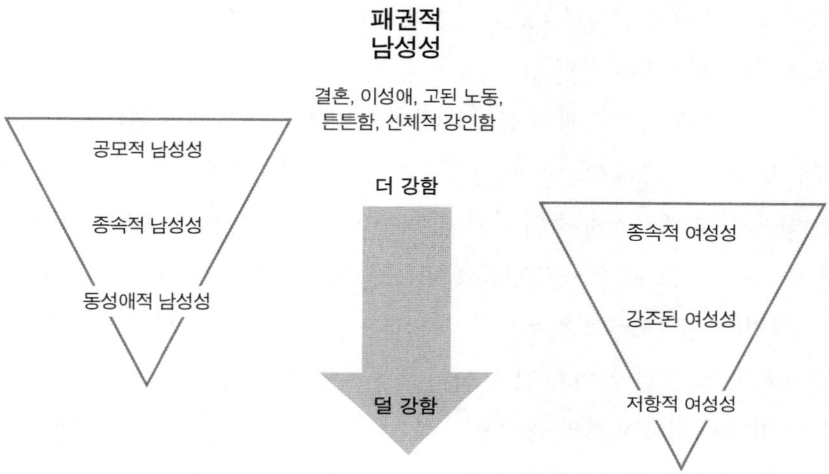

코넬의 젠더 위계 도식

앞선 동성 사회성 논의에서처럼 다른 남성성들을 종속시키거나 주변화시킬 뿐만 아니라 때로는 깊은 유대 관계를 형성할 수도 있다. 셋째, 의도와 다르게 역사적 맥락이 누락되는 점. 실제로 패권적 남성성의 속성에 육체 노동을 뜻하는 구성 요소가 있는 것은 요즘 시점에서는 어딘지 불만족스럽다.

그럼에도 남성성에 관한 코넬의 논의는 또 하나의 논점을 개방시켜주기도 한다. 세 번째 논점은 바로 역사적 맥락에 관한 것이기도 하다. 오늘날 더 명확해지는 것처럼 남성성(들)은 변형될 수밖에 없다. 노동의 측면에서는 실업과 불안정 노동이 만연하다. 이런 상황에서 기존의 패권적 남성성이 흔들림 없이 유지될 수 있을까? 권력의 측면에서도 마찬가지다. 서비스 중심 문화가 확산되면서 그 어느 때보다 페미니즘의 사회적 요구가 줄기차다. 이런 상황에서 남성성들 사이의 상호작용 체계(인정, 배제, 경쟁 그리고 종속과 주변화 등등)에 변함이 없을 것이라 단언할 수 있을까? 남성성 위기 운운

하는 것처럼 사회 전체적으로도 과거와 같은 인정을 얻기 힘들다. 그런 까닭에 곡절을 겪는 것은 당연하다.

실제로 코넬 역시도 과거 산업화 시대 논리에 따라 지배적 위치를 점했던 패권적 남성성 외에 (개정판을 통해) '기업가적 남성성'을 추가하기도 했다. 권력-노동-카텍시스의 축이 바뀌면 이들이 지탱했던 사회문화적 논리 역시 전혀 다른 방향으로 역사적 변동에 휩싸일 수밖에 없기 때문이다. 물 떠오라고, 재떨이 가져오라고 심부름시키는 가부장이 더 이상 사회적으로 존중받지 못하는 것은 바로 이와 같은 사회 변동의 효과와 맞물리는 것이었다. 확실히 이렇게 역사적 맥락 속에서 우리 사회의 남성성을 생각하는 것과 그렇지 않은 것 사이에는 굉장한 차이가 생길 수밖에 없는 것 같다.

6. 젠더 질서의 위기

물론 우리는 여전히 혼란스러움을 겪고 있다. 남성성의 질서는 변형되는데 반해 패권적 남성성을 강조하는 규범과 의례들은 견고한 측면이 있기 때문이다. 남자 역시 울어야 하는 세상에서 남자는 씩씩해야 한다는 윤리가 작동한다면? 남성들 개인적으로는 관념과 행위의 이율배반 상태에 놓일 수밖에 없고, 남성 전체적으로는 동요와 분열 속에서 모종의 문화적 지체 현상을 겪을 수밖에 없다. 심지어 그 와중에 젊은 남성들의 혼란은 가중적인 면까지 있는 듯하다. 사회경제적 자원을 기성세대의 남성들이 독과점하고 있는 상황에서 세상이 요구하는 대로 남자답게 굴어봤자 어떤 부와 권력도, 심지어 사랑도 얻을 수 없다는 게 점점 더 명확해지기 때문이다.

하지만 이런 혼란이 거듭되고 깊어질수록 우리는 질적으로 전혀 다른 결론에 도달할 수도 있다. 사태가 이 정도로 심각하고 또 거대하다면 남성성에 위기가 발생하는 게 아니라 차라리 젠더 체계 자체에 위기가 발생한 것으로 보는 게 옳지 않겠냐는 것이다. 코너에 몰렸다는 이유로 남성들의 처지를 동정하거나 연민에 빠지는 게 좋은 해법처럼 보이지는 않는다. 물론 우리들의 미시적 일상생활에서 번민에 처한 남성 개인에 공감하고 다독거리는 것도 필요한 일이지만, 그렇다고 해서 역사적 곡절과 폐단을 함께했던 남성성 자체를 복원하는 우를 범해서는 곤란하기 때문이다.

많은 남성들이 남성의 권위가 실추되고 여성의 권익이 향상되고 있다고 주장하고 있음을 알고 있다. 우리가 이제까지 살펴본 바에 따르면 이런 인식은 아주 제한적으로만 옳은 말이다. 우리의 경험적 세계에서 어떤 집단의 권력과 역량이 달라지고 있음을 감지하는 것은 어렵지 않은 일이다. 그러나 보이지 않는 세계에서 질서 자체가 변동하고 있음 또한 염두에 둬야 하지 않을까? 1인 생계 부양 모델의 지속 불가능성은 남성성 신화를 해체/재구성하는 방향으로 나아가게 하고 있다. 포스트산업사회, 포스트냉전, 포스트모더니즘 등 근 30여 년 동안 아예 포스트자본주의라는 말까지 등장하고 있다. 적어도 여기서 재래의 패권적 남성성이 과거의 성적 지배력을 유지하기는 힘들어 보인다.

따라서 우리는 앞으로 전혀 다른 시나리오를 구상해야 할지 모른다. 첫째, 많은 남성들이 우려하는 것처럼 남성성 신화 자체가 붕괴되어버리는 것이다. 어쩌면 굉장히 환영할 만한 일이기도 하지만 당연히 쉽지 않은 일이고 그 후에 어떤 일이 일어날지 예측조차 쉽지 않은 상황이 될 것이다. 둘째, 그동안 패권적 남성성과 경합 중이던 또는 이전과는 다른 형태의 새로운 남성성이 새로운 남성성 신화의 주역이 되는 것이다. 이는 남성들 사이의 동성사회성이 새로운 형태로 변형transformation된다는 것을 의미한다. 산업화 시대의 남성성이 설 자리를 잃는 마당에 어쩌면 가장 현실적인 시나리오일지 모르겠다. 그렇다면 사고, 심리, 감정, 규범, 윤리, 관계성, 태도, 행동 등 다양한 형태의 젠더 및 섹슈얼리티의 질서가 전면 재배치되어야 할 것이다. 심지어 여성혐오나 동성애혐오 등에 대한 이제까지의 관행들도 앞으로는 다른 국면을 맞이할지 모른다.

지난 30년 동안 분명 중대한 사회문화적 변동이 있었음을 인지할 수 있었을 것이다. 그런데 모두의 감각적 반응과 달리 이것이 남성성의 위기를 뜻하는지는 불분명하다. 물론 기존의 패권적 남성성에 위기가 온 것은 분명한 것 같다. 그러나 이것이 남성성 자체의 위기인지, 패권의 교체를 가리키는 것인지는 좀 더 면밀하게 들여다볼 필요가 있다. 그럼에도 한 가지 분명한 것이 있다면 이 모든 사태가 가리키는 것은 우리가 알던 젠더 체계가 위기에 처하게 되었다는 것이다. 남성성 위기에 대해 우려가 든다면 차라리 새로운 문법에 적응해야 하는 그 모든 성애적 특성들을 전면적으로 재검토하는 것이 차라리 더 나을 것이다.

다시금 말하지만, 우리 주변에 흩어져 있는 젠더와 섹슈얼리티에 대한 교리나 의례들은 비동시대적이고 또한 모순적이어서 정신을 바짝 차려야 한다. 그러지 못한 채 과거의 성적 규범에 대한 신념을 놓지 못한다면 새로운 세계에 안착하기도 힘들뿐더러 오히려 우리 사회 자체를 더 깊은 문화 지체의 늪에 빠뜨릴 수도 있다. 남성성의 위기라는 말 대신 젠더 질서의 위기라는 말로 세상을 다시 볼 수 있어야 하지 않을까? 그래야 더 많은 기회들이 다가올 수 있을 것이다. 우리는 이제껏 없던 성적 규범과 가치가 창출되고 자리잡을 수 있도록 지속적으로 토의를 진전시켜야 한다.

더 읽을거리

엄기호·정희진·권김현영·나영정·루인·한채윤(2011). 『남성성과 젠더』. 자음과모음.

존 베이넌(2011). 임인숙·김미영 역. 『남성성과 문화』. 고려대학교출판부.

한국영미문학페미니즘학회(2011). 『페미니즘: 차이와 사이, 젠더 지형의 변화와 페미니즘 문화연구』. 문학동네.

R. W. 코넬(2013). 안상욱·현민 역. 『남성성/들』. 이매진.

생각해볼 문제

1. 한국어에서 '남자답다'와 '여성스럽다'가 더 빈번하게 그리고 더 익숙하게 사용된다는 사실을 발견할 수 있다. 그에 반해 '남성스럽다'거나 '여자답다'는 표현은 좀처럼 사용되지 않는다. '남자'와 '여성', '답다'와 '스럽다', 그리고 이들을 결합하는 언어적 관습이 의미하는 것이 대체 무엇일지 생각해보자.

2. 남성들은 남성-동성애 구도에서 어떤 방식으로 연대하고 있다고 할 수 있을까? 남성들은 정말로 그들 내적으로 유대의 공동체를 이루고 있는 것일까? 만약 그렇다면 그것은 어떤 형식의 공동체일까? 그게 아니라면 이리가레의 남성-동성애적 연대에 대한 지적은 틀린 이야기가 되는 것일까?

3. 최근의 멜로 장르의 문화 콘텐츠들에서 남자 주인공이 패권적 남성성을 보이는 경우는 매우 드물어졌다. 까칠하더라도 마음이 상처투성이거나 심지어 사랑을 갈구하는 남성 캐릭터가 더 일반적이다. 이러한 구도는 패권적 남성성이 붕괴되는 현실을 반영할 것일까? 아니면 여성 시청자들을 매료시키기 위한 문화산업적 장치인 것일까? 만약 후자의 경우라면, 여성들의 문화적 요구들로 인해 남성성 규범에도 변화가 생길 수 있을 것이라 볼 수 있을까?

4. 어느 동영상에서 작가 손아람이 젊은 남성들의 데이트, 군입대 등 차별 경험은 사실 기존에 남성들이 누리던 특권에 대한 일종의 차별 비용이라 말한 바 있다. 이에 대해 온라인에서 상당수 남성들은 4050세대가 누린 차별의 특권을 왜 2030세대가 보상해야 하냐는 반론을 제기하기도 했다. 이런 반론이 나오는 것은 이들 남성이 젠더 질서에 대해 무지해서일까, 여성들의 경험에 공감하지 못해서일까, 아니면 또 다른 어떤 이유 때문에서일까?

2부

미디어와
페미니즘 이슈

4장

방송사의 조직 문화, 노동 그리고 젠더

이종임

1. 조직 문화 탐구가 필요한 이유

미디어 산업은 대중의 일상생활과 밀접한 연관성을 지닌다. 사건 현장을 전달하는 뉴스, 상상의 이야기를 현실화시키는 드라마와 영화, 풍자와 해학을 담아내는 예능 프로그램, 한류를 주도하는 케이팝, 그리고 웹툰과 게임 분야 등 새로운 콘텐츠 산업까지 가세하면서 관련 산업 영역은 더욱 확장되는 추세다. 최근 다양한 플랫폼을 넘나들며 콘텐츠가 소비될 수 있는 미디어 생태계가 구축되면서 이용자들의 미디어 산업에 대한 관심은 더 뜨겁다. 사건 현장의 '생생함'과 대중들 간의 활발한 '상호작용'을 체험하고 정보를 공유할 수 있는 즐거움을 제공하기 때문이다. 그중에서도 가장 많은 관심을 받는 분야는 방송 미디어 분야다. 최근 다양한 콘텐츠 플랫폼의 등장으로 방송 산업에 대한 정의나 산업 구조의 위기를 논하기도 하지만 창의적 활동의 결과물로서의 콘텐츠는 경쟁력을 유지하는 가장 큰 무기로 평가받고 있으며, 오랫동안 콘텐츠를 생산해온 국내의 미디어 생태계를 고려하지 않을 수 없기 때문이다. 방송 산업 내에서 생산된 콘텐츠는 팬덤 형성에도, 대중의 문화취향 형성에도, 그리고 문화의 국제적 교류에도 매개체로서 역할을 해왔다.

해외의 다양한 변화와 도전에 대응하기 위해서는 콘텐츠를 생산하는 시스템 구축과 제작 매뉴얼, 제작에 참여하는 생산자의 노동 환경 등이 중요한 원동력이 된다. 하지만 국내에서는 콘텐츠의 가치를 논하거나 경쟁 상황 등에 주목해왔을 뿐 미디어 산업 종사자들에 대한 노동환경에 대한 논의는 줄곧 외면해왔다. 사실 미디어 콘텐츠를 생산하는 작업 환경에 대해 학문적으로 접근한 지는 얼마 되지 않았다. 그동안은 미디어 관련 조직 내부 문화나 생산자로서의 정체성, 뉴스를 제작하는 과정에서의 정치적 외압 등에 대해서는 많은 연구가 이루어졌지만, 표준 계약서의 사용 여부, 노동 시간과 휴식 시간 보장, 남성 중심의 노동 환경이 구축되면서 고착화된 성차별 문제(여성신문, 2019.7.18.), 성폭력을 방지할 수 있는 인권 교육이나 젠더 감수성의 중요성 등 성별화된 조직 문화를 돌아보고 개선하려는 노력 역시 이제 막 시작인 상태다.

미디어 조직의 남성과 여성 인력이 경험하는 노동 환경과 조직 문화는 어떨까? 이러한 질문에 답을 하기 위해 국내 남녀의 취업 비율을 살펴봐야 할 것이다. 통계청의 〈2018 통계로 보는 여성의 삶〉 발표 자료에 따르면, 2017년 여성 고용률은 50.8%로 지속적 증가 추세를, 남녀 고용률 차이는 2003년에는 24.7%였지만 2017년에는 20.4%로 감소된 결과를 보였다. 지난 2017년 여성 취업자 중 임금 근로자 비중은 77.2%로 남성(72.7%)보다 4.5% 높은 것으로, 임금 근로자 중 상용 근로자 비중은 여성(45.7%)이 남성(53.6%)보다 7.9% 낮게 나타났다. 하지만, 의사 결정권을 가진 직위에는 여전히 여성의 비율이 낮다(정보통신정책연구원, 2018). 조직 내의 의사 결정권자 성비가 남성이 여성보다 높은 비율을 차지한다는 것은 성평등한 근무 환경과 제작 환경을 기대하기는 어렵다는 것을 상징한다. 실제로 2017년에야 전 세계에서 미투운동Me Too Movement[1]이 일어나면서 젠더 정체성과 젠더 감수성gender sensibility, 性認知感受性[2]에 대한 논의도 이제 막 시작된 상태다. 성평등에 대한 논의가 늦게 시작된 것에 비해 미디어 산업이 만들어내는 대중문화의 영향력은 빠르게 확산되고 있다. 많은 인력이 제작 현장에서 콘텐츠를 생산하고 있지만, 노동 현장의 현실은 여전히 남성 중심적 권력 관계와 보이지 않는 유리천장이 존재한다는 것을 의미한다. 방송사의 조직 문화가 젠더 차별적 특징이 강하다면, 방송이 표상하는 콘텐츠에도 조직의 문화가 반영될 수밖에 없기 때문이다.

이 장에서는 대중에게 즐거움을 제공하는 텔레비전 미디어를 중심으로 미디어 조직에 대한 논의를 하고자 한다. 미디어 조직 문화의 탐구를 통해 성평등적 관점이 반영된 콘텐츠 생산을 위해서는 콘텐츠 생산자들의 인식과 조직의 성차별적 구조의 개선이 동시에 수행되어야 가능하다는 것을 함께 살펴보고자 한다.

---

1 미투운동은 성폭행이나 성희롱을 고발하기 위한 것으로, 미국에서 시작되었다. 2017년 10월 할리우드 유명 영화 제작자인 하비 와인스틴의 성추문을 폭로하고 비난하기 위해 소셜 미디어에 해시태그(#MeToo)를 다는 것으로 대중화되었다.
France, Lisa Respers. "#MeToo: Social media flooded with personal stories of assault". CNN. 2017.10.16.
https://edition.cnn.com/2017/10/15/entertainment/me-too-twitter-alyssa-milano/index.html.

2 성별 간의 차이로 인한 일상생활 속에서의 차별과 유·불리함 또는 불균형을 인지하는 것을 말한다. 넓게는 성평등 의식과 실천 의지 그리고 성 인지력까지의 성 인지적 관점을 모두 포함한다.
Dr. Jatinder Kumar Sharma. "Understanding the Concept of Sensitisation in Humanities and Social Sciences: An Exploration in Philosophy of Mind". *International Journal of Scientific Research*. 24 (90): 2016, 380–400 참고.

2. 미디어 조직의 위계적 성별화

1) 조직의 젠더 구성과 조직 문화

조직 문화는 조직 이론의 발달 과정 중 공식적 조직에서 비공식적 요소 및 인간에 대한 중요성을 인식한 인간관계론Human&Relations의 등장으로 부각되었다(양종해, 2004: 155). 조직 문화는 조직의 목적 달성을 추구하는 과정에서 형성되는 행동 양식이나 생활 양식의 총칭으로서 조직 구성원에게 행동의 기준을 설정하고 주어진 기준에 따라 가장 바람직하다고 판단되는 행동을 일으키는 양태로 정의한다. 페티그루(Pettigrew, 1979)는 조직 문화를 상징, 언어, 이념, 신념, 의식, 전통 등 조직을 형성하는 근본으로 정의했다. 제리넥(Jelinek, 1983)은 조직의 신화, 패러다임, 의미 체계, 고유한 언어 체계를 공유함으로써 조직 구성원의 가치 판단 및 행위의 틀로 규정하는 것을 조직 문화로 정의하고 있다. 결국 조직 문화는 다른 조직과 구분할 수 있는 유·무형의 상징 체계가 오랜 시간을 거쳐 만들어지는 집단적 가치(collective value)로도 이해될 수 있다(조성호·안대영, 2015: 113).

조직 문화를 형성하는 데 남녀의 성비 역시 중요한 요소로 연구되어왔다. 브룩과 맥킨(Burke & Mckeen, 1996)은 직장 몰입도, 이직 의향, 직장 만족도, 경력, 경력에 대한 전망 등 조직 태도 변수를 분석했는데, 남성 비율이 높은 조직에서 여성 관리자의 직무 만족도가 낮아지고 이직 의향은 높아지는 현상을 제시하기도 했다. 엘비라와 코헨(Elvira & Cohen, 2001)은 여성 비율이 낮을수록 여성들의 부정적 경험이 빈번해지고 결국 여성의 이직률이 높아지고, 여성수가 증가할수록 조직 차원의 여성 처우treatment가 개선됨에 따라 여성의 경험 및 조직 태도가 긍정적으로 바뀌게 되면 이직률이 감소한다는 것을 제시했다.

그러나 반대로 여성 비율 증가가 부정적 영향력을 야기한다는 연구도 있다. 여성 비율이 높아질수록 여성 관리자들은 성과 압박이나 남성 동료들의 반감 등 부정적 경험에 더 자주 노출된다거나 남성들의 성희롱이 더욱 빈번해지고 강도 또한 심화된다는 연구 결과도 있다. 또한 여성 정규직 및 핵심 인력 비율이 높을수록 여성들이 일-가족 양립 제도를 활용하는 것을 더욱 어렵게 느낀다는 결과도 있다(민현주, 2010). 짐머(Zimmer, 1988)는 여성의 양적 증대가 조직의 문화를 바꾼다는 의견에 문제 제기를 했는데, 지배 집단과 피지배 집단 관계는 "숫자"보다 "권력 관계"가 더욱 크게 작용한다는 점을 강조하기도 했다.

여성을 노동 시장에 다수 진입시키면 그들이 다른 여성들의 역할 모델이 될 뿐만 아니라 여성들의 성취 열망을 고취시키는 신호가 기대되리라는 기대를 전제한다. 그러나 단순히 여성 비율을 늘리는 것만으로는 기대한 결과가 나타나지 않는다. 이는 여성들의 조직 내 지위, 지원 수준, 고용 안정성 등 다른 영향도 고려해야 하기 때문이다. 여성이 증가할수록 여성 이직률이 낮아지는 이유가 조직 차원에서 여성에 대한 처우가 개선되기 때문이며, 조직 환경이 자신을 수용한다고 느낄 때 이직률이 낮아진다는 것이다.

특히 프로그램을 생산하는 방송사의 조직 문화는 그 사회의 지배적이고 집단적인 가치를 형성하는 중요한 역할을 한다. 방송사 종사자들이 제작하는 프로그램이 시청자들에게 의식적, 무의식적으로 가치관을 형성하는 데 영향을 미치기 때문이다. 그 조직의 성비, 주로 사용하는 언어, 남성 동료들과 여성 동료들과의 갈등, 의사 결정권자의 성비 등은 결국 콘텐츠에서 재현되는 세계와 가치관을 결정짓는 데 중요한 근거이자 기반이 된다는 것을 알 수 있다.

2) 방송사의 인력 구조와 조직 문화

뉴스, 드라마, 음악, 스포츠 등이 결합되어 있는 미디어 콘텐츠는 공적 공간과 사적 공간을 매개하는 매개체로서의 다양한 정체성과 이데올로기를 내포한다. 특히 대중의 일상생활에 밀접한 관계를 가지는 방송 미디어가 전달하는 콘텐츠는 안방 문화의 상징이었던 흑백 텔레비전 시대부터 방송된 콘텐츠가 인터넷 주요 포털 사이트의 실시간 검색어와 연동될 만큼 빠르게 대중의 관심사로 떠오르는 현재도 여전히 큰 영향력을 발휘한다.

지난 몇 년 동안 리얼리티 예능이 큰 인기를 끌면서 현실의 이야기가 방송 프로그램 중 다수를 차지하게 되었고, 일반인들도 프로그램의 주인공으로 소환되곤 했다. 이러한 제작 트렌드가 자리잡게 되면서 미리 쓰여진 각본에 따라 행동을 하거나 대사를 하지 않는 프로그램의 주인공이 늘어나게 되었고, 우리 사회의 집단적 가치를 반영하기도 했지만 자극적이고 성차별적인 내용을 담은 프로그램도 적지 않게 생산되기 시작했다. 이후 여성 진행자 수가 줄어들거나 가족 관계나 직장 내의 문화에서도 남성 중심적 가치관이 반영된 프로그램이 반복적으로 제작되곤 했다. 이러한 상황이 지속되면서 프로그램 제작 현장에서도, 시민단체에서도 비판적 의견을 내기 시작했다(노컷뉴스, 2018.3.27.; 스포츠경향, 2017.7.31.). 그리고 공통적인 비판 지점은 방송사의 젠더 구성비, 방송 조직 문화, 젠더 감수성 등에 대한 인지가 부족하다는 것이었다. 실제로 지난 〈2017년 양성평등 미디어문화 확산 토론회〉에서 EBS 김민지 PD는 "성평등적이지 못한 콘텐츠가 만들어지는 환경이 유지되는 이유는 제작진의 성별 불균형이 큰 요인이다"라고 설명했다. 방송사 조직 내에서의 의사 결정권자인 간부의 대부분이 남성이라는 조직의 특징이 다양한 프로그램을 제작할 수 있는 기회를 만들지 못하는 중요한 요인이라는 것이다. 최근 발표된 정보통신정책연구원의 〈2018년 방송산업실태조사 보고서〉 결과에서도 지상파 방송사 조직의 젠더 비율이 대부분 여성보다 남성이 높았다.

다음 표의 지상파 방송사 종사자 중 임원과 경영직의 성별 구성비를 살펴보면, 남성의 수가 월등히 높다. 물론 남녀의 성비를 나타내는 '숫자'만으로 조직 내의 문제를 설명할 수 없지만, 가장 기본이라 할 수 있는 성별 비율에서 남성이 압도적으로 높다는 것은 다양한 시각의 프로그램을 제작하기 어렵다는 것을 짐작하게 한다. 특히 젠더 비율은 조직 문화와 콘텐츠의 내용에도 큰 영향을 미치기 때문이다. 방송 기획과 제작 단계에서부터 성차별이나 혐오 표현을 막기 위한 장치를 만드는 것은 다양한 콘텐츠를 제작할 수 있는 환경을 구축하는 데 매우 중요하다는 논의는 꾸준히 제기되고 있다(한국양

지상파 방송사 종사자 세부 현황

(단위: 명)(2017년 12월 말 기준)

구 분	임원	경영직[1]	방송직					기술직[4]	연구직	영업/홍보직	기타	합 계
			기자	PD	아나운서	제작 관련[2]	기타[3]					
지상파 전체	155	1,731	2,477	2,445	493	2,418	938	1,901	118	758	921	14,355
남자	143	1,283	1,997	1,737	216	1,973	344	1,833	102	512	539	10,679
여자	12	448	480	708	277	445	594	68	16	246	382	3,676

주1) 방송직의 '경영직'은 인사, 재무/회계, 기획, 경영, 관리 등의 사무 관련 업무를 담당하는 인원임 (2013년 방송 산업 실태조사 '관리/행정직'의 명칭 변경)

주2) 방송직의 '제작 관련'직은 카메라, 영상, 음향, 조명, 미술, 편집 등의 업무를 담당하는 인원임

주3) 방송직의 '기타'직은 성우, 작가, 리포터, 제작 지원 등의 업무를 담당하는 인원임

주4) 기술직은 조정실, 송출, 중계(중계팀 중 영상, 음향, 조명 등의 제작 관련 업무를 맡은 인원은 방송직의 '제작 관련'에 포함) 인력 외에 방송사별로 건축, 전기, 설비, 통신 등의 인력이 포함됨

* 출처: 정보통신정책연구원(2018), <2018년 방송산업실태조사보고서>, 65쪽 재구성.

성별 종사자 현황

(단위: 명, %)(2017년 12월 말 기준)

유 형	전체	성별		비율	
		남자	여자	남자	여자
지상파	**14,355**	**10,679**	**3,676**	**74.4**	**25.6**
정규직	12,332	9,734	2,598	78.9	21.1
비정규직	2,023	945	1,078	46.7	53.3

* 출처: 정보통신정책연구원(2018). <2018 방송산업 실태조사보고서>, 62쪽 재구성.

성평등교육진흥원, 2017: 54).

이 표에서도 알 수 있듯이, 지상파 종사자 중 정규직과 비정규직 모두 남성의 비율이 높다. 방송사에 종사하는 여성의 비율 중 의사 결정권자가 여전히 낮은 비율을 나타내고 정규직보다 비정규직이 높다는 것은 객관적인 기준만으로도 성평등한 조직 문화가 존재하기 어렵다는 것을 알 수 있다.

3. 방송사의 불균등한 성비

한국에서는 1999년 '남녀차별금지법 및 구제에 관한 법률'이 시행되면서 미디어 영역에서 성차별 문화에 대해서 관심을 갖기 시작했다(윤석민·이철주, 2003). 하지만 제도적인 개선에도 불구하고 여성들은 조직 내 업무 분담에서 불평등한 대우를 받고 있으며, 이는 "의료계, 학계, 공무원 등의 모든 전문직 분야에서도 나타나는 상황이다.[3]

---

3 김지연(2011).「여성PD의 젠더의식과 지상파 방송사의 젠더시스템에 관한 연구」, 고려대학교 대학원 석사학위 논문 참고.

줄이아 우드Julia T. Wood에 따르면, 조직 내에서 여성에 대해 기대하는 다양한 고정관념이 존재한다. 즉, 조직 내의 구성원들은 여성을 외모나 행동으로 평가하거나 여성에게 정서적인 수고나 사교적인 농담 등의 '어머니와 같은 역할'을 기대하고, 남성은 여성이 남성보다 유능하지 못하며, 일에 대해 결정할 능력이 없다고 여긴다는 것이다.[4] 그리고 이러한 젠더 인식은 미디어 조직 내에도 그대로 적용된다. 방송사에 종사하는 언론인들의 성차별적인 인식과 고정관념이 매우 뿌리 깊게 존재하고 있기 때문이다. 남성들은 직급, 연령과 상관없이 일관되게 여성을 평가절하"한다는 당시의 연구 결과가 현재에도 그대로 적용되고 있다는 점은 조직 문화를 바꾼다는 것이 쉽지 않다는 것과 한국 사회의 남성 중심적인 조직 문화가 미디어 조직에도 여전히 공고鞏固하다는 점을 보여준다.

여기에 미디어 조직의 특수성도 작용했다. 미디어 콘텐츠는 협업으로 이루어지기 때문에 외부 인력의 유입이 잦은 영역이다. 특히 1991년 이후 시행된 외주 제작 프로그램의 의무 편성으로 외주 제작 콘텐츠가 늘어나기 시작했고, 2006년에는 방송사의 연출자와 제작사가 결합하여 드라마를 제작하는 '결합 제작 방식'이 늘어나면서 이러한 상황은 더욱 빈번해졌다. 또한 케이팝의 영향력이 커지면서 대형 기획사도 자신의 소속사 연예인들을 대거 등장시키는 콘텐츠를 제작하면서 예능 프로그램도 외주화가 빠르게 진행되었다(이종임, 2018). 이러한 상황이 지속되면서 방송국 내 제작 인력의 자체 제작 기회의 축소를 가져왔다(이정훈·박은희, 2008).

〈방송 산업 종사자 현황〉 표에 나타난 방송 산업의 남녀 종사자의 비율을 살펴보면(2017년 12월 기준), 지상파, 종합유선방송사, DMB, 위성방송, 전

---

4 Wood, J.(2005). *Gendered Lives: Communication, Gender and Culture*(6th Ed.). 한희정 역(2006). 『젠더에 갇힌 삶』, 커뮤니케이션북스 참고.

남녀차별금지 및 구제에 관한 법률

「헌법」제11조 1항은 "모든 국민은 법 앞에 평등하다. 누구든지 성별·종교 또는 사회적 신분에 의하여 정치적·경제적·사회적·문화적 생활의 모든 영역에 있어서 차별을 받지 아니한다."라고 규정하여, 평등권을 보장하고 있다. 특히 이 규정은 사회전반의 만연한 구조화된 여성차별과 그 불평등을 시정하고, 여성의 권익향상 증진을 위하여 국가가 노력하여야 한다는 정책상 의무를 부담지우고 있다. 이러한 정책상 의무를 입법화한 것이 여성관련 법률의 기본법의 성격을 가진「여성발전기본법」이다. 이 법률은 남녀평등의 촉진, 성차별적의식의 해소 및 여성의 능력개발을 위해, 국가 및 지방자치단체는 그 목적을 실현하기 위하여, 필요한 법적·제도적 장치의 마련과 이에 필요한 재원을 조달한 책무를 지도록 규정하고 있다. 이에 이 기본법을 토대로 고착화된 사회전반의 여성관련 차별을 시정·철폐하기 위하여「남녀차별금지및구제에 관한 법률」이 제정되었다.

1997년 7월 1일부터 시행된 이 법률은 총 5장 43조로 구성되어 있다. 총칙부분은 고용 분야를 포함한 교육에서의 차별, 재화·시설·용역 등의 제공 및 이용에서의 차별, 법과 정책의 집행에 있어서의 남녀차별과 성희롱에서의 차별 금지를 규정하여 차별 분야를 확대했고, 차별 시정 대상 기관을 민간기업체 위주에서 국가기관·자치단체 등 공공기관까지로 확대했다. 이 법률은 정부조직법이 개정되면서 관련 사무를 국가인권위원회에서 수행하게 됨에 따라, 2005년 12월 29일을 기해서 폐지되었다.

출처: 김엘림,「남녀차별금지 및 구제에 관한 법률」해설서, 여성부, 2003.

방송 산업 종사자 현황

(단위: 명)(2017년 12월 말 기준)

구 분	임원	경영직	방송직					기술직	연구직	영업/홍보직	기타	합계
			기자	PD	아나운서	제작관련	기타					
지상파 전체	155	1,731	2,477	2,445	493	2,418	938	1,901	118	758	921	14,355
남자	143	1,283	1,997	1,737	216	1,973	344	1,833	102	512	539	10,679
여자	12	448	480	708	277	445	594	68	16	246	382	3,676
DMB 전체	13	8	0	6	0	12	0	16	1	3	0	59
남자	13	5	0	5	0	7	0	14	1	1	0	46
여자	0	3	0	1	0	5	0	2	0	2	0	13
종합유선 방송사 전체	113	1,100	298	188	40	258	30	1,149	65	1,234	103	4,578
남자	110	565	225	162	10	179	17	1,094	54	996	16	3,428
여자	3	535	73	26	30	79	13	55	11	238	87	1,150
위성방송	10	23	0	0	0	0	0	16	10	136	152	347
여자	10	17	0	0	0	0	0	15	9	120	106	277
남자	0	6	0	0	0	0	0	1	1	16	46	70
전체PP	456	3,017	1,450	2,183	175	2,118	1,041	895	264	3,756	1,289	16,644
남자	427	1,659	1,061	1,342	80	1,275	417	723	166	1,831	696	9,677
여자	29	1,358	389	841	95	843	624	172	98	1,925	593	6,967
IPTV 전체	19	220	0	0	0	34	9	240	45	159	0	726
남자	18	148	0	0	0	18	7	198	40	102	0	531
여자	1	72	0	0	0	16	2	42	5	57	0	195

* 출처: 정보통신정책연구원, 『2018 방송산업실태조사보고서』, 63-65쪽 재정리.

체 PP, 그리고 IPTV 모두 종사자 중 남성의 비율이 여성보다 높다. 그 이유를 찾기 위해서는 김현미(2005)의 논의를 주목할 필요가 있다. 미디어 콘텐츠의 특수성과 노동의 유연화가 미디어 조직 내의 성차별 문화와 독특한 생산문화를 구축한다고 보았기 때문이다. 미디어 생산물의 불확실한 시장과 경제적인 위험에 대처하기 위해 구조화된 노동의 방식 역시 여성에 대한 차별적인 태도로 이어진다는 것이다. 미디어 조직은 다양한 분야의 전문가들을 한 조직에서 수직적으로 다루기보다는 외부에서 공급되는 노동력의 형태로 '유연적인 고용'의 특성을 가지게 된다고 보았다. 이러한 특성이 결국 직업의 종류 및 작업의 특성에 따라 고용의 형태를 달리하고 '여성이 가능한 일'과 '남성이 가능한 일'로 구분지어짐에 따라 성차별적 직업군이 등장하게 된다는 것이다. 일례로 텔레비전 제작 현장에서의 PD와 작가의 직업이 정규직과 비정규직으로 그리고 여성과 남성의 역할로 나눠지고 있다고 지적했다. 이수연(2004)은 지상파 방송의 성별 인력 구조를 분석했는데, 다양한 장르의 텔레비전 프로그램에 성차별적인 내용이 그대로 적용되는 것을 지적했다. 그 이유로 남성적 제작 관행과 방송 철학, PD직의 성역할 분담에 따른 차별적 분포 등이 공공연하게 행해지기 때문이라고 보았다.

최근 방송사 조직에 여성의 유입이 늘어나고 있다고는 하지만, 정규직과 비정규직이 수행하는 업무 참여도의 차이와 최종 의사 결정권자의 성비와 가치관, 시청률과 성과 중심의 콘텐츠 제작 방식 등이 바뀌지 않는다면 지금의 불균형적인 젠더 성비와 남성 중심적 문화가 구축된 제작 관행은 크게 변화하기 어려울 것으로 보인다.

4. 방송사 여성 인력의 노동 환경

업무 수행 과정에 여성이기 때문에 남성과 다른 경험을 하고 남성에게는 기대되지 않는 특정한 행위를 여성에게 요구할 때, 그리고 여성이 그에 대해 부당함과 불편함을 느끼는 것을 직장에서 경험하는 성차에 따른 갈등 상황이라고 정의할 수 있을 것이다(홍지아, 2016: 3). 이러한 갈등 상황은 다음과 같이 제시할 수 있다. 남성 중심의 네트워크에서 배제되면서 비공식적 추천에 의해 이루어지는 취업이나 승진의 불이익, 육아와 직업을 양립하는 수고에 대한 평가절하, 소수 여성에 대한 지나친 관심과 부정적 정형화, 동일 직급의 남성에 비해 낮은 대우와 주어진 업무 외에 기대되는 여성의 역할 등이 주로 제시되는 사례다(김상현, 2001; 김혜순, 2004; 권인숙, 2007; 김엘리, 2012).

방송사의 여성 인력들은 사회에서 발생하는 차별이나 남녀 관계에 대해서는 비판적 시각으로 보도를 하거나 프로그램을 제작하지만, 방송사 내의 조직 문화나 구성원들 간의 성차별적 언어 사용이나 행동, 위계적 질서 등에 대해서 논의하기 쉽지 않다. 과도한 업무량과 시청률 중심의 프로그램에 대한 평가, 이미 남성 중심적 조직 문화에 노출된 상황에서 조직 구성원으로서의 생활을 시작하기 때문이다. 여성 인력의 취업이 늘어나고 있다는 결과는 계속 나오고 있지만, 정작 방송사 조직 내의 여성들이 경험하는 조직 생활은 어떠한지 심층 인터뷰를 통해 살펴보고자 했다.

인터뷰 대상자는 방송사에 종사하고 있고, 조직의 팀장을 수행하고 있는 방송사의 정규직인 여성 PD 2명과 프로그램에 참여하고 있는 비정규직 여성 3명, 총 5명을 인터뷰했다.[5] 인터뷰 참여자들을 대상으로 젠더 구성비가 조직 문화/의사 결정에 미치는 영향, 남성 중심의 네트워크에서 배제되면서 비공식적 추천에 의해 이루어지는 취업이나 승진의 불이익, 육아와 직업 양립의 어려움, 그리고 그 수고에 대한 조직 내의 평가절하 문화, 결혼을 하지 않은 여성에 대한 지나친 관심과 부정적 정형화, 동일 직급의 남성에 비해 낮은 대우와 주어진 업무 외에 기대되는 고정관념에 기반한 여성의 역할 수행 등을 질문했다.

인터뷰 결과 입사 당시 미디어 조직 내부 구성원이 대부분 남성이고, 여성PD가 있다고 해도 현장에서의 업무보다는 내근직으로 신청하는 경우가 많아서 입사 당시 여성 선배들을 만날 기회도 많지 않고, 롤모델로서의 대상도 부재했다고 답했다. 방송 업무는 능력 위주, 시청률 위주로 평가되기 때문에 처음 입사했을 당시, 조직 문화/변화를 고려할 여유도 없었고, 고민할 기회도 많지 않았다고 답했다. 비정규직 대상자의 경우, 같은 직군에 있는 동료/선배들과 정보를 교류하거나 상담을 하는 경우가 많다고 답했고, 촬영 현장의 공적인 장소보다는 편집실이나 회식 장소 등 사적인 장소에서 성차별적 언어에 노출되는 경우가 많다고 답했다.[6]

> 제가 한참 촬영을 할 때에는 여자 PD임을 드러내는 것을 거의 피했어요. 다른 스태프가 거의 남성이었거든요. 처음에는 출장이 너무 힘들었어요, 여

---

5 * 인터뷰 대상자의 인적사항

A: 기혼/정규직/여성/경력 16년, B: 비혼/정규직/여성/경력 15년, C:비혼/비정규직/여성/경력6년, D: 비혼/비정규직/여성/경력6년, E:기혼/비정규직/여성/경력6년

* 인터뷰 대상자들중 정규직 여성의 경우 자유롭게 인터뷰에 참여하고 솔직하게 제작 환경을 이야기했지만, 비정규직 여성의 경우 인터뷰 과정에서 오프더레코드를 많이 요구했기 때문에 상대적으로 인터뷰 내용을 많이 반영하기 어려웠다. 이는 미디어 조직 내의 성차별이나 젠더 인식이 정규직과 비정규직이라는 위치와도 밀접한 연관성을 지닌다는 것을 보여주는 결과다.

* 인터뷰는 2019년 4월에 진행했으며, 인터뷰 참여자들의 작업 환경 근처에서 만났다. 인터뷰 시간은 2시간 정도 진행했고, 추가로 필요한 사항은 이메일이나 전화 통화로 확인했다.

6 인터뷰 대상자 C, D, E.

관방에서 자는 것도 힘들고. 하지만 힘들다 말할 수 있는 분위기가 아니었죠. 저는 남성 문화에서 주니어로 점차 커왔는데, 선배들이 대부분 남자였기 때문에 제 스스로 검열을 많이 했어요. "싫다"는 표현을 한 번도 한 적이 없어요.(A)

처음 입사해서 촬영 현장에 나갔더니, 저보고 리포터냐고 했어요. 제가 촬영 전체를 책임지는 PD인데도요. 기존에 제작 현장에 여성 PD가 많지 않아서요. 여자 PD가 현장에 있을 거라고 생각을 못했었던 거죠.(B)

주요 의사 결정권자의 업무를 수행하는 PD의 경우 입사 당시 여성 인력이 증가한 상태였지만, 조직 내에 젠더 중심의 조직 문화나 업무 매뉴얼은 준비되어 있지 않았다고 답했다. 인터뷰 대상자들은 이러한 조직의 남성 중심적 문화를 불편하게 느끼고 있었지만, 불편함의 해결은 당사자인 개인 스스로 헤쳐나가야 할 문제로 인식하고 있었다. 현장 업무에서의 의사 결정권자로서의 PD라는 업무를 수행할 때 '여성'이라는 이슈보다 PD로서의 업무를 수행해야 한다는 생각에 집중했기 때문이라 볼 수 있다. 또한 상의를 할 수 있는 여성 선배가 부재하다는 것이 성평등한 조직 문화를 구축하기 어려운 문화를 형성하고 있었다. 여성 인력의 경우, 결혼과 출산 이후에는 현장 업무로 복귀하기보다 사무직으로 이직을 하거나 일을 그만두는 경우가 많았다고 답했다.

방송사 내에는 남성 특유의 '군대 문화'가 강하다고 생각해요. 강한 사람한테는 약하고, 약한 사람한테는 강하고. 저한테는 그런 식으로 얘기하지 않는데, 제가 없는 경우에는 말을 다르게 하는 경우도 많아요. 하지만 지금은 훨씬 조심하는 분위기에요. 여성이 많이 늘었고, 조심해야 하는 문화도 생겼고(A).

최근 몇 년 동안 조직 내의 성차별 문제나 조직 구성원으로서의 여성 인력에 대한 제도적 보완이 필요하다는 담론이 형성되면서 조직의 문화가 조금씩 변화하고 있다고 답했다. 그러나 필요한 제도가 존재하는지, 혹은 없다면 제도 마련을 위해서는 어떤 노력을 해야 하는지 등을 다른 구성원들과 논의하고 회사에 제안을 하기보다 침묵하는 방법을 선택했다. 이 외에도 '여성 PD'보다는 'PD'로 인정받아야 하는 구조에서 여성성이 드러나는 방식을 최대한 피하고자 노력하고 있었다. 나의 연출 능력은 현장에서 결정되는데, 괜한 문제를 일으키기보다 최대한 문제 없이 제작을 마치기 위해 노력하고 있었다.

현장에서의 평가뿐만 아니라 결혼이나 출산은 여성 인력에게 여전히 중요한 이슈였다. 남성보다 여성에게 결혼과 출산은 조직 구성원으로서 조직 생활에 영향을 미치기 때문이다. 복직한 후, 일에서 배재될지도 모른다는 두려움을 느끼거나 혹은 육아 문제로 일찍 퇴근을 해야 할 때에는 내 업무를 동료에게 떠넘기는 것 같은 죄책감이 들었다고 했다.

> 출산이나 이런 이야기들을 …… "여성으로서 나를 무시하지 않을까"라는 두려움이 컸죠. 저는 육아휴직을 3개월만 사용했어요. 일찍 돌아온 계기는 경력 단절에 대한 두려움이 컸어요. 동기들과 비교되고. 하지만 지금은 그런 문화가 조금은 꺾인 것 같아요. 몇 년만 지난 후배들만 해도 저랑 달라요. 제 선배 그룹은 내근을 선택하는 여성 선배들이 많았어요. 야근이 많으면 아이를 키우기 어려우니까요. 그런 선배들을 보면서 그러지 말아야지 생각했었는데, 실제로 육아를 병행하면서 현장에서 일하는 게 정말 힘들더라구요.(A)

> 육아하는 선배들을 보면 너무 힘들다는 생각이 들어요. PD로서 일을 하는

데 시간이 많이 들고, 아이와 함께 할 수 있는 시간이 점차 줄어드니까, 고민이 많은 것 같아요. 조직이 원하는 만큼 방송의 완성도와 방송 프로그램에 대한 나의 만족도, 그리고 육아를 함께 병행할 때의 시간 배분의 어려움은 있는 것 같아요.(B)

업무를 수행하는 과정에서 여성과 남성이라는 생물학적/사회학적 정체성을 고려하기보다 업무를 수행하는 데 방해되는 요소를 제거하는 데에만 관심을 갖는 문화가 존재했다. 인터뷰 대상자들은 많은 수를 차지하는 남성과 직접적 대립각을 세우기보다 개인의 직무 능력으로 자신의 능력을 보여주는 것이 현장에서의 문제를 해결하는 방법이라고 답했다.

저는 입사 초기에 나이 들어 보일려고 머리를 뽀글뽀글 파마를 하기도 했어요. 지금 제가 있는 부서가 부장님도 여성이고 제가 팀장이라 모두가 여성인데요. 여성이 관리자가 되었을 때, 많은 사람들을 관리해야 하구요. 아주 세세하게 자세하게 클리어하게 따져야 하는 경우가 있을 때, 남성 관리자들은 그냥 넘어가는 경우가 많아요. 그런데 제가 여러 가지 요구 사항을 전달하면, "여자 관리자라서 피곤하다"는 지적을 많이 하구요. 그러면 "노처녀라 피곤해, 여자라서 피곤해"이러죠. 특히, 여성이 상사일 때, 밑에 있는 남성 팀원들이 그런 말을 많이 하죠. 방송 프로그램은 협업하는 체계이고, …… 내가 '여성'이라는 것이 드러나게 될 때가 많아요. (B)

업무를 수행하는 과정에서 기존의 관례를 벗어난 말과 행동을 선택하게 될 경우, '여성'으로 읽히는 경우가 다반사라고 답했다. 업무를 꼼꼼하게 관리하고 처리하는 것은 일의 효율성으로 받아들여지기보다 여성 인력이기 때문에 피곤한 일을 만드는 것이라고 평가받았다. 특히 미혼이라는 것, 그리고 나이가 많은 여성이라는 가부장적 기준은 업무 평가와 연결되곤 했다.

이 외에도 조직 내에서의 성차별이나 성폭력 문제도 본격적으로 논의한 지 얼마 되지 않았음을 알 수 있다. 대부분 개인이 가해자에게 사과를 요구하거나 외부로 알려지지 않게 조용히 처리한다고 답했다. 혹은 그냥 참는다는 답도 있었다. 이러한 상황을 구체적으로 조사한 결과가 '2018 방송 제작 현장 성폭력 실태조사' 결과다. 방송계갑질119와 방송스태프노조 준비위원회가 2018년 발표한 '2018 방송 제작 현장 성폭력 실태조사'에 따르면 설문에 응한 방송 근로자 223명(여성 209명 · 남성 14명) 중 200명(89.7%)이 '성폭력 피해 경험이 있다'라고 답했다. 여성가족부가 발표한 '2015 성희롱실태조사'에서 직장에서 성희롱 피해를 경험한 적이 있다는 응답이 6.4%를 기록한 것과 비교하면 방송 제작 현장의 업무 환경은 매우 심각한 수준이다.[7]

방송 제작 과정의 특성상 각자 맡은 업무가 명확하고 협업이 중요한 업무이기 때문에, 업무 프로세스에서 내가 빠지게 될 경우 다른 동료에게 업무가 전가된다는 점이 가장 큰 고민이라고 답했다. 내가 육아를 선택하는 것이 동료에게 더 많은 시간 일을 하게 만드는 결과를 가져오기 때문이다. 기혼 여성이나 미혼/비혼 여성들 모두 자신이 빠지게 되는 정당한 사유가 있음에도 불구하고, 동료들로부터 업무 배분이나 효율적 업무 수행에 걸림돌로 인식될까 걱정했다.

---

7 10여 년 동안 예능 프로그램을 기획해온 한 작가는 "이 바닥이 좁다"라며 "성추행을 신고했다가는 '신고하는 애'로 낙인찍혀 좀처럼 일을 찾기 어려워 문제 삼지 못하고 홀로 힘들어하는 분위기"라고 말했다. -기사 중 일부.
양승준(2019.7.23.). 대본에 '성폭력 예방 가이드' 있으나마나⋯⋯ 2차 가해도 심각 , 〈한국일보〉. https://www.hankookilbo.com/News/Read/201907221141046645?did=NA&dtype=&dtypecode=&prnewsid=

성희롱 예방 가이드라인

고용노동부는 직장 문화 여건을 조성하기 위해 직장 내 성희롱 금지 및 예방제도를 1999년 도입했다. 2007년에는 고객 등 제3자에 의한 직장 내 성희롱 행위로부터 근로자를 보호하는 조항을 신설했고, 2014년에는 사업주도 직장 내 성희롱 예방 교육을 의무적으로 받도록 했다. 2018년 5월 29일부터는 직장 내 성희롱 발생 시 사업주 조사 의무, 피해자 요청 시 근무 장소 변경, 유급휴가 명령 등 적절한 조치의무, 피해자에 대한 신분상 불이익 및 부당한 인사 금지 등 사업주의 조치 의무를 더욱 강화했다. 또한 직장 내 성희롱 예방 및 발생 시 사업주, 노동자, 관리자 등이 활용할 수 있도록 대처 요령을 상세히 포함한 직장 내 성희롱 예방·대응 매뉴얼을 제작해 배포하고 있다.

방송 업무는 자신이 맡은 파트가 명확해서 내가 맡은 일을 하지 않으면 사고가 나요. 그래서 결혼과 육아를 경험하면서 방송일을 하는 게 많이 힘들었어요. 누가 도와줄 수 없고, 어쩌면 내가 일을 그만두는 것이 더 빠른 방법이니까요. 저도 언제까지 이 일을 하게 될지 모르겠어요. 매번 그만둘까 고민하지만, 그래도 계속 일을 하는 이유는……창작하는 과정에서 얻는 '희열'이 있어요. 방송을 만드는 과정은 어려운데, 막상 방송이 되면 보람을 느끼고 기쁘니까요.(E)

업무의 특성상 회사 내에서 머무르는 시간이 일정하지 않기 때문에 회사 내의 복지 시설이나 공간에 관심을 갖기 어려운 상황이었다. 특히 방송은 높은 집중도를 요구하기 때문에 현장에서 육아를 병행하면서 방송 제작일을 할 수 없기 때문이라고 답했다. 특히 현장 업무는 출장이 잦고, 촬영이나 외근이 많아 회사 내의 복지 관련 공간에 대해서 관심을 갖기 어렵다고 답했다. 야근으로 잠을 청해야 하는 휴게실은 존재하지만, 관리가 잘 되지 않고, 관련 개선 사항을 회사에 요구하는 프로세스도 공유되어 있지 않았다.

> 수유실은 있지만 여성들이 얼마나 많이 사용하는지 모르겠어요. 저도 어디에 있는지 잘 모르겠고⋯⋯ 휴게실이 지저분하고 불편하지만, 이를 바꿔달라고 요청하는 문화는 조직화되어 있지 않은 것 같아요. 선배들은 이렇게 얘기를 해요⋯⋯ "휴게실이 부실한 이유는 빨리 집에 가라는 말이다." ⋯⋯외근도, 출장도 많고 하니까, 저를 포함해서 다른 사람들도 아마 잘 모를 거예요. 그리고 무엇보다, 수유를 하면서 일을 할 수가 없어요.(A)

업무 이외의 복지 제도 지원에 대한 요청 역시 불필요한 것으로 인식하고 있었다. 열악한 상황에서 일을 수행하는 문화, 하루 일과에서 많은 시간을 프로그램 제작에 투자해야만 성과가 좋다는 인식이 여전히 강하다고 답했다.

이처럼 현재까지도 반복적으로 성차별적인 조직 문화, 여성 인력의 업무 수행 능력을 위한 제도 마련이 아직 비미한 이유는 그동안 '문화'라는 개념이 미디어 조직 내에서 한 번도 치열하게 논쟁된 적 없다는 것을 알 수 있다. 또한 방송사의 종사자들 역시 사회에 주요 이슈를 전달하는 과정에서의 정보 전달의 '속도성'이나 '정확성' 그리고 대중들의 반응으로 평가되는 시청률에만 집중해온 결과 정작 스스로의 조직 문화에 대해서는 돌아볼 여유를 갖지 못했다.

5. 성평등한 조직 문화 구축을 위해 필요한 것

2018년 1월 서지현 검사의 성폭력 피해 사례의 폭로로 SNS를 중심으로 이루어졌던 미투운동이 대중적으로 알려지게 되었고, 문화 예술계로도 확산되었다. 하지만 이를 보도하는 방송사나 언론사 내부에서는 조직 내에 뿌리 깊게 박혀 있는 남성 중심적 문화나 젠더 이슈에 대한 고민을 얼마나 하고 있는지 돌아볼 시간을 미투운동 보도가 이루어졌던 당시에도 갖지 못했다. 앞서 살펴봤듯이 미디어 조직의 가장 기본이라고 할 수 있는 성비에서도 압도적으로 남성의 비율이 높다는 결과를 통해서도 알 수 있다. 일례로 2019년 4월 4일 '신문의 날' 행사에 참석한 국내 신문사의 간부들 중 여성 간부는 한 명도 없었는데, 이러한 상황을 오히려 외신기자가 주목했다는 점은 아이러니하다. 자신의 SNS에 "Look at all those women!"이라는 글을 올렸는데, 여성 간부가 한 명도 없는 점을 지적한 것이다(미디어오늘, 2019.4.6.).

미디어 조직의 인적 구성이 콘텐츠 제작에 중요한 영향을 미친다고 판단하는 이유는 텍스트(콘텐츠) 생산이 이루어지는 생산 단위는 고립되어 있는 것이 아니며, 그 내부의 사회적 관계 역시 외부의 거시적인 사회적 관계들과 연동(Mosco, 1996)되기 때문이다. 킬본(Kilbom, 1992)은 소프 오페라가 방송사의 고수익 상품이기 때문에 그 생산성을 유지하기 위해서 한 개인의 탁월한 능력보다는 팀 전체의 균질적이고 효율적인 분업의 형태를 지닌 제작 관행이 형성되고, 방송사는 여기에 의존할 수밖에 없음을 지적하기도 했다(연정모·김영찬, 2008: 85, 재인용).

미디어 조직은 외부 인력의 유입과 협업의 결과물로 콘텐츠가 생산되고, 의사 결정권자의 시각이 콘텐츠의 성격을 규정하는 데 큰 영향을 미친다. 또한 제작한 콘텐츠가 대중의 높은 관심을 받게 되면 현장에서의 차별적 문제는 사라지고, 성과 중심의 콘텐츠 제작 현장의 관행도 그대로 이루어진다. 따라서 미디어 제작 현장에 많은 수의 여성이 존재한다고 해도 조직의 문제를 개인의 업무 능력으로 해결할 수 있다고 생각하는 것 역시 경직된 조직 문화가 바뀌지 않는 이유다. 많은 여성 인력이 제작 현장에 참여하고 있지만, 콘텐츠에서 재현되는 여성의 이미지나 콘텐츠의 성격에 대해 지난 몇 년 동안 비판이 일었던 이유도 설명해준다. 남성 중심적 문화가 강한 조직 내에서 생산되는 콘텐츠가 어떤 내용을 담아내는지와도 연결되기 때문이다. 일례로 〈PD저널〉의 2017년 3월 3일 기사에서는 방송에서 여성이 얼마나 등장하는지 알아보기 위해 KBS, MBC, SBS, JTBC, tvN 5개 방송사의 예능 프로그램 진행자와 고정 출연자 중 여성과 남성의 비율을 조사했는데, 조사 결과 전체 출연자 334명 중 여성은 74명으로 22.15%를 차지했다(PD저널, 2017.3.3.).

따라서 미디어 조직의 문화와 업무 수행 과정의 특징을 분석하는 데 있어서 젠더 이슈는 매우 중요하다. 업무를 수행하는 전문직으로서만 규정하고 평가하기보다 젠더라는 생물학적, 사회학적 특성도 프로그램에 반영되는 중요한 키워드라는 것을 고려해야 한다. 미디어 콘텐츠의 문화 다양성을 유지하고 다채로운 콘텐츠를 제작하는 데 젠더 감수성 역시 중요한 기준이자 생산자의 역량이기 때문이다. 다행히도 최근, 이러한 인식이 대중화되면서 방송사와 언론사에서도 미디어 조직 내의 성차별이나 성폭력 문제를 해결하기 위해 관련 기구를 설립하거나 제작 매뉴얼, 그리고 인권 교육 등의 방안을 만들어나가고 있는 추세다.[8]

---

8 ① 〈한국방송〉(KBS): 2018년 11월14일, 사장 직속 독립기구로 성평등센터를 개소했고, 2019년 4월에는 성폭력 피해자 보호 방안 등이 담긴 성평등 기본 규정을 마련했다.
② 〈문화방송〉(MBC): 노조 산하에 성평등위원회가 있다. 문화방송 노사는 2018년 2월 단체협약

조직 문화는 조직 구성원들로 하여금 다양한 상황에 대한 해석과 행위를 불러일으키는 조직 내에 공유된 정신적인 가치를 의미한다. 남성 중심적이고 차별적 인식이 주를 이루는 미디어 조직 내에서 형성되는 노동 환경은 결국 차별적이고 문제적 콘텐츠를 생산하는 결과를 가져온다. 미디어 조직이 외부의 사례를 보도하는 데 집중하거나 콘텐츠의 성과에만 집중한다면 문제는 해결되지 않을 것이다. 이를 위해서는 조직 구성원이 공유할 수 있는 제작 매뉴얼을 구축하고 젠더 감수성을 장착할 수 있는 인권 교육, 젠더 감수성을 반영한 인력 양성 교육 매뉴얼 구축 등이 마련되어야 할 것이다.

더 읽을거리

주디스 로버(2002). 최은정·임소희·임혜련·정광숙 역. 『젠더 불평등: 페미니즘 이론과 정책』. 일신사.

마리 힉스(2019). 권혜정 역. 『계획된 불평등: 여성 기술인의 배제가 불러온 20세기 영국 컴퓨터 산업의 몰락』. 이김.

김세은 외(2013). 『다시 보는 미디어와 젠더』. 이화여자대학교출판부.

체결 때 성평등과 모성 보호와 관련한 조항을 만들어 육아휴직 기간을 1년에서 1년6개월로 연장했다.

③ 〈SBS〉: 노조 내 여성위원회를 성평등위원회로 바꿔 인사·채용·출산육아·성폭력 등으로 활동 범위를 넓혔다.

④ 〈서울신문〉: 노사 합의로 성폭력 사건에 대처하는 성평등위원회를 도입한 데 이어 남녀 혐오나 담론 생산을 위한 젠더연구소를 2019년 6월 10일 설치했다.

생각해볼 문제

1. 방송 프로그램 제작 인력 중 인기 프로그램을 제작하는 PD는 남성이, 예능 작가나 드라마 작가는 여성이 많은 이유는 무엇인지 논의해보자.
2. 방송 프로그램 중 남성 출연자들이 출연하는 프로그램과 여성 출연자들이 출연하는 프로그램이 성비에 따라 언어, 관계, 프로그램 주제 등이 차이가 있는지 같이 토의해보자.
3. 방송 프로그램 출연자가 성차별적 발언을 하거나 혹은 성 고정관념을 그대로 반영한 프로그램이 있는지, 이와 같은 프로그램이 갖는 문제점은 무엇인지 같이 논의해보자.
4. 조직 내에서 여성에게 기대하는 고정관념은 무엇이 있는지 생각해보자.

5장

미디어와 성폭력

한희정

1. '성폭력'의 개념과 이해

현상적으로 성폭력은 젠더 폭력 중 하나이다. 성폭력은 발생 구조부터 피해자/생존자들이 경험하는 트라우마까지 젠더 차별적인 사회와 긴밀한 연관을 맺고 있기 때문이다. 성폭력은 누구나 경험할 수 있는 일이지만 대부분의 피해자는 여성이다. '여성다움'의 가치 안에서 성장해온 여성들은 자신이 위협받는 상황 속에서도 다른 전략을 구사하지 못하고 '애교, 달래기, 외면'과 같은 수동적인 방식으로 외부의 공격에 대응한다. 이때의 '여성다움'은 순응, 겸손함, 온화함과 같은 태도로 누군가와 맞서 싸워야 하는 상황에서 매우 부적절하다. 이러한 내면화된 여성다움은 성폭력 현장이나 성폭력 이후에도 수동적인 자세를 취하게 한다. 사회적으로 만연한 젠더 고정관념은 여성에 대한 혐오로 이어진다. 가해자의 폭력성이 주원인인 성폭력의 상황에서 피해 여성

젠더 폭력

배타적으로 한 성에게만 가해지는 언어적, 정서적, 육체적, 성적 만행을 의미한다. 젠더 위협, 성폭력, 친밀한 관계의 폭력, 성희롱sexual harassment, 성기 훼손, 명예 살인이나 영아 살인 등 젠더 기반 살인 같은 폭력적 관습도 포함한다.

의 '행실'의 문제로 왜곡해서 보게 한다. 정숙하고 순결한 여성다움을 위반한 여성에게 비난의 화살이 간다. 이러한 이유로 성폭력 피해자는 자신의 성폭력 피해를 드러내고 문제 제기하기가 더욱 어렵다(한국성폭력상담소, 2013).

성폭력은 개인의 태도나 병리의 결과가 아니다. 물론 독특한 개인적, 상황적 요인으로 성폭력이 발생할 수 있지만 그런 요인들만으로는 특정 젠더에 불균형적으로 가해지고 있는 만연한 성폭력 현상을 설명할 수 없다. 여성다움, 남성다움, 관계에 대한 문화적 가치가 원인이 된다.

남녀의 성역할이 불평등하고 비대칭적으로 구조화된 사회, 소위 가부장제적 사회 문화의 특성이 성폭력 발생의 주요 원인이라고 주장한다. 특히 마초(Macho)에 대한 강박적 관점이 성폭력으로 이끌게 된다는 주장을 잠정적으로 지지한다. 그 예로서 마치스모(machismo)를 들 수 있는데, 이는 자신의 남성다움에 자신감을 잃고 불안해진 남성들이 여성을 성적으로 정복하거나 폭력을 쓰거나 여자들에게 무모한 짓을 함으로써 자신이 남자인 것을 과시, 과장하고 수시로 확인하려고 하기 때문이다.[1]

1 성폭력의 가해에 관한 한 실증 연구에 의하면 스스로 남성답다고 평가하고 "성, 사랑, 결혼 간의 관계를 도구적, 분절적으로 이해"하는 에피소드적 섹슈얼리티를 추구하는 경우, 그리고 성폭력에 대한 허

또한 법제도적 문제도 성폭력이 지속되는 원인이 된다. 예를 들면, 가정(성)폭력이 신고되어도 '가정은 지켜져야 한다'는 통념으로 경찰은 남편의 (성)폭력에 개입하기를 꺼려하고, 피해자는 두려움에 합의를 하게 되고, 판사는 가해자에게 마땅한 형량을 부과하지 않는다. 「가정폭력방지 및 피해자 보호 등에 관한 법률」로부터 통용되는 '가정 폭력'이라는 단어는 가족 구성원 사이에 발생하는 모든 폭력을 지칭하는 것으로, 실제 가정 폭력의 대부분을 차지하는, 남편에 의한 아내(자녀) 폭력의 현실[2]이 드러나지 않는다. 한국에서는 아직도 가정 폭력 가해자에 의한 피해자 살해에 관한 공식 통계가 존재하지 않는다. 일반적으로 성폭력은 제도화된 폭력 문화, 차별적 성(섹슈얼리티) 인식, 상품화된 성(성매매 및 포르노 등), 가정 및 학교의 교육(부부 권력 성역할 고착, 폭력적 훈육 등)이 복합적으로 작용하여 발생한다고 할 수 있다. 특히 성폭력에 대한 인식은 미디어를 통해 노출된 성폭력 사건 보도 및 재현을 중심으로 내면화되며 폭력적 성현상을 고착화하는 데 일조한다.

성폭력이란 상대방이 동의하지 않거나 사전 동의informed consent를 할 수 없을 때 이루어지는 성적 행위를 말한다. 즉 성적 행위가 사전 동의 없이 이루어지면 그것은 성폭력이다(Wood, 2006/2006). 정희진(2018)은 피해자와 가해자와 관련된 '협의의 당사자성'을 극복하지 못하면 성폭력은 개인의 문제이자, 고통과 불행이 될 뿐이라고 주장한다. '피해자의 말이 곧 진리'라는 피해자 중심주의에서 벗어나 오히려 무엇이 성폭력인지 아닌지를 판단할 수 있는 절대적 기준이 없다는 점을 인정하는 것에서 시작해야 한다고 역설한

용도가 높은 남성들이 성폭력 가담률이 높은 것으로 나타났다(김은경, 2000: 271-278).

2 2010년 법무부 여성 통계에 따르면 2009년 가정 폭력 사건 중 남편이 아내(동거 여성)에게 폭력을 행사한 경우가 전체의 97%에 이른다. 가정 폭력의 모든 사례는 한 사람의 이야기인 양 동일한 패턴의 젠더 폭력이다.

다. 언제나 맥락 의존적이며 상황적situated이라는 것이다. 이때 상황에 대한 상이한 해석을 허용하고 그 해석이 얼마나 자신이 처한 위치에서 성찰적인지, 그러면서도 설명에 대한 책임을 다하고자 했는지(사실이 아니라 정의로서)를 판단 기준으로 삼자는 것이다. 이러한 상황적 지식의 개념은 '동의 여부'를 강력한 기준으로 전제하고 양쪽의 진술을 듣고 판단할 수 있고, 무엇보다 강간과 강간 문화 모두에 문제를 제기할 수 있는 장점이 있다. 현재 법 중심 논의에서는 동의나 저항 여부에만 관심을 두지 성적 욕망의 구성과 실제 실행 과정에서 작용하는 권력에 대해서는 고려하지 않기 때문이다. 강간 문화 속에서 자란 남성들은 끊임없이 섹스는 좋고 쉬운 것이라고 생각하고 강간은 어렵고 복잡하고 모호한 것이라고 생각한다. 섹스의 원칙은 간단하다. 싫다면, 즉 동의하지 않으면 그만두는 것이다. 섹스를 성적 욕망의 해소로 생각할수록, 섹스와 '배설', 섹스와 폭력을 구분하지 못할 가능성이 크다. 강간 문화에서 폭력은 섹시한 것이고 성폭력은 섹스라는 모험에서 불가피하

강간 문화

강간 문화란 남성에게 성적 공격성을 장려하고 여성에 대한 폭력을 지지하여 성적 폭력을 정상적인 것으로 생각하도록 하는 일련의 신념이다(정희진, 2018). 남성은 여성의 성적 대상화를 통해 남자다움을 증명해 보인다. 여성이 완강하게 거부할 시 남자다움을 증명하기 위해 폭력을 쓸 수도 있다는 인식은 강간이나 성폭력도 가능하다고 생각할 수 있게 한다. 호모포비아와 이성애 우월주의는 맨박스를 단단하게 고정시키는 접착제 역할을 한다(Porter, 2016).

게 벌어지는 작은 실수로 간주된다(정희진, 2018).

현재 우리나라 성폭력 범죄, 강간죄의 폭행, 협박은 최협의설의 입장으로서 폭행과 협박이 명백하고 심각한 강간만 처벌하고 있다. 강간죄가 성립하지 않을 경우, 강제추행죄 등 다른 범죄로의 처벌이 어렵다. 그러나 현실은 명백한 동의와 명백한 강간 그리고 그 사이가 존재한다. 대부분의 성폭력 범죄는 명백한 동의, 명백한 강간의 그 사이 전체에서 벌어질 수 있다. 성폭력 사건에 대한 보도나 드라마, 영화에서의 성폭력 재현은 약자에 대한 폭력을 정당화시키고 젠더 폭력 메커니즘의 문화적 수용을 당연시할 수 있다. 이 장에서는 성폭력의 보도에 관한 문제점, 성폭력의 재현의 문제를 드라마와 영화를 중심으로 살펴보고자 한다.

최협의설이란?

가해자의 폭행 협박이 피해자의 항거를 현저히 곤란하게 할 정도에 이른 상황에서의 강간만을 강간죄로 인정하는 것을 말한다. 강간죄의 최협의 폭행 협박 판단의 기준을 살펴보면, 피해자의 실질적인 저항 행위를 확증할 수 있는 간접 증거로 ① 피해자의 구조 요청, ② 사건 장소로의 자발적 이용의 부재, ③ 탈출의 시도 등을 요구하고 있다. 비록 폭행 협박의 최협의설에 대한 규범 판단을 유지하고는 있으나 실질적 저항 행위의 존재를 요구해왔던 최협의 폭행 협박 정도를 충족하는 입증의 기준을 완화하는 방향으로 점차 변화하고 있다(장다혜, 2018).

유엔 여성차별철폐위원회는 형법상 강간죄 성립 여부의 판단은 폭행, 협박의 유무가 아닌, 피해자의 동의 여부를 중심으로 해야 한다고 한국 정부에 시정을 권고한 상태이다.

2. 성폭력 사건 보도의 문제와 개선책

2018년 1월 29일부터 서서히 시작된 미투운동을 가히 '혁명'이라고까지 표현한 것은 이제까지 일상적으로 겪어왔던 성폭력의 경험을 온 사회가 귀 기울였기 때문이다. 무엇보다 미디어는 피해자들의 목소리를 담아 전달하고 폭로했다. Jtbc를 필두로 각종 매체를 통해 정치, 문화, 체육, 학계에서 조직적 성적 폭압의 경험들이 줄줄이 보도되었고 현재적으로 사건화되어 살아 숨 쉬게 했다. 방송, 신문, SNS 등 다양한 매체에서 경쟁적으로 다루어지지 않았다면 그 많은 피해자들의 용기는 사장되어버렸을지도 모른다. 미투 이전까지 성폭력의 보도나 재현에 있어서 미디어 생산자들이 윤리적 고민을 한 적이 없었던 것은 아니겠지만, 미투 국면에서 미디어의 성폭력 보도는 여러 가지 수준에서 한계를 보였다.

그동안 성폭력 사건이 보도되면서 이성애 남성의 시선과 경험이 중립성과 객관주의라는 이름으로 '엄중한' 판단의 기준이 되기도 했다. 이 절에서는 성폭력 사건 보도에 있어서 잘못된 관행을 정리하고자 한다.

첫째, 성폭력 사건에서 피해자가 성폭력의 원인을 제공했음을 전제로 보도하는 경우이다. "술 취한 여성, 집 앞서 성폭행 시도 20대, 주민들이 제압해 신고"(연합뉴스, 2019. 7. 24)처럼 피해자가 술을 먹었기에 그 시각에 현장에 있었기에, 피해자의 옷차림이 가해자의 욕정을 불러 일으켰다는 등, 피해자 스스로 충분히 주의를 기울이지 않아 성폭력의 피해자가 되었고, 그런 이유로 비난당해 마땅하다고 전제하는 보도를 접할 수 있다.

남성은 성폭력 사건에서 잠재적 가해자가 아니어야 한다. 마찬가지로 성폭력 사건이 발생했을 때, 지인이던 남성을 믿고 신뢰했던 여성이 비난의 대상이 될 수 없다. 성폭력 사건에서 피해자도 책임이 있다는 기여과실의 주장은 의도하지는 않았어도 자연스럽게 가해자를 두둔하게 된다. 성폭력 사건 보도에서 흔히 접할 수 있는 것은 변명에 가까운 가해자의 최초 진술이다. 보도에서 피해자는 보호해야 하므로, 가해자의 목소리(예를 들어 "쓰러진 A 씨를 깨우려다가 순간적인 욕정 때문에 그랬다")만을 담는다. 이러한 보도는 성폭력이 마치 가해자의 개인적 이유(풀지 못한 남성의 성욕, 정신적 결함, 술이나 약물로 인한 심신미약)로 기인한 것으로 보게 한다. 기자는 성폭력 사건을 젠더 권력 관계에서 벌어지는, 사회 구조상의 폭력의 문제로 파악할 필요가 있다.

둘째, 성폭력의 피해자를 무고(사실이 아닌 일을 거짓으로 꾸며 고소, 고발하는 행위)한 자로 모는 것이다. 성폭력 범죄는 2013년 6월 19일 친고죄가 폐지되어 고발당한 후 고소 취하 및 합의를 하더라도 사건이 종결되지 않는다. 또한 성폭력 사건이 '혐의없음'으로 불기소 처리되는 사건의 비율(54.5%)은 전체 사건의 불기소 이유 중 혐의없음의 비율(29.1%)보다 월등히 높다.[3] 이렇게 성폭력 사건에서 '혐의없음' 처분이 많은 이유는 성폭력 입증의 어려움, 성폭력 범죄의 협소한 정의, 피해자에 대한 불신 등을 들 수 있다. 성폭력 사건에서 '혐의없음'이 가해자의 무죄를 의미하지 않으나, 가해자는 이로 인해 면죄부를 얻는 경우가 많다.

불기소처분 결정이 나게 되면, 보도의 기계적 중립주의에 의해, 가해자의 '혐의없음' 보도를 적극 보도한다든지, 가해자가 무고죄로 피해자를 고발하

---

3 대검찰청과 한국여성정책연구원의 여성 폭력 관련 범죄 통계 개선 공동 연구에 의하면, 성폭력 범죄 피의자 중 억울하게 무고당한 경우는 매우 적은 것으로 나타났다. 2017년~2018년 성폭력 범죄와 성폭력 무고죄로 기소된 인원수를 비교할 경우, 0.78% 수준에 불과한 것으로 나타났다. 성폭력 무고 중 가해자에 의해 고소된 사건은 84.1%가 불기소되고 기소된 사건 중 15.5%는 무죄 선고를 받는다. 결국 조사 년도의 성폭력 무고로 고소된 사례 중 유죄로 확인된 사례는 전체의 6.4%에 불과하다(김정혜, 2019).

는 경우를 적극 보도함으로써 마치 가해 사실이 무고인 양 오인되는 효과를 낳기도 한다. 무고죄 고발 소식만을 보도할 뿐 무고 고발에 관한 후속 보도를 충실히 하기가 쉽지 않아, 성폭력은 무고가 많을 것이라는 통념과 공포를 사회적으로 유포시킨다. 이는 곧 성폭력 피해자에 대한 불신을 키우게 되는 악순환이 된다. 이미 성폭력 사실이 입증되었거나, 합리적인 의심을 받고 있는 박유*, 김학* 등도 피해자들을 무고죄로 역고발을 한 바 있다. 무엇보다 무고죄 고발 보도 시 기계적 중립주의의 부정적 효과에 대해 심사숙고해야 한다. 성폭력에 대한 무고 보도가 많아지고 성범죄 자체보다 가해자의 무고죄 고소 자체에 초점이 맞춰지면서 피해자의 고통보다 가해자가 억울하게 당할 수 있다는 분위기를 낳게 된다.[4]

최근 한국의 성폭력 법령 체계상 성폭력 사건의 불기소가 그 자체로 무고를 의미하지 않는다는 대법원 판례도 있었으며 법무부는 성희롱 성범죄 대책위원회에서 성폭력 무고 수사 중단 권고를 했고 무고죄 고소가 있더라도 성폭력 사건 자체에 집중을 요하도록 대검찰청의 성폭력 수사 매뉴얼도 개정했다. 이 같은 성폭력 피해자 중심주의에 입각해서 변화된 수사 방향이 보도에도 적극적으로 반영되어야 한다.

셋째, 존재하지 않은 '피해자다움'을 전제하고 보도하는 것이다. 성폭력의 피해는 일상생활을 제대로 할 수 없을 정도로 평생 고통에서 벗어나지 못한다는 피해자상이 당연시되기 때문에 당당하게 살아가는 성폭력 생존자들은 오히려 성폭력의 사실을 의심받는다. 안희정 성폭력 사건에서 안희정의 무

---

4 〈성폭력실태조사〉(여가부, 2016)에서 남성의 31.3%가 "강간을 신고하는 여성들은 상대에 대한 분노나 보복심 때문에 거짓말을 한다"고 응답했다. 이는 조사에 응한 남성 3명 중 1명은 성폭력 무고를 의심한다는 것을 반증한다. 미투운동 이후 일종의 백래시Backlash로서 무고에 대한 남성들의 피해의식은 커졌을 가능성도 있다.

기계적 중립주의

기계적 중립주의적 보도란 중립성을 마땅히 지켜야 할 당위적 태도로 보고 적극적으로 의제화하고 강조하여 보도해야 할 사안에 대해 양적, 질적으로 안배하는 보도 경향을 말한다. 성폭력 사건 보도에서 가해자와 피해자에 대해 '중립적' 보도를 하기 위하여 같은 비중으로 다루려고 무리수를 두는 경우를 예로 들 수 있다.

예를 들어, 미투운동의 가해자로 지목되었다가 활동을 중지한 배우 오달수 씨의 복귀 소식 기사를 들 수 있다. 기사는 네티즌의 반응을 '균등'하게 전하는 듯하지만, "혐의없음"의 경찰 내사 종결 소식이 무죄의 의미로 전달된다.[5]

죄를 선고한 1심 판결은 피해자에게 피해자다움을 강요하고 있다고 할 수 있다.[6]

성폭력의 경험은 개별 경험과 기억의 문제이기에 경험자들마다 다르게 발현된다. 성폭력 피해 경험이 어떤 이에게는 인생을 흔드는 외상이며 망각하고 싶은 과거일 수도 있지만 또 다른 이에게는 젠더 위계 질서를 깨닫게

5 신유미 (2019. 8. 13). "오달수 복귀 소식에…… '자숙 충분해' vs '가해사실 없는 것 아냐'. 〈국민일보〉. http://m.kmib.co.kr/view.asp?arcid=0013600266&code=61121111&sid1=soc

6 "피해자는 …… 피해를 당한 후에도 가해자와 종전의 관계를 계속 유지하는 경우도 있고"(1심 판결문 16페이지). 안희정 전 충남도지사의 성폭력 사건은 같은 혐의에 대해 1심에서 전부 무죄가 선고된 후, 2심에서는 10건의 혐의 중 9건의 성폭력(위력에 의한 성폭력 및 강제추행)에 대해 유죄로 인정하여 징역 3년 6개월을 선고했다. 2019년 9월 9일, 대법원은 2심의 판결을 확정했다. 즉, 업무상 위력에 의한 성폭력을 인정하고 "성범죄 피해자가 처해 있는 특별한 사정을 고려하지 않은 채 피해자 진술의 신빙성을 배척해서는 안 된다"고 유죄 판결의 이유를 밝힘으로써 피해자다움의 존재를 부정했다.

담론/권력이 구현되는 몸

담론이 구현되고 작용하는 장場으로서의 몸에 초점을 맞추게 되는 것은 미셸 푸코M. Foucault의 권력 개념으로 설명할 수 있다. 푸코는 권력 관계가 특정 유형의 정체성을 생산해내는 방식에 주목한다. 권력은 단순히 억압적이지도 않으며 개인의 (성적) 정체성은 권력(지식, 담론)과 개인 간의 타협과 저항의 상호작용 속에서 형성된다. 과거 성소수자를 지칭하는 '퀴어Queer'는 동성애를 비하하는 말이었으나 긍정적인 용어로 전유된다.

또한 일반적으로 BDSM(결박, 훈육, 가학, 피학적 성애 경향 및 실천)은 포르노적 재현이나 포르노그라피에서 '변태적 섹슈얼리티'로서 표상되어 성폭력적 재현으로 비판받는다. 그러나 게일 루빈G. Rubin은 성인 간에 합의에 의한 관계라면 그 같은 성애적 실천도 정당한 섹슈얼리티라고 주장한다. 이는 섹슈얼리티의 위계뿐만 아니라 기존의 젠더 권력을 문제시하는 것이라고 할 수 있다. 이런 점에서 게일 루빈은 "동성애, 사도마조히즘, 페티시즘, 트랜스섹슈얼리티, 세대간 만남 등은 여전히 애정, 사랑, 자유 선택, 다정함, 초월성 등이 있을 리 없는, 통제 불능의 두려움으로 치부한다"고 비판한다. 이런 종류의 성도덕은 진정한 윤리학보다는 인종주의의 이데올로기와 더 많은 공통점을 갖는다고 비판한다. 민주적 도덕이라면 파트너를 대하는 방식, 상호배려의 수준, 강제력 유무, 제공하는 쾌락의 양과 질로써 성행위를 평가해야 한다고 주장한다(Rubin, 2011/2015: 309).

된 정치적 사건이기도 하다(권김현영, 2017). 린다 그랜트(Linda Grant, 1994)는 연애 강간date rape의 개념이 형성되어온 과정을 분석하고 언론이나 의학자들이 추측하는 것과 같이 언제나 파괴적인 결과만을 가져올 것이라는 가정에 의문을 제기한다. 즉, 강간이나 성폭력이 피해자에 대한 잔인한 모독이며 심각한 정신적 후유증을 유발한다는 것은 자명한 사실이지만 피해자다움의 통념에서 벗어난 피해자들도 존재하며, 성폭력 발생의 맥락이나 피해에 대처하는 방식이 다양할 수 있다는 것이다. 그랜트는 연애 강간이 그 이외 여러 가지 행동 방식을 유발시키는 성적 행위라는 점을 환기시킨다(Mills, 2003). 이런 측면에서 보았을 때 종종 관련 보도에서 볼 수 있듯이 언어적 성희롱, 성추행, 강간의 성폭력의 위계도 있을 수 없다. 무엇보다 성폭력 피해자다움은 법 규정[7]에서 피해자들을 "보호 대상자"로 지칭하고 있어서 당연시되는 경향도 있다. 따라서 관련법의 개정을 통해 "보호"대신 "지원" 등의 어휘로 대신할 필요가 있다.

넷째, 성폭력 사건 보도 시 피해자의 신상정보, 사생활을 누설하지 않도록 주의한다. 또한 불필요한 성적 상상을 유발하는 표현의 사용을 자제하며 범죄 내용에 대해 지나치게 상세하게 보도하여 공포감이나 불쾌감을 유발하지 않도록 한다. 스튜디오 사진 유출 사건 관련 보도에서 대부분의 기사는 "유튜버 양00 씨를 성추행하고 그의 사진을 유출한 혐의 등으로 기소된 40대 남성, 징역 '2년 6개월' 확정"(2019.8.8)이라는 제목 하에 피해자 사진을 게재했다. 이렇듯 사건명을 피해자의 이름을 넣어 부른다든가, 관련 보도를 하면서 피해자의 직업, 사진을 노출하는 보도는 하루 빨리 지양되어야 한다.

다섯째, 성폭력 관련 재판에 대해 보도를 할 때 일방적인 가해자 측의 주장만을 전달하는 것이다. 성폭력 재판은 피해자 보호를 위한 검찰 측 증언이 비공개 결정이 되기 쉬워 가해자 측의 주장이 일방적으로 제시되는 경우가 많다. 이는 성폭력 사건이 발생되었을 때 피해자보다는 가해자의 변명이 보도되

7 「성폭력방지 및 피해자보호등에 관한 법률」, 「아동청소년의 성보호에 관한 법률」, 「범죄피해자보호법」, '아동·여성보호지역연대' 등을 그 예로 들 수 있다.

미디어의 잘못된 표현 및 용어 바로잡기

- **첫 인연, 열혈 팬**: 마치 둘 사이에 합의된 사적인 관계가 있는 것처럼 오인하게 함.
- **씻을 수 없는 상처, 순결을 잃은**: 피해자의 상처는 극복되기 어려우며 피해자는 무기력하고 나약할 것이라는 편견을 갖게 함.
- **몹쓸 이웃, 나쁜 남자**: 가해자의 책임을 가볍게 인식하게 하는 표현으로 성폭력 범죄를 가볍게 여기게 함.
- **짐승, 악마, 늑대**: 가해자를 비정상적인 존재로 타자화하여 성폭력이 비정상적인 특정인에 의해 예외적으로 발생하는 사건으로 인식하게 함.
- **발바리, 발정난 개**: 가해자 개인의 '변태적 성욕'을 부각하는 것으로 성폭력 피해자의 고통이나 범죄의 흉악성을 무시하고 범죄를 희화화하는 표현임.
- **성관계, 성추문**: 범죄라는 점을 희석시키고 성관계와 성폭력의 관계를 모호하게 함.

(여성가족부·기자협회·여성노동법률지원센터, 2018).

기 쉬운 측면과 유사하다. 가해자 측의 주장이 기존의 가부장제적 성의식을 자극하거나 상상력을 부추기는 내러티브로 제공되면 피해자에 대한 심각한 2차 피해를 유발할 수 있다는 인식을 할 필요가 있다(김수아·황경아, 2018).

이상 성폭력 보도의 문제점을 중심으로 살펴보았다. 성폭력 보도에서 무엇보다 성폭력이 직접적인 폭행이나 협박이 없어도 발생할 수 있다는 인식이 보도에 반영될 필요가 있다. 한국에서 강간죄와 유사강간죄로 인정받으려면 형법 제297조, 제298조에 의거, '피해자의 반항이 불가능하거나 현저히 곤란할 정도에 이르는 폭행 또는 협박'이 존재해야 한다. 즉, 강간죄의 성립 요건을 매우 좁게 해석하는 최협의最狹義설을 채택하고 있는 것이다. 이러한 법조항은 법원에서 가해자에게 "피해자가 동의했냐?"를 묻지 않고 피해자에게 "왜 저항하지 않았나"를 캐묻게 만든다. 이는 성폭력을 호소하는 사례 중 많은 사례가 처벌이 제대로 되지 않을 수 있다는 것을 의미한다. 앞에서 언급한 대로, 혐의없음 등의 판결이 나면 피해자에 대한 무고죄 고발로 이어지기 쉽다. 비동의 간음이나 위력에 의한 간음을 인정하도록 '강간죄'의 개정이 필요하다.

2018년, 안희정 사건 1심 판결의 업무상 위력에 의한 간음에 대한 판단[8]에 대해 왜 시민들은 납득할 수 없는지를 제시한 보도도 있었다[9]. 설문 응답자 중 78%가 "부당한 상황에서 곧바로 반대, 저항 의사를 표현하지 않거나 못했다"라고 답했으며 '위력'의 개념에 대해 "물리적인 폭행이나 협박보단 상급자의 존재만으로, 또는 권력 남용이 묵과되는 분위기만으로도 위력이 행사될 수 있다"는 답변이 다수였다(박다해, 2018. 8. 24). 또한 2019년 1월부터 3월까지 전국성폭력상담소협의회를 통해 전체 66개 성폭력상담소에 접수된 강간(유사강간 포함) 상담 사례들을 살펴본 결과, 성폭력 피해사례 총 1,030명 중 직접적인 폭행·협박 없이 발생한 성폭력 피해 사례는 71.4%(735명)에 달하고 있다고 분석되었다. 직접적인 폭행·협박이 행사된 성폭력 피해사례는 28.6%(295명)에 불과한 것으로 강간죄의 구성 요건을 "폭행 또는 협박" 여부가 아니라 "동의 없이" 또는 "명백한 동의 없이" 등으로

---

8 "이른바 '위력의 존재감' 자체로 피해자나 기타 주변 직원 등의 자유의사를 억압해왔다고 볼 만한 증거는 부족하다"(1심 판결문)고 밝혔다.

9 〈한겨레〉는 시민 132명을 대상으로 한 설문조사 결과를 통해 보도했고(박다해, 2018. 8. 24), 〈경향신문〉은 문화평론가 최태섭의 "한국에선 절대 '위력'의 피해자가 되지 말 것"이라는 칼럼(최태섭, 2018. 8. 15)을 실었다.

위력, 위계의 차이

위력: 피해자의 자유의사를 제압하기에 충분한 세력을 말한다. 강간이나 강제 추행에 이르지 않을 정도의 폭행이나 협박, 사회적·경제적·정치적 지위나 권세를 이용하여 상대방의 의사를 제압하는 일체의 행위를 의미한다. 대부분의 피해자들은 너무 놀라거나 당혹스러워서, 또는 두려워서 폭행이나 협박이 구체적, 실제적으로 행사되지 않더라도 저항 또는 거부 표현을 하지 못하는 경우가 많다.

위계: 상대방을 착오에 빠지게 하여 정상적인 판단을 그르치게 하는 것을 말한다. 상대방이 행위의 의미를 알지 못하거나 착각이나 오인하고 있는 상황을 이용하는 것을 말한다.

"동의" 여부를 중심으로 규정하도록 형법 및 성폭력 관련 법률 전반을 개정해야 한다. 이는 UN 여성차별철폐위원회(2018.3.9)에서 한국 정부에 권고한 사항이며 세계적 흐름이기도 하다(한국성폭력상담소, 2019).

그동안 성폭력에 관한 보도 가이드라인이 존재하지 않아서 '보도에 의한 2차 피해'가 발생하는 것은 아니다. 성폭력 보도 가이드라인은 언론사마다 배포되어 있고, 온라인으로도 접속해 쉽게 정보를 얻을 수 있다. 2018년 성폭력·성희롱 사건 보도 가이드라인[10]을 제작할 당시 만났던 중견 기자들은 2014년 제작된 성폭력 가이드라인 책자의 존재를 기자들이 대부분 모르고 있거나, 참고하지 않고 있음을 고백했다. 성폭력 보도 방식의 변화를 가져오

10 『성폭력·성희롱 사건, 이렇게 보도해주세요!』 아래의 주소에서 책자를 다운로드할 수 있다. http://www.mogef.go.kr/nw/rpd/nw_rpd_s001d.do?mid=news405

기 위해서는 무엇보다 저널리즘계 전반의 젠더 감수성을 키우는 일이 시급하다고 본다. 저널리즘 조직의 남성 중심적 문화가 보도에 영향을 미칠 수 있기 때문이다.

2017년 8월, 기자들의 카카오톡 단체 채팅방(이하 단톡방)의 성희롱 사건이 의미하는 바는 무엇일까. 당시 남성 기자들은 동료 여성 기자들을 대상으로 '회사에 섹시한 여자가 없다', '가슴만 만져도 리스펙', '가슴큼' '가슴전무' 등 성희롱을 했다. 이러한 내용이 피해자의 신고로 공개되었지만, 4명의 가해 기자들은 각 조직에서 감봉 등의 징계를 받았을 뿐이다(정민경, 2017. 8. 9). 2019년 '강간 문화 카르텔'로 규정되는 버닝썬 사건 조사가 마무리될 즈음, 또 다시 기자 단톡방 성폭력 사건이 알려졌다. 불법 촬영물의 성폭력 피해자에 대한 2차 가해가 있었던 단톡방에서는 대낮 성매매를 자랑하는 무용담도 올라왔다. 대화를 주도한 이는 10여 명이라고 하더라도 100여 명이 넘는 기자들이 약 2년간 정보 공유라는 명목 하에 불법 촬영물, 포르노 사이트 링크, 성매매 후기를 묵묵히 지켜보았던 것이다(손가영, 2019.4.19). 이 사건을 포함하여 저널리즘 내부의 성폭력 사건은 주류 미디어조차 제대로 보도하지 않는 경향을 보인다. 언론사 내부의 성폭력 실태 조사가 있어도 보도할 엄두를 못 낼 정도로 언론계는 가부장적 조직 분위기를 벗어나지 못하고

성폭력·성희롱 사건 보도 공감 기준 5가지(여성가족부 제공)

① 잘못된 통념 벗어나기 ② 피해자 보호 우선하기 ③ 선정적, 자극적 보도 지양하기 ④ 신중하게 보도하기 ⑤ 성폭력 예방 및 구조적인 문제 해결을 위해 노력하기

있다(한희정, 정의진, 2019). 어느 정도 성폭력을 용인하는 조직 문화가 성폭력 사건 보도에도 영향을 미치고 있는 것은 아닌지 저널리즘계의 윤리적 성찰과 함께 반성폭력 문화를 위한 저널리스트 교육이 필요하다.

3. 드라마의 성폭력 재현

1) '데이트 폭력'[11]

통상적으로 '데이트 폭력'은 결혼하지 않은 연인이 서로 교제하는 동안 한쪽이 다른 일방에게 행사하는 폭력을 총칭하는 개념이다. 데이트 폭력 유형의 범위는 4가지로 나눌 수 있다. 먼저 신체, 물리적 폭력을 가하는 경우, 두 번째로 상대의 의사에 반하여 성적 폭력을 가하는 경우, 세 번째로 언어, 심리적으로 폭력을 가하는 경우, 마지막으로 옷차림 단속이나 감시와 같은 행동 통제의 경우로 나뉜다(박미영, 2017.8.3.). 데이트 관계에서는 언어적, 물리적 폭력과 함께 성폭력이 발생된다. 그러나 대부분의 여성들이 스스로 성적 자기 결정권이 있다는 환상을 가지고 있고 데이트 기간이 오래될수록 집착, 관심, 사랑의 경계가 흐려져, 폭력을 과도한 사랑으로 오인하는 경우도 있다.

---

11 분명하게 '데이트 폭력'은 형용모순적 용어이다. 그럼에도 데이트 중인 연인간의 폭력을 포함한다는 측면에서 이 절에서는 사회적으로 사용되는 용어를 그대로 사용하고자 한다. 데이트 폭력을 포괄하는 스토킹 행위는 특정인을 지속적, 반복적으로 괴롭히는 중대한 범죄 행위임에도 불구하고 2019년 8월 현재 한국에서 스토킹 행위에 대한 처벌은 경범죄처벌법에 따라 겨우 '최대 범칙금 10만 원'에 불과하다. 국회에서는 1999년 스토킹 범죄 처벌과 관련한 법안이 2018년 2월까지 꾸준히 제안되었으나 아직 스토킹 범죄 처벌 등에 관한 법률이 제정되지 않고 있다.

한국에서 '데이트 폭력'이라는 용어가 사회적으로 통용되기 시작한 것은 2014년 이후이다. 빅카인즈(뉴스 빅데이터 분석시스템)에서 1990~2018년 기사 중 "데이트 폭력"이라는 단어를 포함하는 기사를 검색한 결과 2014년 이후 기사의 수가 급증했음을 알 수 있다. 2014년 가수 '이효리'가 〈매직아이〉(sbs)에서 데이트 폭력 피해 사실과 가해 사실을 고백한 이후 "데이트 폭력"이 대중의 관심을 받기 시작했고 같은 해 연이어 발생한 데이트 폭력으로 인한 강력 범죄사건이 논란이 되면서 '데이트 폭력'이 용어로 정착되었다. 드라마에서 잘생기고 성공한 남성 주인공들의 이러한 행동은 박력 있는 남성적 매력으로 포장되기 때문에 드라마의 서사 속에 빠져 있는 수용자들은 성폭력으로 인식하기보다는 로맨스로 인식하게 된다. 대학생 100여 명을 대상으로 설문조사를 한 결과, 드라마에서 로맨스 클리셰cliché로 믿어지는 폭력적인 장면은 억지로 잡아끌기, 벽에 밀치기, 강제 키스, 기습 포옹 등이었다. 이 외에도 여성을 몰래 촬영하는 장면, 스토커처럼 따라다니는 장면 등도 드라마에서 로맨틱으로 포장된 장면으로 꼽았다. 특히 신데렐라 서사는 그 자체로 권력적인 남성과 수동적인 여성의 구도이기에 폭력성이 로맨스로 포장될 가능성이 크다고 본다(양경은·주현아, 2018).

한편 드라마에서 가까운 연인간의 폭력을 적나라하게 보여준 경우도 있다. 〈청춘시대〉(2016)에서 헤어진 전 남자친구는 여자친구를 납치하고 감금한다. 극 중에서 두영은 "지난번 나를 비웃었지? 헤어지는데도 예의는 필요한 거"라면서 이유 없이 집착하며 폭력을 휘두른다. 납치 이틀 만에 극적으로 친구들이 두영의 집에 들이닥쳐 예은을 구하고 두영은 경찰에 연행되지만, 칼을 휘두르며 반항하는 가운데 칼에 맞아 쓰러진 친구 은재는 얼굴이 아닌, 손바닥을 다친 것으로 코믹하게 마무리됨으로써 두영의 폭력을 문제시하지 못했다.

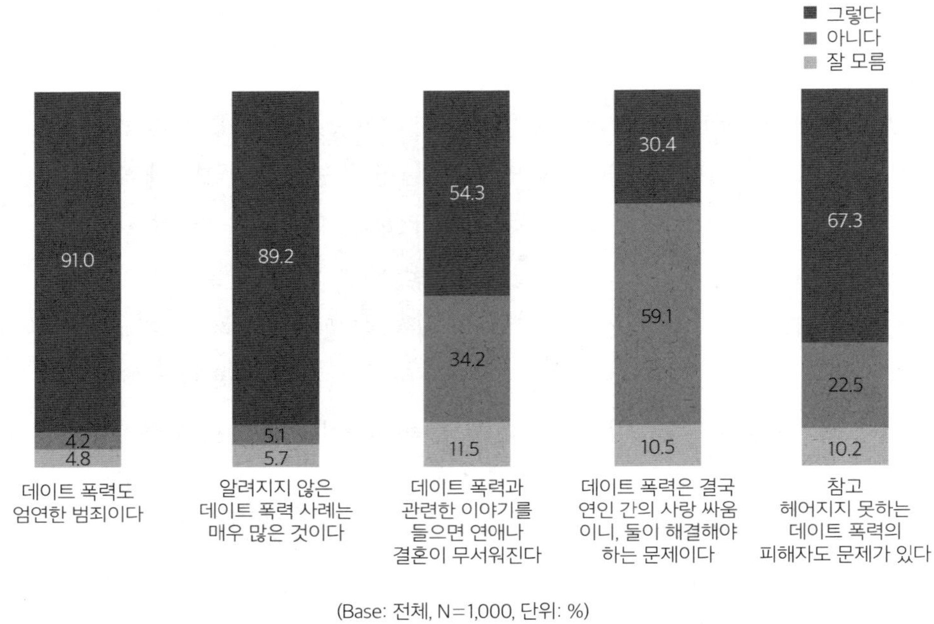

드라마에서 묘사하는 연인 관계에 대한 의견(트렌드 모니터, 2016).

한국앰네스티 지부는 2016년 매거진 〈아이즈〉와 공동으로 '더 이상 설레지 않습니다' 라는 반데이트폭력 캠페인을 벌이고 손목을 억지로 잡아당기거나 벽에 밀치는 장면은 여성들에게 매력적으로 다가오지 않으며, 이는 오히려 데이트 폭력을 방조할 수 있음을 강조했다.

드라마에서의 데이트 폭력에 대한 비판적인 인식은 서서히 늘어나고 있기는 하나 남성의 강압적인 태도가 데이트 폭력으로 이어질 수 있다고 믿는 남성은 설문 대상의 반 정도에 불과한 것으로 나타났다(트렌드 모니터, 2016).

그러나 최근 들어, 친밀한 관계에서의 성폭력이 폭행, 살인 등 강력사건으로 보도되면서 데이트 폭력의 심각성이 점차 사회 문제로 대두되고 있다. 드라마에서 로맨스를 빙자한 데이트 폭력은 자칫 데이트 강간이나 살인으로 이어질 수 있는 친밀한 관계에서의 성폭력을 간과할 수 있게 한다. 경찰청 범죄 통계 자료에 의하면, 2011년부터 2017년까지 발생한 친밀한 관계 간 살인(미수 포함)은 평균 연 103.4건이다. 또한 서울 거주 여성(20~60세) 2,000명을 대상으로 실시한 '데이트 폭력 피해 실태 조사'에 의하면(서울시여성가족재단, 2017), 가장 많은 데이트 폭력 유형으로는 '팔목이나 몸을 힘껏 움켜잡음'(35%)이었으며, '심하게 때리거나 목을 조름' (14.3%), '상대의 폭행으로 인해 병원 진료'(13.9%), '흉기 상해'(11.6%) 등으로 조사되었다. 현실은 드라마에서 재현되는 남성 주인공들의 강압적 애정 표현과 매우 다른 모습임을 알 수 있다.

2) 직장 내 성희롱

직장 내 성희롱sexual harassment의 유형은 언어적 행위, 신체적 행위, 시각적 행위, 고용조건형, 환경형 등을 들 수 있다. 유형별 사례를 들어보면 언어적 행위는 원치않는 성적인 농담을 하는 행위, 외모에 대한 성적인 비유나 평가를 하는 행위, 성적인 사실 관계를 묻거나 성적인 내용의 정보를 의도적으로 유포하는 행위, 성적인 관계를 강요하거나 회유하는 행위, 회식 자리 등에서 무리하게 옆에 앉혀 술을 따르도록 강요하는 행위를 들 수 있다. 신체적 행위로는 입맞춤이나 포옹, 가슴이나 엉덩이 등 특정 신체 부위를 만지는 행위, 안마나 애무를 강요하는 행위이며, 시각적 행위는 성적인 사진, 그림, 낙서, 출판물 등을 게시하거나 보여주는 행위(온라인 이용 포함), 성과 관련된 자신의 특정 신체 부위를 고의적으로 노출하거나 만지는 행위를 말한다. 고용조건형은 성적 요구를 받아들이지 않을 경우, 불이익(채용 탈락, 감봉, 승진 탈락, 전직, 정직, 휴직, 해고 등)을 준다고 암시 혹은 강요하거나 실제로 불이익을 주는 상황을 의미한다. 환경형은 가해자가 특정 개인을 대상으로 성적 불쾌감을 주는 행동을 하지 않았다 하더라도 가해자의 행위로

직장 내 성폭력

성폭력은 "성적인 언어나 행동을 수반하는 폭력 행위로, 피해자에게 성적 수치심과 정신적 육체적 손상이나 고통을 주고 인간의 존엄성과 성적 자기 결정권 등의 인권을 침해하는 행위"로 정의할 수 있다. 직장 내 성폭력에는 형법상 처벌할 수 있는 강간, 추행과 함께 '성희롱sexual harassment'이 포함된다.

'직장 내 성희롱' 개념은 직장에서 발생하는 성폭력이 피해자의 노동권과 평등권을 침해하는 차별 행위가 되고 있다는 문제의식 아래 도입된 것으로 업무나 고용 관계에 있는 사업주, 상급자 또는 노동자가 직장 안의 지위를 이용하거나 업무와 관련해 다른 노동자에게 성적인 말이나 행동으로 성적 굴욕감이나 혐오감을 느끼게 하는 것을 말한다. 직장 내 성희롱 행위는 국가인권위원회 및 고용노동부를 통해 제재 조치가 이루어질 수 있고 행위에 따라 형사 처벌 대상이 될 수 있다.

직장 내 성폭력 관련 법규는 「여성발전기본법」 제3조(정의)4, 「남녀고용평등과 일 가정 양립 지원에 관한 법률」의 직장 내 성희롱 개념, 「국가인권위원회법」의 성희롱 개념, 「형법」 제303조(업무상 위력 등에 의한 간음), 「성폭력범죄의 처벌 등에 관한 특례법」 10조(업무상 위력 등에 의한 추행)이다.

인해 다른 사람이 성적 불쾌감과 모욕감을 받게 되어 업무 능률이 저하되거나 노동 환경이 악화되는 등 부정적인 영향을 주는 성희롱의 유형을 말한다. 그 밖에도 사회 통념상 성적 굴욕감 또는 혐오감을 느끼게 하는 것으로 인정되는 언어나 행동이 해당된다.

드라마에서의 직장 내 성희롱은 여전히 현실을 반영한다는 취지로 선정적인 재현이 있을 수 있지만, 종국에 서사적으로 가해자가 처벌되거나 피해자나 제3자가 반격을 가하는 식으로 재현되는 경우가 다수 있다. 〈시크릿 가든〉(2010)에서 가난한 스턴트우먼 길라임(하지원 분)은 재벌 2세인 주원(현빈 분)과 영혼이 바뀌어, 자신이 경영하는 백화점에서 여직원을 성추행한 VVIP고객의 뺨을 후려친다. 실상은 불의를 참지 못하는 길라임이 성추행한 가해자를 폭행한 것이어서 수용자에게 카타르시스를 준다. 그러나 주원의 모습으로 변한 상태인 '남성'이 가해자 남성을 응징하도록 함으로써 성추행 장면은 재벌 주인공 남성에 대한 판타지를 더 크게 하기 위한 장치로 활용되었다. 〈미생〉(2014)에서 성희롱을 일삼는 마부장, 박과장, 하대리는 주로 언어적 성희롱을 일삼는다. "미안 미안…… 내가 여자 후배들하고 너무 막 지내서. 그런데 너무 오바 아니야? 이러면 내가 무슨 성추행이라도 한 거 같잖아?", "커피는 역시 여자 손맛을 타야 제 맛인데……", "(뒷모습을 훑으면서) 잘 빠졌다", "이래서 여자가 팀장인 팀은 안 된단 말이야", "저게 여자라고 봐줬더니 말이야. 니 남편한테 고맙다고 해라. 너 같은 여자랑 같이 사니까" 등의 사례를 들 수 있다. 보통의 조직에서처럼 당하고도 말을 못하는 경우가 대부분이지만, 시청자들은 피해자의 심정에 공감을 하게 된다.

2017년 하반기에 방영된 〈마녀의 법정〉(KBS2, 작가 정도윤)은 그동안 잘 다루지 않았던 각종 성범죄 사건을 본격적으로 다룬 드라마로 2019년 휴스턴 국제영화제에서 드라마 부문 금상을 수상한 바 있다. 수십 년간 진범을 알면서도 응징하지 못하는 경찰 간부의 여성 노동자 성고문 사건과 정치·경제계의 성로비 사건을 근간으로 이 드라마는 마치 2018년 미투운동을 예측하고 있는 듯, 부장 검사의 여성 검사 성추행을 시작으로, 여성 기자의 성추행사건, 여교수를 추행하려 한 가해자로 누명을 쓴 동성애자 대학원생 사건, 일반인 불법 동영상 유출 사건, 합의된 성관계라고 주장하는 준강간 사건, 계부에 의한 친족간 성폭력 사건까지 성폭력의 다양한 양상을 다루고 언론이나 경·검찰 조사 현장에서 벌어지는 2차 가해를 짚어내는 등 다양한 측면에서 문제 제기를 했다.[12]

4. 영화의 성폭력 재현

미디어에 의한, 약자에 대한 폭력의 재현은 가부장적 시선의 감독과 카메라의 시선을 통해 피해자를 다시 관음의 대상으로 위치지우기 때문에 문제적이다. 아동·청소년을 성폭력 범죄의 피해자로 재현하는 영화들은 참혹한 현실을 고발한다는 이유로 성폭력의 재현이 불가피하다고 주장할 수 있지만, 여기서 성폭력 재현의 윤리적인 문제가 제기된다. "영화 재현 방식의 윤

---

12 예를 들면 다음과 같은 장면이다. "이듬: 야 오부장, 니 옆에 앉기만 하면 만지작거리는 통에 손목이 다 없어질 지경이라 그래. 그리고 귓속말한다고 귀에 바람 좀 그만 넣어? 무슨 풍선 부니? 아 맞다 너 처음 회식할 때 내 얼굴에 뽀뽀하면서 딸 같아서 그랬다구 개구라 쳤지? 이걸 진짜 친족간 성추행으로 확 그냥! (때리는 시늉)"(1회- 마이듬검사가 성추행을 일삼는 오부장에게 가하는 일침). "민부장: 학위 취득에 목매는 대학원생이 지도교수한테 성폭행당했단 본질은 온데 간데 없고! 삼류잡지 같은 소리만 떠들어대고 있잖아. 지금?"(3회-여교수는 강간범, 피해자는 게이? 같은 언론의 선정적 보도를 비판함). "박검사: 블랙아웃 상태라서 무죄 나온 판례 못 봤냐. 피해자가 애초에 성관계하려고 한 걸 기억 못 하는 수 있으므로- 무죄를 선고한다!. 신고한 거? 신고했다고 무죄 나온 판례 못 봤냐? 신고할 정도로 정신이 있었으면 심신상실이 아니므로 준강간 성립이 아니된다 하여 무죄!"(11회-형법 299조의 강간을 최협의로 해석하여 가해자 무죄 판결의 가능성을 풍자함).

리성 판단은 감독의 개인적 역량, 의도, 상업적 타협, 수용자들의 관객성의 문제, 이와 더불어서 해석하는 비평가의 견해 등이 복잡하게 얽혀 있는 결코 간단치 않은 논점"(서인숙, 2015)이다.

성폭력의 재현은 내러티브의 지향점이 무엇이든 젠더 정치학적으로 문제적일 수밖에 없다. 대부분 성폭력의 재현 장면은 남성성과 권력이 등치되고 약자의 섹슈얼리티는 희생양이 된다. 약자의 섹슈얼리티에 폭력이 가해지면 강간의 형상이 된다. 연인과 누이의 강간 재현이 전쟁 영화에 자주 등장하는 이유이기도 하다. 서사적으로 의미 있는 영화들조차 문제의 장면은 매우 포르노적인 시각에서 강력한 폭력성을 드러내는 것을 목도할 수 있다.

1) 전쟁과 성폭력 재현

한국사에서 전쟁과 성폭력의 참혹함 위에 '위안부' 할머니의 재현 문제가 놓여 있다. '의도적 무관심'의 시기를 지나 애로 영화를 주로 만들던 지영호 감독의 〈애미이름은 조센삐였다〉(1991)같이 '위안부'가 성적 착취의 에로물의 소재로 이용되기도 했다. 국민 드라마로 칭송되던 〈여명의 눈동자〉의 1회 도입부에서 윤여옥(채시라 분)은 일본군 장교에게 매질 끝에 강간을 당한다. 1991년 김학순 할머니의 증언 이후 2018년까지 '위안부'의 대중적 재현은 다각화된다(허윤, 2018). 과거 드라마, 소설 등에서 일본군 '위안부'는 성인 여성의 성애화된 신체로 재현되었으나 최근 영화에서는 소녀나 할머니로 재현되고 여성 연대를 강조하는 방식으로 서사화된다. 영화 〈귀향〉(2016), 〈눈길〉(2017)은 여성들이 서로의 이름과 생명을 이어받는 것으로 형상화되었고 〈아이캔스피크〉(2017)와 〈허스토리〉(2018)는 공론장에서 증언하는 투사로서의 일본군 '위안부' 할머니로 형상화된다(허윤, 2018). 극장판 〈눈길〉이 과거 일본군 '위안부' 이야기를 관찰자 입장에서 재현했다면, 드라마 〈눈길〉은 과거와 현재의 대화라는 역사의식을 살려 '위안부' 문제를 현재화시켜 재사유하게 한다. 즉 드라마 〈눈길〉은 과거 약자들의 공감과 연대를 현재의 은수와 관련해서 다시 한 번 살피는 윤리적 재현을 하고 있다(박상완, 2018). 반면 영화 〈귀향〉에서 위안소 내의 잔혹한 장면들, 집단 성/폭력의 재현은 남성적인 관음증적 시선과 가해자의 시선으로 촬영되었다. 잔혹한 폭력을 고발하기 위해 잔혹한 이미지로 맞서는 것으로는 그 어떤 유의미한 정치적 효과도 거둘 수 없다. 잔혹한 장면의 재현에서, 결국 스펙터클의 일부로서 대상화되는 것은 생존자이다. 더불어 생존자의 구체적 경험, 언어, 말하기 주체로서의 가능성은 소멸된다(권은선, 2017). '위안부'의 이러한 재현으로 당시의 시대상을 재현한다고 할 수 있을까. '위안부'의 이러한 문제적 재현 전략이 선호되는 이유는 재현 불가능하다고 여겨지는 폭력을 재현하는데 따르는 부담을 덜기 위해 당사자들의 재현(증언, 기록)으로 재현 불가능성에 대한 고민을 덜고, 당사자들과 윤리적, 정치적으로 연대하는 것이라고 믿고자 함이다(허윤, 2018).

강간은 식민지 점령을 선언하는 메타포이기도 하지만 고문으로도 사용된다. 성폭력은 남성 중심적 사회에서 여성에게 더 가혹한 고문 수단이 되기도 하는데 강요된 순결 이데올로기와 삽입 중심의 섹슈얼리티의 관행 때문이기도 하다(이채원, 2014).

사회적으로 의미 있었던 영화에서의 성폭력 재현이 전체 서사에서 어떻게 작동하는지 몇 편의 영화 장면을 통해 살펴보고자 한다. 먼저 영화 〈꽃잎〉(1996)에서 섹슈얼리티와 국가 권력을 표상하는 군인의 폭력성을 드러내는 장면은 예비군 복장을 한 트랙터 기사가 산으로 도망가는 소녀를 넘어뜨려 강간하는 장면(컬러)과 시민들의 시체가 널브러져 있는 거리로 행진해 들어

오는 군인들(남성성의 표상)의 장면(흑백)이 교차 편집되는 시퀀스이다. 영화는 5.18의 폭압성을 체현하는 인부 장씨가 폭행하고 욕하고 조롱하며 소녀의 깡마른 몸을 강간하는 장면도 직접적으로 보여준다. 장씨 역시 마을 헛간에 기거하는 다리를 저는 장애를 가진 하층민이지만 충격으로 심신미약이 된 소녀를 성폭력할 수 있는 힘과 권력이 부여된다. "소녀에게 향하는 폭력이 강간인 것은 자연스럽고 진부하고 상투적이다. 영화의 원작 소설에서 장씨는 '원인을 알 수 없는 무력감과 함께 누구에게인지 모를 분노의 감정'을 드러내는 것으로 설명되었으나 영화에서 그의 두려움은 과도한 공격성으로 표출되며 적나라하게 소녀를 강간하는 장면으로 영상화된다"(이채원, 2014: 118).

강간의 재현을 시도하지 않아도 전쟁과 성폭력의 비극성은 온전히 표현될 수 있다. 레바논 내전의 여러 사건을 모티브로 한, 드니 빌뇌브 감독의 〈그을린 사랑Incendies〉(2010)에서 나왈은, 고문관이던 아들의 아이들을 낳음으로써 오이디푸스적인 섹슈얼리티의 폭력을 견뎌내는 이슬람 여성이다. 분노와 복수의 연쇄 속에 하드코어로서의 성폭력이 자행되지만, 이 영화에서 강간당하는 장면은 나오지 않는다. 강간을 암시하는 '표현'[13]이 있을 뿐이다. 수영장에서 아들 발목의 점 3개의 문신을 우연히 보게 됨으로써, 잔혹한 모든 비밀을 한순간에 깨닫고 넋이 나간 채 앉아 있는 나왈의 깊이 패인 주름과 초점 잃은 눈빛은 강간의 재현보다 더 생생한 '표현'이라고 할 수 있다.

---

13 들뢰즈는 재현이 우선적으로 재현 대상과 재현된 것의 동일성을 전제한다고 비판한다. 그러나 엄밀한 의미에서 재현 대상과 재현 내 사이에는 차이가 있기 마련이다. 들뢰즈가 재현적 특징을 비판한 이유는 재현의 사유가 지닌 동일성의 사유를 비판하기 위해서이다. 들뢰즈는 동일성이 아니라 차이에 근거한 사유를 시작하기 위해서 먼저 재현에 대립적인 의미로 표현 개념을 제안한다(Deleuze, 1968). 들뢰즈는 『감각의 논리』에서 재현 대상 즉 모델을 재현하는 회화의 성격을 비판하고 대신에 재현을 넘어선 재현을 깨는 화가로 베이컨을 언급한다. 그는 비판의 대상, 재현과 상반된 개념으로 '표현' 개념을 제안한다(김영희, 2003).

2) 아동·청소년에 대한 성폭력 재현

아동·청소년 성폭력의 실제 사건을 영화화하여 흥행에 성공한 3편의 영화를 들면, 〈도가니〉(2011), 〈소원〉(2013), 〈한공주〉(2014) 등을 들 수 있다. 영화 〈도가니〉(2011)는 광주 인화학교의 8명의 교직원들에 의해 2000년에서 2004년까지 자행되어온 청각 장애인 성폭력을 사회 문제화시켜 공분을 일으키며 일명 '도가니법'으로 지칭되는 「성폭력 범죄의 처벌 등에 관한 특례법」(장애인 성폭력 관련 법률)의 개정[14] 등 법 정책의 변화도 이끌었다. 영화가 개봉되기 이전부터 수년간 내부 고발자의 진정으로 장애 아동의 성폭력 사실이 외부로 알려지고 고발되어도 가해자가 제대로 처벌되지 않는 등 인화재단의 지배 권력의 추악함을 더 적나라하게 재현하고자 하는 감독의 의도도 있었겠지만, "〈도가니〉의 재현 방식은 선정적이고 비현실적이며 과장된 것이기에" 대중들의 분노를 위한 허구의 '스펙터클'(강정석, 2012)이라고 할 수 있다.

밀양 여중생 집단 성폭력 사건을 영화화한 〈한공주〉(2014)는 고통을 윤리적으로 재현하기 위해 자기 반영적인 영화 미학을 적극 활용한다. 다양하게 교차하는 단편적인 정황들, 현재와 과거의 동시성, 언어의 논리를 해체하는 감각, 성폭력 장면에서의 무정물의 시점(고릴라탈이나 선풍기 등을 이용한 시선) 등 영화 미학은 고통을 영화로 재현할 때 발생할지도 모를 위험을 방지하기 위한 장치로 사용된다. 하지만 그런 과정에서 〈한공주〉 역시 정당한 목적으로 부당한 수단을 봉합하려는 혐의가 발견된다. 특히 결말에서 한

---

14 이전의 법이 '장애로 인해 항거불능 상태에 있음'을 입증하기 어렵거나 좁게 해석되었으므로 '항거불능'을 빼고 '장애 상태에 있음'을 성폭력 범죄의 입증 요건으로 두는 것으로 개정되었다(황지성, 2012).

공주는 고통에 처하게 된 원인(가해자들: 성폭력 피의자들과 그들의 가족, 공주의 부모, 학교, 사회)에 정면으로 도전하지 못한다. 현실을 재현한다는 미명 아래, 역시 성폭력 현장을 적나라하게 전시하고 어떡하든지 새로운 삶을 살아보려는 한공주는 성폭력 피해자를 단죄하려는 사회의 폭력적 시선으로 다시 쓰러진다. "사건 자체에 대한 흥미를 좇기보다 이를 계기로 한국 사회의 병리적인 모습을 들춰낸 것"(문재철, 2015)이라고 하지만 결국 카메라의 관음적 시선 아래 희생자를 대상화하고, 영화적 상상력을 발동하기보다 순결이데올로기를 당연시하기도 한다.

성폭력의 맥락과 피해자의 고통은 재현 가능한가. 수용자를 스펙터클의 성폭력의 소비자로 전락시키지 않고 성폭력의 현장은 재현될 수 있는 것인가. 영화 〈시〉(2010)와 〈소원〉(2013)은 적나라한 관음적 시선의 재현 없이도 관객으로 하여금 폭력의 피해자의 고통을 공감하도록 한다. 영화 〈시〉에서 주인공 미자의 외손자가 연루된 여중생 성폭력 사건과 미자의 시 창작 시퀀스는 교차 편집된다. 소녀 같은 모습의 미자는 손자의 합의금 5백만 원을 위해 요양 관리를 해주는 노인에게 몸을 판다. 이즈음 미자는 가해자에서 피해자 희선의 입장에 서게 되면서 윤리적 결정에 대해 고민한다. 시상을 떠올리기 위해 바람과 녹음을 몸으로 느끼듯, 합의금을 위해 성교를 하는 미자는 어느 순간 피해자 여중생 희선의 고통을 체득하게 되었을 것이다. "피해자의 고통에 자신을 열어놓는 것, 손자에 대한 속죄는 여기서 시작한다는 것을 미자의 애도는 보여준다. 영화 말미에 '아네스의 노래'는 미자가 낭송하다가 죽은 피해 여학생의 목소리로 낭송되고 고통이 사라진 세계의 지향을 노래한다"(한래희, 2017).

또한 조두순 사건을 모티브로 한 영화 〈소원〉(2013)에서 성폭력의 가해는 처참한 소원의 모습과 두려움으로 짐작할 뿐이다. 이 영화는 성폭력 이후의 피해 아동에 관한 공감과 극복, 치유를 위한 가족과 공동체의 노력에 초점 맞춘다. 이 영화에서처럼 영화적 시공간이라는 가상의 현실이라 하더라도, 피해의 고통이 비재현되거나 그저 '표현'되었으면 한다.

5. 성폭력 사건의 불편한 보도와 재현, 비판적으로 맞서기

이 글에서는 실제 사건에 대한 보도 및 드라마, 영화에서의 성폭력 재현 가운데 비교적 최근 사례를 다루었다. 좀 더 광범위하게 성폭력의 재현을 논한다면, '음란물'이라고 할 수 있는 성행위 재현을 목적으로 하는 재현물에 대한 논의로도 확장할 수 있을 것이다. '포르노'적 재현 문제까지 논한다면 마광수의 〈즐거운 사라〉(1992), 장정일의 〈내게 거짓말을 해봐〉(1996), 장선우 감독의 〈거짓말〉(1999) 등 한국 사회에서 논란이 되었던 음란물을 둘러싼 표현의 자유 담론을 포함해야 할 것이다. 당시 여성주의자들은 여성혐오적 표현에는 적극 반대했지만, 대체적으로 표현의 자유에 대한 규제에 반대하는 입장을 띤 듯하다. 성담론의 개방이 다소 진보적인 입장인 양 인식되던 시기였기 때문이다. 1980년대 에로비디오 시대를 거쳐 디지털상의 불법촬영 영상의 전신이라고 할 수 있는 비디오와 CD 파일이 직장에서조차 별다른 죄의식 없이 유포된 적도 있고 2000년대 이후에는 초고속 인터넷을 통해 실제 불법 촬영 영상과 경계가 모호한 포르노(적 재현물)가 소비되기 시작했다.

2018년 한 해 동안 뜨거웠던 미투운동 이전, 우리 사회에 성폭력 폭로가 없었던 것은 아니다. 김학순 할머니는 1991년 8월 14일 일본군 위안부 피해 사실을 최초로 공개 증언했고 1993년에는 서울대 신교수 성희롱 사건이 폭로되었다. 1990년대부터 여성 활동가들을 중심으로 100인위원회가 결성되어 2000년 12월에는 운동사회의 성폭력 사건과 가해자 실명을 공개했다. “당시 공개한 사건들 중에는 강간, 강간미수, 준강간, 준강제추행, 성추행 등 당시 현행법상 성폭력 범죄에 해당하는 것에서부터 격한 논쟁 직후 여성 활동가 눈앞에서 콘돔을 불며 조롱하는 행위, 스토킹, 친밀성과 신뢰를 악용한 성적으로 치근대기, 성관계 사실 유포, 협박과 애원이 뒤섞인 집요한 성관계 요구 등이 포함되었다. 이 사건은 운동사회가 성역이 아니라는 것을 폭로함과 동시에 성별 권력 관계가 관통하는 사회에서 욕망과 폭력이 연속선상에 있다는 점을 드러내고 여성의 고통을 ‘성폭력’이라는 이름으로 문제화한 것이었다”(전희경, 2008: 259).

2000년도 초, 국내 최대 동성애자 커뮤니티였던 엑스존이 청소년 유해 매체로서 음란 사이트로 규정되어 사이트가 폐쇄되었다. 2000년 이후 SNS, 인터넷 방송 등을 통해 더욱 다양한 방식의 포르노(적 재현)가 등장하기 시작했고 연출되지 않은 실제 성폭력 장면이 유출되기 시작했다. 불법 촬영물과 재현물의 구별이 모호해지면서 일상 속의 성폭력, “성폭력의 사회화”(김소라, 2018)가 이루어졌다. 과거에는 포르노그래피의 재현과 실제 폭력 간에 거리가 존재했다. 그러나 오늘날에는 디지털 성폭력 양상의 변화와 함께 성적 재현물의 생산, 유통, 소비가 곧 실제의 가해자와 피해자를 양산하는 범죄로 직결될 가능성이 높아졌다. 따라서 미디어의 폭력적 재현에 대해 규제를 가할 필요성과 함께, 일상의 포르노화에 대한 두려움을 여성만 갖는 차별적 젠더 관계, 성별화된 섹슈얼리티에 대한 사회적 변화가 절실하다(김소라, 2018).

이 글은 이성애 간의 폭력적 재현을 문제시했지만, 주류 미디어는 여전히 이성애 젠더 규범을 따르지 않는 신체나 관계, 동성 간의 성적 재현을 당사자의 목소리를 지우고 범죄화된 방식으로 재현한다. 이런 점에서 재현을 금지하거나 왜곡하는 것은 타자성을 유지하는 데 매우 핵심적인 역할을 한다(나영정, 2016). 타자로서의 성적 재현은 낭만, 순수, 젊음, 아름다움, 따뜻함의 정서를 불러오는 이성애적 연인간의 성적 재현과 매우 대비된다. 타자로서의 재현은 비정상, 위험한 것이라는 배제의 이유를 제공하는 동시에 더러움, 역겨움, 혐오감의 신체적 반응을 불러일으킨다. 따라서 상업적 서사 영화에서 장애인, 노인, 노숙인, 동성애자들의 성적 재현이 얼마나 드물게 재현되었는지, 어떻게 재현되고 있는지의 문제는 타자성, 소수자성에 관련된 문제이기에 정치적인 문제라고 할 수 있다.

주지하다시피 가부장 남성 중심 사회에서 '여성'은 제한적이다. 정숙하고 젊고 예쁜 외모의 여성이 여성의 범주에 속한다. 남성 사회가 규정한 범주에서 '술집 종업원'이나 '할머니' 등은 범주에서 벗어난 여성이다(정희진, 2003). "법은 정숙한 여인의 건전하고 순결한 정조만을 보호한다"는 시대착오적 법적 판단[15]을 낳은 바 있는 형법 제 32장이, '정조에 관한 죄'(1953년)에서 '강간과 추행의 죄'(1995년 12월 9일 개정)로 개정되었다고 해도, 순결 신화의 규범이 깨지고 있는 이즈음에도, 2차 피해를 유발하는 댓글을 다는 대중이나 최소한의 피해자 인권을 고려하지 않는 경찰에게는 보호 대상의 (여)성이 여전히 제한되어 있는 듯하다. 현실에서뿐만 아니라, 사회 문제를 고발하는 영화에서도 공권력은 성폭력으로부터 보호받을 수 있는 (여)성을 구별하고 있다. 섹슈얼리티가 없는 무성애적 존재로 인식되기에 성폭력의 희생자로 재현되는 것도 어색한 여성 노인과 장애인의 섹슈얼리티는 영화

15 1954년부터 1여 년간 현역 해군 헌병대위를 사칭해 여대생 등 70명을 혼인빙자간음한 박인수(26세) 사건(1955년) 1심에서 무죄 선고시의 법원의 판단. 2심에서는 징역 1년, 3심에서 1년 유죄 확정된 사건.

속에서조차 보호받지 못하기도 한다.

다시 강조하자면, 주류 미디어에서 재현하는 성폭력의 개념과 방식의 문제는 우리 사회의 섹스/젠더/섹슈얼리티에서의 이성애 중심의 이분법적 사고, 법체계, 타자에 대한 윤리, 다른 문화의 번역 문제 등이 복잡하게 얽혀 있는 지점이다. 성폭력 사건을 어떻게 보도하고 어떤 이미지로 재현하느냐의 고민과 더불어, 이성애 중심의 남성과 여성의 이분법적 사고 체계를 균열시키는 문제 또한 중요하다고 본다.

더 읽을거리

정희진(2019). 『미투의 정치학』. 교양인.

Brownmiller, S.(1993). *Against Our Will: Men, Women, and Rape*. Ballantine Books. 박소영 역(2018). 『우리의 의지에 반하여: 남성, 여성 그리고 강간의 역사』. 오월의 봄.

더 볼거리

차마시기와 동의(Consent, it's simple as tea) https://www.youtube.com/watch?v=Ag4RTt9Dt0M

용서의 나라(Our story of rape and reconciliation by Thordis Elva and Tom Stranger) https://www.youtube.com/watch?v=gyPoqFcvt9w

생각해볼 문제

1. 성적 대상화하지 않은 성폭력 재현은 가능한가? 다양한 미디어에서 성폭력의 보도나 재현이 불편했던 경험이나 성폭력의 재현 불가능성에 대해서 이야기해보자.
2. 가요나 음악, 광고에서 젠더 폭력적 표현이나 이미지는 어떤 것이 있을까?
3. 성폭력의 재현 규제와 표현의 자유에 대해서 논의해보자.
4. 포르노(이미지)와 성폭력의 재현은 다른지 생각해보자.
5. 성폭력 사건을 바람직하게 보도한 기사를 찾아 의견을 나눠보자.
6. 아프리카, 중동 국가의 여성할례Female Genital Mutilation, 네팔의 차우파디Chaupadi, 카메룬의 가슴다림질Brest ironing 등 젠더 폭력에 대하여 인권적 측면에서 논의해보자.

6장

미디어의 다문화 재현과 젠더

이소현

1. 다문화사회와 미디어

2019년 여름 페이스북에 올라온 '베트남 아내 폭행 동영상'은 한국 사회의 다문화가정에 다시 한 번 대중적 관심을 집중시켰다. SNS를 통해 빠르게 확산된 2분 30초 분량의 동영상에는 한국 남성이 어린 아들이 보고 있음에도 불구하고 바닥에 주저앉은 베트남 아내를 무차별로 폭행하는 장면이 담겨 있었다. 해당 동영상이 퍼져나가면서 한국 사회와 베트남 사회 양쪽에서 폭행 남편을 향한 비난 여론이 들끓었으며, 가정 폭력의 위협에 노출되기 쉬운 결혼이주여성의 불안정한 체류 상황 및 인권 문제에 관심이 쏠렸다. 그러나 놀랍게도 베트남 아내를 향했던 따뜻한 시선과 이주민의 인권 개선을 주장하는 자성의 목소리는 인터넷을 중심으로 뜻밖의 논란이 일어나면서 자취를 감췄다. 가해자의 전 부인이라는 사람이 한 인터넷 커뮤니티에 피해자가 불륜을 저지른 내연녀라고 폭로했는데, 관련 내용이 자극적인 제목으로 인터넷 언론을 통해 확산되면서 여론은 급작스럽게 악화되었고 피해자에 대한 2차 가해가 폭주했다. 급기야 "베트남 여성 폭행 사건의 베트남 여성의 한국 국적을 주지 말아주세요"라는 청와대 국민청원까지 등장했고, 피해자에 대한 비난뿐만 아니라 결혼이주여성, 더 나아가 이주민 전체에 대한 반감을 표명하는 댓글들과 인종 차별 발언들이 쇄도했다.

'베트남 아내 폭행 동영상'을 둘러싼 극단적인 담론의 흐름은 다문화사회로의 변화를 겪어왔던 한국 사회의 민낯을 보여준다. 이는 결혼이주여성을 바라보는 온정주의적 시선에서 시작하여 이주민 집단 전체에 대한 왜곡과 비방으로 확대되는 반反다문화주의의 부상에 이르기까지, 한국적 다문화주의의 전개 과정 및 문제점을 집약적으로 드러내고 있는 것이다. 가정 폭력의 피해자가 순식간에 '꽃뱀'으로 전락하는 어지러운 담론의 소용돌이 속에서 주목할 수밖에 없는 것은 대중적 관심을 환기하고 여론 구성에 이바지하는 미디어의 영향력이다. 해당 사건에 대한 민주언론시민연합의 신문 모니터 보고서는 가해자의 변명을 폭력의 정당한 이유인 것처럼 그대로 인용하고 자극적인 추측 기사를 쏟아내는 등 언론의 보도 행태가 피해자에게 책임을 전가시키고 2차 가해에 일조했다고 평가한다.[1] 대표적인 사회화socialization 기제로서 미디어가 한 사회의 구성원들이 개별적인 현상을 어떻게 이해할 것인지, 특히 새로운 사건이나 대상을 기존 이념 체계 혹은 경험과 연관지어 해석하도록 이끌어준다고 할 때, 다문화사회로의 급격한 변화 속에 마주한 새로운 현실의 조각들이 미디어를 통해 어떻게 매개되고 의미화되는지 면밀히 살펴보아야 할 것이다.

---

1 민주언론시민연합. "결혼이주여성 폭행사건, 피해자 책임전가에 2차 가해까지", 〈미디어오늘〉 2019.7.19. http://www.mediatoday.co.kr/news/articleView.html?idxno=201269

이 장은 다문화주의와 미디어의 관계에 주목하여, 다문화 현실과 다문화 주체를 정의하고 특정한 이미지를 제시하는 미디어의 재현 방식을 살펴보고, 그 의미 작용과 이데올로기적 함의를 논의할 것이다. 구성원들 사이의 다양한 차이를 묘사하고 재구성하는 재현의 정치학을 이해하고, 사회 내 권력 관계와 역사적 조건 속에 구성되는 미디어 담론의 속성을 고찰할 것이다. 이를 통해, 반다문화주의의 등장과 함께 혼란을 더해가는 한국 사회 속에서 미디어의 역할을 제고하고, 보다 평등하고 상호적인 다문화주의의 실현을 이끌어낼 수 있는 방안을 고민해보려 한다.

2. 다문화주의란 무엇인가?

1) 다문화주의의 개념과 유형

다문화주의multiculturalism는 한 사회 속에 살아가는 구성원들의 문화적, 인종적, 종교적 차이에서 벌어지는 문제들을 이해하고 해결하기 위한 정치철학이자 담론이다. 1960년대부터 서구의 선진 자본주의 국가들은 자국의 노동력 부족을 해결하기 위하여 개발도상국 출신의 이주노동자들을 받아들이게 되었는데, 이 과정에서 상이한 문화적 배경을 가진 구성원들 사이에 여러 가지 충돌과 갈등 상황을 경험하게 되었다. '다문화적multicultural'이라는 표현이 사회 속에 실제로 다양한 문화들이 존재하고 있음을 지칭하는 것이라면, 다문화주의는 이러한 '다문화적' 현실에 대응하기 위한 일련의 규범적인 주장들을 포괄한다고 볼 수 있다.

캐나다가 1971년 다문화주의를 공식적인 국가 정책으로 채택한 것을 시작으로, 1990년대 이후 다문화주의는 미국, 오스트레일리아, 유럽의 여러 국가들로 확산되었다. 여기서 다문화주의는 다양한 인종/민족 집단들이 조화롭게 살아가는 분위기를 조성하고 국가적 안정을 이루기 위한 정책 마련의 이념적 토대로 자리 잡았으며, 이질적인 구성원들을 대상으로 한 평등, 이해, 관용 등의 가치와 연결되었다. 용광로melting pot 이미지로 대표되는 동화assimilation 정책이 소수 집단의 구성원들이 주류 문화로 편입되는 방식의 사회 통합을 전제한 반면, 다문화주의는 보다 공정한 사회 통합 방안으로 떠오르면서 소수 인종/민족의 시민권과 문화 정체성의 인정, 그리고 문화적 다양성 개념의 확인 등으로 특징지어졌다(Kymlycka, 1995; Taylor, 1992). 다문화주의의 핵심은 한 사회를 구성하는 각기 다른 인종이나 민족 집단들의 문화적 차이를 인정하고 동등한 권리를 보장함으로써 조화롭게 살아갈 수 있도록 하는 이념적, 정책적 기반으로 기능한다는 것이다(윤인진, 2008). 이는 소수 집단에 속하는 구성원들의 문화와 정체성에 대한 존중만을 의미하는 것이 아니라 주류 문화로부터 소외되어 불이익을 겪을 수밖에 없는 소수 집단 구성원들의 경제적 이익과 정치적 권력을 보장하려는 노력까지 포함한다.

다문화주의는 다양한 역사적 조건에 따라 상이한 변형과 적용 방식을 드러내면서 발전했는데, 그중에 대표적인 네 가지 유형을 찾아볼 수 있다. 맥라렌(McLaren, 1995)은 다문화주의를 보수주의적 다문화주의, 자유주의적 다문화주의, 좌파-자유주의적 다문화주의, 비판적 다문화주의로 구분한다. 먼저, 보수주의적 다문화주의는 주류 집단의 관용 행사라는 개념으로 소수 집단 구성원들의 문화적 차이를 인정한다. 즉 주류 집단이 시혜적 입장에서 다문화 가치를 인정하고, 실질적으로는 주류 문화로의 동화를 전제하는 방식을 취하는 것이다. 둘째, 자유주의적 다문화주의는 모든 인간이 갖는 동등한 권리를 전제하고, 문화적 차이가 기회의 불균등을 초래하지 않도록 정책

방향을 세우는 입장이다. 따라서 보편적 인권 및 시민권 보장의 차원에서 소수자의 권리를 보장하고 문화적 다양성을 용인한다. 셋째, 좌파-자유주의적 다문화주의는 문화적 차이에 초점을 두어 개인과 집단의 독자적인 정체성을 강조하고, 차이의 정치학politics of difference 혹은 정체성의 정치학identity politics을 지지한다. 이 접근은 소수 집단들의 정체성의 정치가 활발하게 전개되면서 사회 통합을 저해하는 파편화를 초래한다는 비판을 받기도 했다. 마지막으로, 비판적 다문화주의는 기존 다문화주의가 강조했던 본질적이고 고정적인 정체성의 개념을 극복하여, 조금 더 유동적이고 복합적인 정체성의 구성을 상정하고 다문화주의의 가치를 재조명하려 한다(McLaren, 1995: 47-59; 한건수, 2014: 53-56에서 재인용). 비판적 다문화주의의 등장은 전 지구적 이주의 흐름 및 초국적 문화 교류 속에 다문화주의의 이해 및 실천 또한 복합적이고 유동적인 정체성의 구성 과정 속에서 모색되어야 한다는 점을 시사한다.

2) 비판적 다문화주의와 이산적 정체성

전 지구화와 디지털 융합의 문화 환경 속에서 사람들과 정보의 이동 및 상호작용은 가히 탈경계적이라 말할 수 있다. 여기서 정체성의 문제는 고정적인 정의와 안정적인 경계 속에 놓이기보다는 다양한 담론의 영향과 유동적인 위치 속에서 다중적, 탈중심적, 파편화된 것으로 이해된다(Hall, 1996). 특히 '이산'이라는 개념은 정체성의 문제가 민족/국가라는 기존 경계를 뛰어넘는 것임을 강조하고, 정체성의 반본질주의적 구성 과정을 설명할 수 있게 한다. 초기 유대인 이산 공동체를 지칭했던 것처럼, 이산 개념은 이주 경험에 연루된 비극적인 상처를 강조하고, 이주민들이 정주 사회host society의 주

이산diaspora

이산은 '씨앗들을 흩뿌리다'라는 그리스어 'diaspeirein'으로부터 유래하며, 원래는 자국을 떠나 여기 저기 떠돌다가 세계 곳곳에 정착하게 된 유대인들의 이주 형태the Jewish diaspora를 지칭하는 데 쓰였다. 이주 경험이 증가하고 이주 방식도 다양해짐에 따라, 이산 개념은 보다 일반화되어 이민자들, 난민들, 이주노동자들, 소수 민족 공동체 등 모국 이외의 지역에 거주하는 민족 집단 및 문화적, 언어적, 종교적 공동체를 설명하는 데 활용된다.

류 문화에 완전히 수용되지 못하거나 소외되는 상황을 포괄한다. 그래서 이산 개념이 이주라는 초국적 횡단 과정에 결부된 일련의 경험들과 정체성의 구성 과정들을 추적하는 데 유용하다는 것이다.

이산적 정체성diasporic identities 개념은 정체성이 자연적으로 혹은 문화적으로 주어지거나 결정된다고 간주하기보다는 정체성의 지속적인 형성 과정 속에 마주치게 되는 우연적이고 비결정적인 지점들과 갈등의 상황들을 강조한다. 이산적 정체성은 의미 작용에 관여하는 중요하지만 사소한 조건과 계기들, 거듭되는 변화 및 혼란의 가능성, 그리고 여러 담론들의 충돌과 교섭 속에 형성된다는 것이다(Gilroy, 1997). 특히 다문화 주체들의 미디어 재현에 관한 논의에서 이산적 정체성에 관한 관심은 인종, 국가, 민족 등 기존 소속이나 경계의 절대적 영향력을 탈피하여 다중적, 파편적, 모순적으로 발현되는 정체성의 양상을 분석하는 데 도움을 줄 수 있다. 더구나, 이주의 과정 속에 발생하는 문화적 혼종성hybridity 속에서 이주민들이 일상적 혼란과 어려운 적응 과정 속에 놓여 있음을 고려할 때, 이산에 대한 논의는 이러한 다문화 주체가 경험하는 정체성의 복잡하고 모순적인 형성 과정을 살펴보는 데 유효한 질문들을 제공할 수 있는 것이다. 주류 집단과의 불균등한 관계 속에 소수 집단들의 사회 적응을 유도해야 하는 다문화적 현실 속에서 비판적 다문화주의와 이산 개념은 기존의 구별 짓기, 민족적 정체성 등의 고정적 개념에서 벗어나 보다 넓은 의미의 문화적 다양성의 인정과 실현을 고려할 수 있도록 할 것이다.

혼종성hybridity

생물학에서 유래한 용어로 여러 기원들이 마구 섞인 것을 의미한다. 탈식민주의, 전 지구화, 그리고 이산 문화에 관한 논의에 활용되어 개별적인 문화 요소들의 혼합 속에 만들어진 새로운 의미를 설명하거나 다양한 문화적 기원이나 민족성에서 파생한 정체성을 지칭한다. 혼종성은 기존의 고정적인 문화적 경계를 희미하게 만들고 민족/국가 등 전통적인 정체성의 범주에 균열을 가져왔으며, 문화 및 정체성 구성에 내재하는 복합성과 유동성을 강조한다.

3. 한국적 다문화주의–이주민, 순혈주의, 그리고 젠더

한국에서 다문화주의에 대한 관심은 1990년대 자본과 노동의 전 지구화 환경 속 이주노동자의 유입과 국제 결혼의 증가로 시작되었으며, 2000년대

중반 이후 국가적 정책 방향이 마련되면서 본격화되었다. 캐나다, 미국 등 서구의 다문화주의는 다양한 인종과 문화가 공존하는 이주국가로서 장기간의 역사적인 전개 과정 속에 문화적 다원주의cultural pluralism 원칙을 강조했다. 반면에 한국의 다문화주의는 단기간에 증가한 이주민과의 공존을 모색하고 사회 통합을 이루어내기 위한 현실적 필요성에서 정책적으로 발전되어 온 것이 특징이라고 할 수 있다. 다문화주의에 대한 이러한 접근은 한국을 비롯한 다른 아시아 국가들, 즉 단일민족 구성원들로 이루어졌다는 믿음에 기초한 국가들에서 공통적으로 발견된다(Ahn, 2013). 2006년 4월 '결혼이민자 가족의 사회통합 지원 대책'과 '혼혈 및 이주자 지원 방안'의 발표에 따라 정부가 구상한 다문화주의의 틀이 잡혔고, 2008년 '다문화가족지원법'에 따라 다문화가족 지원센터가 생겨나면서 한국적 다문화 정책이 본격적으로 실행되었다. 이렇듯 한국 정부의 다문화 정책은 국제 결혼 이주민의 한국 사회 적응을 위한 복지 지원에 집중되어 있었는데, 여기서 한국적 다문화주의의 특수성을 발견할 수 있다. 실상 결혼이주자들이 이룬 가족을 '다문화가족'이라고 명명하고 지원 정책을 펴는 나라는 한국이 유일하다(윤인진·황정미, 2014).

풍부한 예산 책정과 적극적 시행 노력에도 불구하고, 결혼이주여성을 위한 한국어 교육 및 문화 체험 등의 사업을 내세운 다문화 정책은 가시적인 사회 통합을 추구하는 동화 지향적 성격을 보였다. 정부가 주도하는 다문화 정책의 초점이 다문화가족에 집중되면서 가족이라는 단위가 동화 위주 다문화 정책의 중심축으로 부상하게 되었는데, 이는 인구 분포의 변화에 기인한 것이라기보다는 담론의 전환으로 이해할 수 있다(Ahn, 2013). 다문화가족을 중심으로 한 정부 주도의 동화 정책은 가족이라는 개념을 둘러싼 기존의 사회·문화적 담론과 결부되어 실현되었으며, 이주노동자의 수가 결혼이주여성의 수보다 우세함에도 불구하고 이주노동자의 문제들은 제한적인 수준에서 다루어지게 되었던 것이다.

한국적 다문화 정책을 구성하는 대표적인 담론은 순혈주의적 민족주의다. 단일민족의 신화가 민족적 정체성의 토대로서 지배적인 영향력을 발휘하게 되면서 그것에 반하는 혼혈인은 늘 역사의 뒤편으로 배제되었다. 한국의 현대사에서 혼혈인의 문제는 해방 이후 미국이 진주하면서 크게 부각되었는데, 미군과의 성적 접촉을 통해 태어난 혼혈인은 대다수의 한민족과 쉽게 구별되었으며, 이러한 외모적 차이는 혼혈인을 주변인으로 전락시켰다. 한국적인 문화 풍토에서 '피'의 의미는 "한 핏줄로 이루어진 국가 신화의 건설"에 연결되며, 혼혈은 순수하지 못한 것, 낯선 것 등으로 인식되었을 뿐 아니라 사회적으로 열등한 존재로 문제시되었던 것이다(이희은, 2009). 인종의 문제는 여전히 한국 사회와 큰 관련이 없는 것처럼 취급되었고, 관련 논의는 혼혈인 스타나 유명인을 중심으로 간간이 개인적 불행의 차원에서 다루어지거나 간혹 사회적 인식의 문제점이 부각되는 정도로 머물러 있었다. 단일민족의 신화 속에 혼혈인에 대한 담론이 한국 현대사의 숨겨진 존재 혹은 수치스러운 과거의 상징에서 벗어나기는 어려웠던 것이다.

다문화주의에 대한 관심이 점차 고조되어가는 상황에서 2006년 미국 슈퍼볼 경기 MVP 수상자인 하인스 워드(Hines E. Ward Jr.)가 '어머니의 나라' 한국을 방문했다. 아프리카계 미국인 아버지와 한국인 어머니 사이에서 태어난 하인스 워드의 삶은 혼혈인에 대한 편견과 차별의 문제를 사회적으로 환기시켰다. 다문화사회로 진입해가는 한국 사회에서 순혈주의적 민족주의는 한국이 선진국가로 도약하기 위해 극복해야 할 과제로 인식되었다(이상길·안지현, 2007). 다문화주의는 한국인의 폐쇄적 민족주의를 떨쳐낼 수 있는 대안으로 받아들여졌으며, 정부의 정책 구상 및 시민 단체들의 사업 계획 속에 '선진화' 혹은 '개방화'와 동일시되면서 한국 사회의 근대화와 발전을 위한 규범적 가치이자 사회 윤리로 수용되었다(전의령, 2015).

혼혈인 문제에 관한 또 하나의 흥미로운 점은 다른 민족과의 결합에서 성별에 따른 수용의 차이가 존재한다는 것이다. 개화기에서 근래까지 혼혈인 관련 서사를 분석한 결과, 한국 사회에서 혼혈 문제는 혼혈인 자체의 성별뿐만 아니라 부모의 국적에 따른 성별 문제 또한 영향력을 발휘한다는 점이 드러났다(송명진, 2012). '한국 남성은 가능하지만 한국 여성은 불가능하다'라는 인식은 혼혈인의 정체성을 규정하는 데 지대한 영향을 끼친다. 즉 한국인 남성과 외국인 여성 사이의 혼혈은 쉽게 받아들여지는 반면 외국인 남성과 한국인 여성 사이의 혼혈은 받아들여지기 어렵다는 것이다. 혼혈 문제를 둘러싼 젠더 정치학은 민족적 정체성의 형성에서 부계 중심의 순혈주의를 강조할 뿐 아니라 유교적 가부장제의 영향력을 입증한다. 이러한 담론적 토대를 고려할 경우, 가족 단위를 중심으로 전개되는 한국적 다문화주의와의 연결고리를 찾아볼 수 있다. 한국인 아버지와 외국인 어머니로 구성된 다문화 가정이 한국적 다문화주의의 중심으로 자리 잡는다는 것은 부계 혈통의 순수성에 기초하여 단일민족의 신화를 유지하고 안정적인 사회 통합을 도모할 수 있는 길을 여는 것이다. 이는 구체적인 다문화주의 정책과도 연결되는데, 가족 단위의 정착을 추구하는 결혼이주여성을 우선시하고 이주노동자들과 다른 이주민들을 제한적으로 취급하는 '선택적 포용과 배제' 방식과 공명한다. 한국 사회에서 남성 이주노동자들은 유교적 가부장제와 순혈주의적 민족주의를 위협하는 존재로서 배제되는 반면에, 결혼이주여성은 기존의 부계적 권위 속에 안정적으로 포섭될 수 있는 포용의 대상으로 받아들여지는 것이다.

4. 한국 미디어와 다문화 주체의 재현

1) 미디어 속 다문화사회: 인종적 서열화와 내재화된 인종주의

한국 사회 속 이주민의 유입은 체류 외국인의 증가를 체감할 수 있는 일상의 가시적 변화뿐만 아니라 뉴스, TV 프로그램, 영화에 이르기까지 다양한 미디어 콘텐츠의 내용과 형식에도 눈에 띄는 영향력을 발휘해왔다. 2000년대 중반부터 정부의 다문화 정책 시행이 본격화되면서 텔레비전은 일반 대중에게 다문화적 현실을 알리고 이주민을 이해하게 만드는 가장 중요한 창구가 되었다.

미디어가 재현하는 현실 왜곡과 재구성의 문제, 그리고 인종, 계급, 젠더, 섹슈얼리티 등 차이에 결부된 재현의 정치학은 한국 미디어 속에서 이주민이 재현되는 방식과 결코 무관하지 않다. 2003년부터 2016년까지 한국 다문화 TV 프로그램에 관한 내용 분석에 따르면, 백인의 재현율은 유색인의 재현율보다 높았으며, 전문 인력 이주노동자, 결혼이주여성, 외국인 유학생의 재현율에 비해 단순 인력 이주노동자의 재현율이 현저하게 낮았다. 아시아 출신 이주민은 실제의 반에 가까울 정도의 과소 재현under-representation을 보였고, 유럽 출신 이주민은 실제보다 7배 가까이 과다 재현over-representation되었으며, 백인의 재현은 교양 프로그램보다는 시청률이 중요한 오락·예능 프로그램에 집중되었다(김초희·김도연, 2018). 인종별, 이주 유형별로 드러나는 한국 미디어 속 이주민 재현의 불균형은 다문화주의와 혼혈주의를 둘러싼 사회적 편견과 고정관념을 반영한다.

2003년 MBC 〈느낌표〉의 "아시아! 아시아!" 코너를 기점으로, KBS 〈러브 인 아시아〉 등 공중파 방송국의 교양 프로그램들은 결혼이주여성이나 다문화가정의 문제에 초점을 두고 온정주의적 시선으로 다문화 주체들을 묘사했다. 오락·예능 장르를 살펴보면, 2006년 KBS 〈미녀들의 수다〉의 성공을 시작으로 2014년 JTBC의 〈비정상회담〉, 2017년 MBC Everyone의 〈어서와, 한국은 처음이지〉 등에 이르기까지 외국인 출연 프로그램들은 지속적으로 인기를 끌었다. 오락·예능 프로그램 속 "한국을 사랑하는 백인"에 대한 호감은 제작자들의 백인 우호적인 인종적 경험이 출연자 선정에 영향을 미치고 있음을 보여줄 뿐 아니라 경쟁적 제작 환경에서 시청률 확보를 위한 외국인 출연자 선정 전략을 드러내는 것이기도 하다(안진, 2015). 인종별로 프로그램의 소재도 달라지는데, 백인 출연자는 연애/성/사랑, 사회/문화 소재에서 주로 기용되었던 반면, 유색인은 온정주의적 분위기 속에서 만들어지는 모국 방문이나 가족 소재에서 절대 다수를 차지했다(김초희·김도연, 2018). 밝고 경쾌한 분위기의 예능·오락 프로그램에서는 서구의 부유한 나라에서 온 백인 출연자가 글로벌 한국의 근대화와 문화적 다양성을 가시화하는 반면, 계몽적이고 진지한 교양 프로그램에서는 아시아의 가난한 나라에서 온 유색인 출연자에 대한 온정을 촉구하고 관용의 실천을 종용하는 것이다.

다문화 주체에 대한 인종차별적 재현은 한국인의 '정신적 식민주의' 혹은 '내면화된 오리엔탈리즘'과 연결된다. 즉 백인, 한국인, 유색인의 순서로 자리매김 되는 인종적 서열화가 작동하는 것이다. 한국인의 내재화된 인종주의적 성향은 서구 중심의 근대성에 구성된 '지식과 존재의 식민성'에 기반하는데, 이것이 순혈주의, 단일민족 신화, 민족주의와 결합되면서 한국인은 자신이 이주노동자, 결혼이주여성 등의 유색인들보다 '백인화', 혹은 '문명화' 되었다는 착각 속에 사로잡혀 그들을 배제하고 차별하는 경향을 보인다는 것이다(하상복, 2012). 이러한 인종적 서열화는 미디어 속에만 존재하는 것은 아니다. 이주민과 외국인에 대한 인식 조사에 따르면, 한국 성인과 청소

타자화othering

타자the other는 남자 대 여자, 백인 대 흑인 등 이항대립binary oppositions 속에서 지배적인 주체의 반대로 정의되는 주체의 범주를 의미한다. 불균등한 권력 관계에 기초한 이항 대립 속에서 한쪽에는 긍정적인 정체성이 부여되고, 다른 한쪽은 종속적인 타자가 되는 것이다. 타자화, 즉 타자를 만드는 것은 어떤 사람이나 집단을 규범norm과 반대되는 것 혹은 규범에서 벗어난 것으로 정의하는 것을 의미하는데, 인종, 섹슈얼리티, 지역 방언 등 규범적인 것이 아니라고 여겨지는 어떤 차이든 타자화의 표적이 될 수 있다. 타자화는 보통 소수 집단의 문화와 가치가 주류 집단과 본질적으로 다르다는 것(그래서 위협이 된다는 것)을 근거로 이루어지며, 이질적인 '타자'라는 담론을 만들어냄으로써 차이를 강조하고 소수 집단에 대한 사회적, 정치적 지배를 강화한다(Said, 1978).

년 모두 미국과 유럽 출신 외국인을 다른 외국인보다 호의적으로 인식하고 높은 관심을 보였으나, 동남아시아 출신의 이주노동자 집단에 대해서는 부정적인 견해를 보였다(정연구, 2009). 한국 사회에 만연한 동화 위주의 다문화 정책과 내재화된 인종주의의 그늘 속에 다문화 주체들의 미디어 재현은 타자화(othering)의 굴레를 벗어나기 어려웠던 것이다.

2) 결혼이주여성과 억압의 교차성

초기 한국적 다문화주의의 전개 과정에서 빠질 수 없는 것 중의 하나는 정부의 정책에 힘을 실어주었던 미디어의 역할이다. 공영방송으로서 KBS는 '다문화사회'를 방송 목표로 삼고 다문화 프로그램 개발과 확산에 힘을 쏟았는데, 가장 대표적인 다문화 TV 프로그램으로 2005년 11월에서 2015년 2월까지 방영되었던 〈러브 인 아시아〉를 꼽을 수 있다. 〈러브 인 아시아〉는 점차 증가하는 국제 결혼 가정을 집중 조명하면서, 결혼이주여성과 2세들이 겪는 사회적 편견이나 가족 구성원들과의 갈등 등 한국 사회 적응에 따르는 어려움을 환기시키고 대책 마련과 인식 개선을 호소했다.

결혼이주여성의 유입은 한국뿐만 아니라 전 지구화 시대 국제 이주의 대표적인 특징으로 대두되는 이주의 여성화feminization of migration에 해당한다. '이주의 여성화'는 단순히 여성 이주자가 증가한다는 사실을 가리키는 것뿐만 아니라 생계용 경제적 활동을 담당하는 여성 이주노동자가 증가한다는 것을 의미하는데, 이들 여성 이주노동자의 대부분은 가사 도우미, 보모 등으로 대부분 선진 수용국의 돌봄 공백care deficit을 채우는 역할을 담당한다. 비슷한 맥락에서 결혼이주여성의 유입은 한국 사회의 저출생 문제와 농촌 지역의 결혼 문제를 해결하기 위한 또 다른 '이주의 여성화'로 이해할 수 있다.

〈러브 인 아시아〉의 사례가 보여주듯이, 결혼이주여성을 다루는 미디어 재현의 주요 경향은 그들을 한국인과 동등한 대상으로 보기보다는 시혜의 대상으로 삼아 온정주의적 시선으로 타자화하는 것이다. 결혼이주여성들 사이의 다양한 문화적 배경이나 인종적·문화적 차이들을 들여다보기보다는 가난한 나라에서 우리나라로 시집 온 여성, 즉 관용을 베풀어야 할 대상으로 동질화시켜버리거나homogenization, 다양한 이력이나 상이한 개성들을 짚어내어 각기 다르게 개인화시키기보다는 외모, 피부색, 언어 표현 등 단순한 특징으로 환원하여reductionism 실재의 왜곡을 초래하는 것이다. 미디어의 동질적·환원주의적 재현 양상은 소수자들을 특정한 이미지로 전제하고 단순

스테레오타입stereotype

스테레오타입은 특정한 사회적·문화적 집단을 몇 가지 단순한 특징들을 내세워 고정적인 방식으로 묘사하는 재현 형식을 의미한다. 스테레오타입은 대부분 부정적인 속성을 갖고 있지만, 간혹 긍정적일 수도 있고, 어느 정도 진실을 포함할 수도 있다. 이러한 전형화의 문제점은 어떤 대상이나 현상을 특정한 방식으로만 인식하게 만듦으로써 과도한 일반화를 초래한다는 것이다.

화하는 스테레오타입stereotype으로 귀결된다(Hall, 1997). 이렇듯 차이의 재현에서 소수 집단은 주류 집단과 상징적 반대편에 놓임으로써 타자화되는데, 타자화가 실현되는 방식은 차이를 본질적인 것으로 환원하는 것, 이러한 차이를 불가피하고 변할 수 없는 것으로 자연화하는 것, 이를 통해 소수 집단을 고정적인 스테레오타입으로 제시하는 것, 그래서 궁극적으로 소수 집단을 향한 차별과 주변화를 정당화하는 것이다.

한국 미디어 속 결혼이주여성의 재현 양상은 젠더와 인종이 관계적인 개념으로서 서로 영향을 주고받고 있음을 입증할 뿐 아니라, 특정한 역사적 조건 속에서 여성의 위치는 계급, 인종, 섹슈얼리티, 국가 등 다양한 억압적 체계들이 교차하는 지점에서 결정된다는 사실을 보여준다(Mohanty, 1991). 한국 미디어에 전형적으로 재현되는 결혼이주여성은 주류 집단과의 구별 짓기 속에 동남아시아의 유색인이라는 인종적/민족적 차이, 여성이라는 젠더 차이, 개발도상국 출신이라는 국적의 차이, 가난한 계층이라는 계급적 차이 등의 억압적 체계들oppressive systems이 교차되면서 사회의 하위 주체로 자리매김될 뿐 아니라 가장 강력한 타자화의 굴레에 놓여진다. 예를 들어, SNS를 통해 대중적으로 확산되었던 '베트남 아내 폭행 동영상'의 피해자는 "돈 내고 사온" 결혼이주여성에 대한 고정관념 속에 놓여진다. 영상 속 베트남 아내는 모국의 경제적 어려움으로 인해 한국에 시집와서 여러 사회적 차별과 가족 내의 갈등으로 괴로워하는 결혼이주여성의 전형이며, 가정 폭력을 당하면서도 참고 살아야 했을 정도로 기본 인권조차 누리지 못하는 하위 주체/타자, 온정과 보호의 대상으로 정의되는 것이다.

결혼이주여성의 또 다른 전형화는 '이상적 소수자model minority' 개념과 연결된다. 미국 주류 문화가 높은 학력과 탁월한 근면성으로 성공적인 이민 신화를 만들어낸 아시아계 이민자들을 바람직한desirable 인종적 소수자로 전형화했던 것처럼, 한국 주류 TV는 한 집안의 어엿한 며느리/아내/어머니로서 자리 잡은 결혼이주여성을 한국인 여성보다 더 한국적인 여성으로 부각하고 조화로운 다문화가정의 이미지를 제시한다. 이러한 이상적 소수자 이미지는 주류 문화에서 특정 소수자 집단을 받아들여야 할 필요가 있을 때 그 집단에 대한 긍정적 가치를 부여하면서 형성되는 것이다. 다문화가정을 안정적인 한국 가족의 한 형태로 안착시키기 위하여 결혼이주여성을 겨냥한 규범화된 이미지들이 강조되는데, 여기서 규범화 기제로 작동하는 것은 유교적 가부장제 담론과 전통적인 성역할 이데올로기다. KBS 〈러브 인 아시아〉에 관한 텍스트 분석에 따르면, 멜로드라마적 내러티브 구조와 보편적 사랑 이야기는 출연자들의 다양한 문화적 차이를 드러내기보다는 '농촌에 시집 온 아시아 여성'이라는 동일성에 초점을 두고, 한국적 젠더 규범이 작동하는 가족 테두리 안에서 떳떳한 며느리이자 아내, 어머니로 자리 잡았다는 것을 강조한다(이경숙, 2006). 결혼이주여성의 성공적인 적응 행태를 이상화하는 과정에서 한국 문화로의 동화를 이루어내는 규범적 가치로서 전통적 가부장제 담론이 작동하는 것이다. '베트남 아내 폭행 동영상'의 피해자는 '내연녀'라는 폭로글이 등장하자마자 여론의 집중 공격을 받게 되었는데, 이는 젠더 규범으로부터의 일탈이 '이상적 소수자'로서의 가능성을 일소하는 사례라고 할 수 있다. 즉 한국 사회에서 바람직한 여성으로 자리매김될 수 없다면 선량한 이주민이 될 수 없다는 것이다. 이렇듯 결혼이주여성의 재현은 계급, 인종, 민족, 젠더 등 억압적 체계들의 어지러운 교차 속에 담론적인 경합과 복잡한 상호작용을 드러낸다.

3) 조선족 남성과 반다문화주의적 상상

사회적 권력 관계 속에서 소수자들의 재현은 주류 문화와의 긴장을 드러내는데, '그들'과 '우리'의 경계는 구별 짓기를 넘어서 정체성의 훼손을 초래하는 '낙인 찍기stigmatization'의 수준으로 심화되기도 한다. 특히 다문화주의의 피로감 혹은 반다문화 정서가 확산되는 분위기 속에서 다문화 주체들은 보다 부정적이고 악의적인 스테레오타입을 마주하게 되었다. 2010년 〈황해〉를 시작으로 2012년 〈신세계〉, 2017년 연달아 개봉한 〈청년경찰〉과 〈범죄도시〉에 이르기까지 대중영화 속 조선족 남성은 한국 사회의 반다문화주의적 상상의 중심을 차지하게 되었다. '조선족 액션 느와르'라는 새로운 장르의 출현을 이야기할 정도로 최근 한국 대중영화에서 조선족 남성은 야만적인 폭력과 흉악한 범죄를 체화하는 대상으로 떠오른 것이다(류찬열, 2018). 범죄와 조선족의 동기화는 내러티브 속 갑자기 등장하는 조선족 청부 킬러나 조선족 폭력배 캐릭터들을 특별한 반감이나 의구심 없이 자연스럽게 받아들일 수 있을 정도로 점점 고착화되는 실정이다.

한국의 다문화 주체들 중에서 조선족에 관한 담론은 유독 복합적이고 양가적인 속성을 보인다. 같은 민족이면서 다른 국가의 국민이라는 불명확한 정체성은 단일민족 신화에 길들여진 한국인들에게 애매모호한 위상을 부여하며, 3D 업종 노동자로 대표되는 조선족의 이미지는 더 극명한 구별 짓기를 작동시키기도 한다. 이주노동자와 다문화가정을 다룬 〈방가방가〉(2010), 〈완득이〉(2011) 등의 이방인 주인공은 한국인들이 경계하기보다는 넉넉히 품어야 할 존재로 묘사되는 반면, 조선족에 대한 인식과 재현은 악의적으로 왜곡되어왔으며 이러한 관행이 계속 반복되고 있다는 것이다(송원찬, 2017). 특히 조선족에 대한 부정적인 이미지를 각인시키게 된 계기는 2012년 4월에 일어난 '오원춘 사건'이었는데, 관련 보도 속에 언급되었던 '시체 훼손', '토막살인', '인육' 등의 자극적인 단어들은 조선족 남성과 극악무도한 범죄를 더 끈끈하게 연결시켰다. 비슷한 시기 〈황해〉가 '오원춘 사건'의 키워드들을 영화적으로 구현해냄으로써 조선족에 대한 부정적인 낙인찍기가 본격화되었다.

〈황해〉의 성공 이후 후속 영화들 또한 조선족에 대한 폭력적이고 부정적인 이미지를 고착화시켰는데, 이러한 전형화는 〈파이란〉(2001), 〈댄서의 순정〉(2005) 등 이전 영화에서 드러났던 조선족에 대한 포용적인 관점이나 친근한 정서와 크게 대조되는 것이다(송원찬, 2017). 더구나, 조선족에 대한 부정적 전형화는 보다 대중적인 미디어로 확산되었다. KBS 〈개그콘서트〉의 한 코너에서 영화 〈황해〉를 패러디했는데, 어수룩하게 보이스피싱을 시도하는 조선족 범죄 조직의 이야기는 큰 인기를 끌었다. 연변 사투리의 희화화는 대중적으로 확산되어 조선족을 바라보는 환원주의적 시각을 형성했으며, 실제 현실 속 이민자 범죄에 대한 관심이 높아지면서 조선족과 범죄 사이의 연결고리는 보다 강하게 인식되었다.

한국 사회의 적대적 타자로 자리 잡은 조선족의 재현에서 더욱 문제시되는 것은 조선족 공간의 상징성이다. 다문화적 현실에서 이주민 거주 지역의 게토화(ghettoisation)는 이민자들이 겪는 불평등 문제를 드러내는 지표일 뿐 아니라 이주민의 유입으로 맞이하게 된 사회적 분열 및 파편화를 가시화하는 증거로 받아들여진다. 이민자 거주 지역의 게토화는 일련의 영화들에서 조선족 범죄와 결부된 폭력적, 일탈적 공간으로 형상화되었다. 〈황해〉와 〈신세계〉는 중국에 거주하는 조선족 범죄 조직과 한국 범죄 조직 사이의 공조 및 청부 관계를 취급한 반면, 〈청년경찰〉과 〈범죄도시〉는 대림동과 가리봉동이라는 한국 사회 내부에 침투한 조선족 범죄를 다루고 있다는 점에서 더 문제적이다(류찬열, 2018). 〈황해〉의 조선족 거주지(연변)는 낙후된 환경, 범죄의 소굴, 야만적 폭력의 온상으로 묘사되는데, 이 영화적 공간은 한국 내부의 조선족 거주지로 복제되어 타자에 대한 경계와 공포의 정서를 보다 내밀하게 제시한다. 서울 속 조선족의 공간, 즉 〈청년경찰〉의 대림동과 〈범죄도시〉 속 가리봉동은 낡은 건물, 음산한 골목, 난개발의 흔적 등으로 형상화되어 주류 문화의 공간과 대조되는 차이를 부각할 뿐만 아니라, 조선족의 삶의 터전은 한국인 캐릭터들이 범죄를 소탕하고 오염을 정화해야 할 불법과 부정의 장소로 위치지어지는 것이다. 공간적으로 양분된 소수 문화와 주류 문화의 구별 짓기, 더 나아가 조선족을 향한 범죄적 전형화는 이주민에 대한 비난과 배제로 얼룩진 반다문화주의적 상상과 맞닿아 있다.

조선족 남성에 대한 부정적 스테레오타입은 한국 다문화담론의 젠더 역학과 연결된다. 남성 중심의 가부장제와 순혈주의적 민족주의 담론의 영향력 속에서 결혼이주여성은 가족이라는 전통적 테두리 속에 포섭될 수 있는 반면, 남성 이주노동자들은 기존 부계 질서에 대한 위협으로 간주되어 배제되는 것이다. 이러한 위협은 불법과 야만의 온상으로 전락한 조선족의 공간, 그리고 반인륜적 폭력을 휘두르는 조선족 남성의 이미지로 형상화되며, 주류 문화로 포섭 불가능한 일탈과 오염의 문화는 한국인 남성 캐릭터의 손으로 제거되고 재건된다. 조선족과 범죄의 동기화로 본격화된 반다문화적 상상은 점차 대중적으로 확산되고 있다. 범죄 드라마가 증가하면서, TV 속에서도 다문화적 현실이 범법과 불법의 배경으로 활용되는 것이다. MBC의 〈검법남녀 2〉에서는 조선족 피싱 조직을 주요 범죄 사례로 활용했으며, SBS 〈열혈사제〉는 극악무도한 범죄의 온상으로 러시아 특구를 설정하여 이주민 범죄자 스테레오타입을 확대시켰다. 매체와 장르별로 표현의 수준과 강도, 활용 방식의 차이가 존재하긴 하지만, 미디어의 재현이 특정한 소수 집단을 악의적인 왜곡과 부정적인 스테레오타입으로 억압하여 구성원들의 정체성을 훼손할 수 있다는 사실을 숙고하고, 미디어 상품의 생산 및 수용에서 보다 비판적인 접근을 고민해야 할 것이다.

5. 다문화사회의 미디어와 문화적 다양성

신자유주의적 경제 질서 속에서 여러 나라의 정주민과 이주민은 일자리 문제와 복지 혜택을 두고 대립각을 세우고 있으며, 테러, 종교 분쟁, 난민 문제 등으로 국경 지대의 긴장감도 높아져가고 있다. 다문화사회로 진입한 지 얼마 되지 않은 한국 사회에서도 반다문화, 반이주민 담론이 부상하고 있다. '다문화 정책 반대'를 외치는 인터넷 카페들의 증가 추세를 확인할 수 있으며, 아고라의 수많은 다문화 관련 이슈 청원과 이주민 관련 기사에 폭주하는 혐오 댓글들도 쉽게 목격할 수 있다. 이러한 상황은 초기 다문화주의 도입 시기에 나타났던 온정주의적 태도 및 글로벌화에 대한 기대와 극명하게 대립한다. '다문화주의의 실패' 혹은 '다문화주의에 대한 반격'을 외치는 어지러운 상황 속에 한국 사회의 다문화 현실을 제고하기 위한 질문들이 요구된다. 이러한 변화는 무엇 때문에 일어난 것일까? 여기에 미디어의 책임은 없는가? 한국적 다문화주의는 더 이상 기능할 수 없는가? 한국적 다문화주의의 변화와 발전에 미디어는 무엇을 할 수 있는가?

실상 반다문화 담론은 다문화 담론과 동일한 전략에 의존하고 있다. 반다문화 담론은 주류 이주 담론의 주요 관리 대상이었던 "호혜성의 타자"를 적극적으로 활용하여 이주민과 다문화를 공공의 적이자 사회적 분노의 대상으로 만들어낸다(전의령, 2015). 과거 다문화 주체들이 전 지구화가 가져온 사회·문화적 확대 및 발전주의적 담론에 대한 기대 속에 사회 통합의 대상으로 포섭되었다면, 이제 그들은 신자유주의적 경제 질서와 사회적 위기감의 고조 속에 자국의 이익과 자국민의 권리를 희생시키는 배제의 대상으로 내몰리고 역차별 담론의 근거가 되었다. 다문화주의의 전개에서 반다문화주의의 부상에 이르는 일련의 과정 속에 다문화 주체들은 관용을 베풀어 우리 사회로 포섭해야 할 '시혜의 대상'에서, 어려운 경제 속에 우리의 일자리를 빼앗고 복지 정책의 혜택을 누리는 '공공의 적'으로 변화했다. 한국 사회의 권력 관계 및 역사적 조건의 변화 속에서 다문화 현실 및 다문화 주체는 동일한 재현 체계 안에서 상이한 의미를 부여받게 된 것이다.

이주민에 대한 혐오가 확산되고 차이에 대한 인정 및 관용의 가치가 빛을 잃어가는 상황에서 정부의 다문화 정책에 대한 제고와 대중의 다문화 감수성에 대한 점검이 요구된다. 더 나아가, 다문화 주체를 특정한 이미지로 전형화하고 타자화하는 주류 미디어의 재현 방식이 한국적 다문화주의에 어떠한 궤적을 남겼는지 세심하게 살펴보고 비판의 지점들을 적시해야 할 것이다. 사회경제적 변화와 미디어 환경의 재편에 따라 소통과 상생보다는 혐오와 배척의 움직임이 가시화되는 현실 속에서 미디어의 역할과 영향력을 보다 면밀하게 고찰해야 하는 것이다. 미디어의 다문화 재현에 대한 논의를 통하여, 다문화주의의 실현과 문화적 다양성의 확산을 위한 주류 미디어의 역할을 보다 깊게 이해하고, 소수자의 목소리를 증폭시킬 수 있는 대안적 미디어의 가능성을 보다 진지하게 고민할 수 있을 것이다.

더 읽을거리

전규찬 외(2011). 『한국 사회 미디어와 소수자 문화 정치』. 커뮤니케이션북스.

정의철(2013). 『다문화 커뮤니케이션』. 커뮤니케이션북스.

Collins, P.H.(2008). *Black Feminist Thought*(2nd ed.) Routledge. 박미선·주해연 옮김(2009). 『흑인 페미니즘 사상』. 여성문화이론연구소.

Hall, S. (2013). *Representation*(2nd ed). London: Sage Publications.

더 볼거리

〈먹다 자다 죽다Eat Sleep Die〉. 가브리엘라 피클러 감독. 스웨덴. 2012.

〈완득이〉. 이한 감독. 한국. 2011.

〈파리의 딜릴리Dillili in Paris〉. 미셸 오슬로 감독, 프랑스. 2018.

생각해볼 문제

1. 결혼이주여성, 이주노동자, 난민 등에 관한 미디어 보도 프레임을 분석해보자. 가장 빈번하게 활용되는 보도 프레임은 무엇인가? 보수 언론과 진보 언론의 보도 프레임은 어떤 차이를 보이는가? 보도 프레임에 영향을 끼치는 요인은 무엇인가?

2. 영화와 드라마 속 차별과 편견을 생각해보자. 특정한 인종, 민족, 젠더, 계층 등에 관한 고정관념이 어떻게 캐릭터에 관련되며, 이야기의 진행에 어떤 영향을 미치는가? 각기 다른 차별 담론들이 어떻게 결합되고 어떤 방식으로 합리화되는가? 일반적인 편견이나 고정관념을 벗어난 캐릭터 및 이야기를 찾아볼 수 있는가?

3. 다문화 감수성과 포용력을 높이기 위해서 미디어는 어떤 역할을 해야 하는가? 주류 미디어의 다문화 콘텐츠 및 이주민 주체 미디어의 현황을 살펴보고, 문제점 및 개선 방향을 논의해보자.

7장

미디어가 재현하는 여성과 남성

홍지아

1. 실재와 재현 사이

2019년, 시사잡지인 〈시사IN〉과 한국리서치가 19세 이상 성인남녀 1,000명을 대상으로 성차별 인식에 대한 여론 조사를 실시했다. 흥미로운 결과가 나왔다. '한국 사회의 여성 차별이 심각한가'라는 질문에 20대 남성 60.8%가 '그렇지 않다(전혀 심각하지 않다 23.8% + 별로 심각하지 않다 37%)'고 답한 반면 20대 여성의 85.4%가 '심각하다'고 응답했다. 차별의 대상을 남성으로 바꾼 '한국 사회의 남성 차별이 심각한가'라는 질문에는 20대 남성의 68.7%(대체로 심각하다 38.2% + 매우 심각하다 30.5%)가 '심각하다'고 응답한다(시사IN, 2019. 4. 15일자). 위의 사례는 현재 한국 사회의 20대 남녀가 자신이 가진 생물학적 성에 따라 한국 사회의 젠더 구조를 얼마나 다르게 인식하는지를 보여준다. 여론 조사에 응한 20대 청년들은 성별에 따른 구조적인 성차별이 존재한다는 점에서는 의견을 같이하지만 성차별의 대상이 어느 쪽인가에 대해서는 여성은 여성이, 남성은 남성이 이러한 성차별의 피해자, 즉 사회적 소수자라고 인식하는 것이다.

사람은 살면서 다양한 실재를 경험한다. 대개의 경우 나이를 먹고 일상의 공간이 가정을 넘어 학교, 군대, 직장 등으로 확장될수록 자신이 살고 있는 세상에 대한 이해와 인식의 폭이 넓어지게 마련이다. 타인을 통한 간접 경험도 실재의 확장에 기여하는데 교환 학생을 다녀온 친구가 들려주는 외국 생활이나 선배의 군대 경험담은 직접 경험한 것이 아니라도 어느 정도는 세상에 대한 나의 지식을 넓혀준다. 하지만 이것만으로는 충분하지 않다. 사회적 존재로 살아가기 위해서는 개인의 일상을 뛰어넘어 '사회'라는, 불특정의 다른 사회 구성원들과 공유할 수 있는 보다 크고 객관적인 상호 주관적 실재에 대해 배우고 인정해야 한다.

타인과 내가 공유하는 이른바 상호 주관적 실재는 언어나 이미지의 기호를 이용해 만들어지며 내가 살고 있는 사회의 역사나 경험에 대한 해석, 가치관이나 규범에 대한 공통의 이해를 형성한다(Berger & Luckmann, 1967). 예를 들어 선생님께 존댓말을 사용하고 학과 수업에 전념해 좋은 성적을 올려야 한다는 학생으로서의 규범을 배우고 실천하지 못한다면 학교에서 부적응자 취급을 당한다. 상호 주관적 실재는 나, 혹은 내 주변의 사람들의 직·간접적인 경험치 이상의 것이다. 우리는 아직 경험하지 못한, 심지어 살면서 직접 맞닥트릴 가능성이 거의 없는 상호 주관적 실재에 대해서도 이런저런 경로를 통해 배워나가야 한다. 흔히 사회화라고도 불리는 이러한 배움은 학교라는 전문 교육 기관에서 이루어지기도 하지만 현대 사회에서는 미디어의 영향력이 절대적이다.

미디어는 쉽고 게다가 재미있는 방식으로 상호 주관적 실재를 재현한다.

국내외 소식을 알려주는 뉴스는 물론이고 다큐멘터리, 영화, 드라마, 광고 등을 통해 미디어는 우리가 살고 있는 세상에 대한 정보를 전달하는 한편, 스토리를 통해 배신이나 충성심, 정의감 등의 가치를 보여준다. 서로 사랑하며 행복해하는 젊은 남녀의 이야기에 빠져들면 현실의 어려움을 뛰어넘는 사랑의 아름다움에 공감하게 마련이다. 오늘 저녁 뉴스에 등장하는 흉악 범죄에 대한 분노는 악인이 처절하게 응징당하는 영화를 볼 때의 통쾌함으로 이어진다. 이때 주의해야 할 것은 미디어가 재현하는 것은 실재 그 자체가 아니라 설득과 재미, 혹은 정치적 목적을 위해 선택과 배제가 이루어지고 스토리로 다듬어진 가공된 실재라는 사실이다. 아무리 빠르고 정확한 미디어라도 사건 현장을 그대로 가져올 수는 없다. 기자들은 사건의 핵심이라 생각되는 정보를 추려내고 사건 현장을 잘 보여주는 이미지를 선택하는 한편, 시청자들의 관심을 끌 수 있는 자극적인 단어들로 기사를 작성한다. 처음부터 이야기를 만들어내는 드라마나 광고는 말할 것도 없다. 사람들의 관심을 끌고 사랑을 받을 만한 스토리를 가능한 한 현실과 가깝게 사실적으로 재현하는 것이 미디어의 역할이다. 이런 작업들을 통해 미디어는 우리가 어떠한 세상에 살고 있으며 어떠한 행위와 가치가 존중받는지에 대한 근거와 기준을 알려준다(Silverstone, 1999). 우리가 직접 경험할 수 있는 시공간의 크기를 뛰어넘는 세상에서 이러한 미디어의 역할은 필수 불가결하다.

앞의 여론 조사로 되돌아가보자. 같은 질문에 대한 20대 남성과 여성의 상이한 답변은 이들이 같은 한국 사회에서 살고 있더라도 사회적 기회/자본 분배와 성차의 관계에 있어서는 다른 실재를 경험하고 있음을 의미한다. 이들은 어느 성으로 태어나느냐에 따라 기회와 자본의 분배에 차별이 있다고 믿으며 여성은 여성이, 남성은 남성이 불공정한 젠더 구조의 피해자라고 주장한다. 이러한 인식의 차이에 매스 미디어는 영향을 미칠까? 미친다면 어떤 영향을 어떻게 미칠까? 실재와 미디어의 재현, 특히 젠더 영역에서 미디어의 재현 방식과 실재와의 연관은 미디어 연구가 오랫동안 고민해온 질문이었다. 학자들은 미디어가 직접적으로 특정 성을 무능력하거나 열등하게 재현하기보다 남성과 여성의 이상적인 성역할, 다시 말해 남성과 여성에게 요구되는 성역할의 규범을 일관성 있게 재현하며 기존의 성차별을 정당화한다고 지적한다. 남성에게는 남성에게, 여성에게는 여성에게 맞는 성역할과 영역이 있으며 성별에 따라 나누어진 역할과 영역에 충실할 때 개인과 가정, 사회가 조화롭게 운영된다고 설득하는 것이다. 그리고 성역할의 차이로 인해 사회적 기회와 자본의 분배에서 이루어지는 차별이 불가피함을 합리화하는 것이다. 이 장에서는 '남성과 여성의 성역할은 어떠한 사회문화적인 과정을 거쳐 구분되어 왔을까?' '미디어는 남성과 여성의 서로 다른 성역할을 어떻게 사회적 규범으로 정당화할까?'라는 두 가지의 문제의식에 대해 함께 고민해보려 한다.

2. 사적 공간의 여성, 공적 공간의 남성

기든스(Giddens, 1996)는 근대 이후 자본주의 경제 체제가 가능한 이유로 가정 경제를 책임지는 임금 노동자 남성과 가정에서 무임금으로 가족을 돌보는 여성의 성역할 분담 체제를 지목한다. 거대 자본가인 기업이 등장하고 기업을 위해 일하는 임금 노동자가 필요해짐에 따라 여성과 남성의 성역할이 사회적 규범으로 자리잡기 시작했다는 것이다. 임금 노동자인 남성이 하루의 많은 시간을 일터에서 보내기 위해서는 가정에서 가사와 육아 노동을 전담하는 여성의 역할이 필수적이다. 무임금 돌봄 노동자에 대한 사회경제적 필요가 자녀를 돌보고 가족의 밥상을 준비하는 다정한 주부로 여성의 성역할을 규정짓게 되었다는 설명이다.

돌이켜보면 일하는 남성과 돌보는 여성, 이성적인 남성과 감성적인 여성, 활동적인 남성과 다소곳한 여성의 전형적 이미지는 사회 곳곳에서 확인할 수 있었다. 지금의 40-50대 여성들 가운데 상당수는 학창 시절 교실에 걸린 '현모양처'라는 급훈을 기억할 것이다. 고등 교육을 받고 취직을 하더라도 결혼을 하거나 임신을 하면 퇴사하는 것이 당연한 일이었고 아이를 낳고도 일을 하는 여성은 생활비 벌어다 줄 남편이 없는 '팔자 센 여자'라는 동정 어린 시선으로부터 자유롭지 않았다. 아내와 어머니로 가족의 신체적, 정서적 필요를 채우는 돌봄 노동자인 여성의 공간은 사적 영역인 가정이다. 그러므로 여성에게는 자신을 사랑해주고 경제적 지원을 해주는 남성의 존재를 찾는 일이 무엇보다 중요하다. 이런 사회의 여성은 남성의 선택을 받을 수 있는 여성적인 매력과 태도, 외모, 요리 능력과 가정에 대한 헌신의 정도로 자신의 가치를 평가받는다. 남성성의 학습은 남성도 마찬가지이다. 넘어져도 울면 안 되고 싸우면 이겨야 한다는 학습된 남성다움은 사회적 지위나 경제력에 있어서, 연애나 성性관계에서도 여성을 리드해야 하는 남성의 이미지를 사회적 규범으로 제시한다.

스쿨 미투 이후 젠더 감수성이 높아진 세대들은 이러한 현상에 불만을 표시한다. '돈 잘 버는 동네 남고에 다니는 남자애를 만나서 결혼해야 한다'는 선생님의 발언에 대한 불만이나 '여자애들이 학교에서 (남자애들이 좋아하는) 내숭을 떤다'는 자각과 불편함이 그 예이다(엄혜진·신그리나, 2019). 교육과 취업의 기회에서 성별에 따른 명백한 불평등이 존재했던 과거와 달리 현대 사회는 젠더보다 스펙이라 불리는 능력을 기준으로 성공으로 이르는 길이 남녀 모두에게 공평하게 열려 있는 듯하다. 각종 입사 시험이나 공무원

선발 고시 등에서 여성 합격자의 수는 남성과 대등하며 기업 임원이나 은행장, 고위 군 지휘관이나 경찰 간부직에 오르는 여성의 등장으로 여성의 성공을 제한하는 유리천장 또한 깨진 것으로 보인다. 젊은 남성들은 가부장의 권위를 포기하는 대신 집안일과 육아의 부담을 같이 나누고 동시에 주택 마련 등 경제적인 부담을 함께 나눌 수 있는 맞벌이 부부를 희망한다.

현대에 이르러 공적 영역의 남성, 사적 영역의 여성으로 이분화된 성역할 규범은 완전히 와해되었을까? 언론에 간간이 소개되는 최초의 기업 임원, 최초의 군 지휘관, 최초의 고위직 공무원 등 일부 여성의 성취를 성역할 규범의 해체로 선언할 수 있을까? 현장의 성평등 교육 전문가들은 가시화된 변화 이면에 여러 가지 고민과 갈등의 지점이 남아 있음을 지적한다. 이들이 지적하는 것은 성역할 고정관념이 차별이라는 인식은 성장했지만 성적 가치와 태도를 둘러싼 기존의 가치관은 유지하는 일종의 이중 규범이다(엄혜진·신그리나, 2019). 즉, 남성이나 여성의 영역이 공적/사적 영역으로 분리되는 것에 반대하며 여성에게도 공적 영역으로 진출할 자격이 주어져야 함을 인정하지만 그런 상황에서도 육아와 살림, 정서적 돌보미라는 여성의 성역할은 여전히 지켜져야 함을 요구하는 것이다. 이러한 이중 규범은 실천의 과정에서 수많은 변주를 낳는다. 남성의 영역인 공적 영역에 진입하는 여성은 자신의 전문성이 남자 못지 않음을 증명해보여야 하는 한편 사회가 요구하는 어머니나 아내로서의 역할도 차질없이 수행하는 슈퍼우먼이 되어야 한다. 또한 공적 영역의 남성과 달리 공적 영역의 여성은 옷차림, 외모, 화장법 등에서 끊임없는 지적과 판단의 대상이 된다. 그리고 많은 경우 미디어가 이러한 지적과 판단의 주체가 되어 여성에 대한 전통적 성역할의 규범, 혹은 이중 규범을 재생산한다.

3. 상징적 소멸과 반영가설

미디어학자인 게이 터크만(Gaye Tuchmann, 1978)은 미디어의 현실 재현 방식을 설명하는 두 가지 개념으로 상징적 소멸symbolic annihilation과 반영가설reflection hypothesis을 제시한다. 두 개념을 차례로 살펴보자. 기호로 메시지를 전달하는 신문이나 잡지 등 미디어가 있는 것을 있는 그대로 투명하게 재현하지 않는다는 사실을 먼저 기억하자. 카메라는 사건의 현장을 있는 그대로 찍어내지만 뉴스를 통해 상황을 전달하기 위해서는 촬영과 편집, 진행자의 해설, 자막 등 일정한 프로그램의 형식에 맞추어 스토리로 만들어져야 한다. 무엇을 보여주고 무엇을 보여주지 않을지의 선택과 배제가 이루어지는 과정이다. 또한 프로그램에 적합한 스토리로 전환되는 과정에서 해당 방송사의 가치관, 카메라맨의 촬영 기술, 현장에서 취재하는 기자의 지식과 취재원의 선택, 최종 관리자의 승인 등 다양한 단계를 거치면서 사건 현장은 재구성된다(Bourdieu, 1996). 터크만의 상징적 소멸은 미디어가 이렇듯 현실을 재구성하는 과정에서 사회적 소수자의 비중과 역할을 실제보다 축소해서 재현하거나 더 나아가 아예 재현하지 않는 것, 혹은 실제와 다르게 부정적인 면을 과장하거나 왜곡해서 재현하는 것을 의미한다.

상징적 소멸의 재현에 해당하는 대표적인 예로 한국의 미디어에 등장하는 조선족, 결혼이주여성, 동남아시아 노동자 등 이주민들을 들 수 있다. 〈신세계〉(2013), 〈청년경찰〉(2017), 〈범죄도시〉(2017) 등의 영화에서 조선족은 장기 밀매나 인신 매매, 청부 살인 등 흉악 범죄를 서슴치 않는 범죄 집단으로, 또한 그들이 모여 사는 서울의 대림동은 폭력과 불법이 난무하는 치외법권 지역[1]으로 묘사되었다. 지상파 TV의 토크쇼, 휴먼 다큐멘터리, 뉴스에 등장하는 베트남이나 필리핀 출신의 결혼이주여성은 서툰 한국어를 사용하며 선진적인 한국의 문화에 적응하려 애쓰거나 가부장적 남편과 시부모로부터 학대받는 피해자의 모습으로 부각된다(홍지아, 2011). 조선족 노동자를 예비 범죄자로 재현하는 것이나 동남아에서 온 결혼이주여성을 무력한 피해자로 재현하는 것은 모두 상징적 소멸에 해당한다. 이렇듯 미디어가 이주민들, 특히 동남아시아 등 한국보다 경제력이 낮은 국가 출신의 이주민들을 상징적 소멸의 방식으로 재현하는 것은 PD나 기자 등의 제작자들이 이들을 바라보는 부정적인 시각으로부터 자유롭지 못하기 때문이라는 자기반성의 목소리도 있다(안진, 2015). 대본을 쓰거나 출연자를 섭외하는 과정에서 한국 사회의 사회인으로 학습되어온 백인 우월주의나 단일 민족의식이 인종적 소수자인 이주민들에 대한 선입견으로 작용해 관습적인 상징적 소멸이 이루어진다는 것이다. 결국 특정 그룹 이주민에 대한 재현의 상징적 소멸은 한국 사회가 가지고 있는 이주민에 대한 부정적인 구별짓기의 가치관을 반영하는 동시에 이러한 재현을 통해 이들이 받는 사회적 차별을 정당화하거나 재생산하는 효과로 이어진다.

두 번째로, 반영가설reflection hypothesis은 미디어가 사회가 지지하는 이상적인 가치를 실재의 대표적 모델로 재현하는 현상이다. 터크만이 제시하는 사례는 1950년대 미국 TV에서 방송된 홈드라마 대부분이 고급 주택가의 단독주택에서 사는 중상층 4인 가족을 주인공으로 만들어졌다는 사실이다. 당시 미국에서 이러한 조건의 삶을 사는 가정이 다수가 아니었음에도 불구하고 이러한 현실과는 상관없이 미국 사회가 지향하는 이상적인 가족을 대부분의 TV 드라마가 주인공으로 설정한 것이다. 다정하고 돈 많은 남편, 헌신

---

1 중국동포한마음회, 귀한중국동포권익증진위원회 등 중국 동포단체 회원들은 대림역 앞에서 영화 〈청년경찰〉이 조선족과 대림동을 부정적으로 재현하는 것에 대한 항의 시위를 벌이며 해당 영화의 상영 중단을 요구하는 시위를 벌였다.

적이고 아름다운 전업주부 아내, 밝고 건강하며 부모에게 순종적인 자녀를 중심으로 벌어지는 행복하고 안정적인 에피소드는 시청자들에게 이러한 가정을 이상적인 모델로 설득한다. TV가 중상층 4인 가족을 일반적이고 이상적인 홈드라마의 모델로 선택할 때 현실 속의 저소득층 가정이나 맞벌이 가정, 이혼 가정의 문제가 드라마의 소재로 등장할 가능성은 그만큼 희박해진다. TV 드라마에서 사라진 현실 가정의 문제들—빈곤, 육아, 방과 후 학교, 특수교육, 가정 폭력과 이러한 문제를 해결해야 하는 사회적 책임을 공론화할 기회 또한 축소될 것이다. TV 드라마가 현실적인 문제 대신 다수가 공감하고 선망하는 사회의 주류 가치를 주요 소재로 삼는 이유는 불특정 다수에게 재미를 줄 수 있는 드라마를 만들기 위해서이다. 높은 시청률은 그만큼 높은 광고 수익으로 연결된다. 또한 앞의 상징적 소멸의 경우와 마찬가지로 드라마의 제작자들 역시 사회의 일원으로 사회의 이상적인 가치들로부터 방송 소재를 얻기 때문일 것이다.

반영가설에 해당하는 사례로 한국의 TV 드라마에서 대표적으로 제시할 수 있는 사례가 어머니의 모습에 대한 재현이다. '여자는 약하나 어머니는 강하다'라는 말에서 알 수 있듯이 한국 사회에서 어머니는 자식을 위해 자신의 모든 것을 희생할 수 있는 존재이며 여성이라면 누구나 자녀를 위해 자신을 포기할 수 있는 헌신적 모성을 가진 것으로 기대되어진다. 여성은 예외없이 자식을 향한 무한대의 사랑을 본능으로 가지고 있다는 모성 담론은 결혼을 하지 않는 여성, 결혼을 하고도 저마다의 사정으로 아이가 없는 여성, 자녀와 떨어져 일을 하는 어머니에 대한 공격으로 이어진다. 헌신적 모성에 대한 사회적 기대는 TV 드라마에 등장하는 어머니의 역할을 일정한 틀로 제한한다. 2000년부터 2007년까지 시청률 상위권의 홈 드라마 26편을 분석한 결과 TV 드라마에 등장하는 어머니 대부분은 신화적인 모성 본능을 가지고 있으며 자식을 위해 자신의 행복을 포기하거나 양보하는 존재로 그려진다. 반대로 자신의 욕망을 따라 외도를 하거나 가정을 떠난 어머니는 신분 하락, 고독한 죽음, 질병 등의 처벌을 받고 있어 대조를 보인다(홍지아, 2009).

4. 미디어의 젠더 재현

미디어의 젠더 재현의 영역에서 중요한 질문은 미디어가 어떠한 방식으로 남성과 여성의 이상적인 성역할 규범을 일관성 있게 재현하며 기존의 성차별을 정당화하는가이다. 이 절에서는 사회화의 초기 단계에 놓인 어린이들에게 성역할을 교육하는 미디어의 역할과 문제점, 그리고 미디어가 사적 영역을 벗어나 공적 영역에 진출한 여성을 어떻게 재현하는가를 대표적 사례로 분석하려 한다.

1) 그림 동화, 애니메이션, 남자아이와 여자아이

아동학자들에 따르면 어린이들은 3세에서 5세 사이에 언어적 표현을 통해 자신의 성별을 구별하고 받아들이며 4세부터 6세 사이에는 확립된 젠더 정체성을 토대로 그에 부합하는 성역할과 행동을 습득해나간다(현정환, 2005). 이때의 성역할과 행동에는 성별에 부합하는 옷차림, 말투나 표정, 색, 놀이에서의 역할 등이 포함될 것이다. 유아기에 접하는 대표적인 대중매체인 그림 동화책, 애니메이션 드라마와 영화는 성과 성역할에 대한 어린이의 사회화와 자아 정체성의 형성에 중요한 역할을 한다(강준수, 2015; 최유미, 2008). 그렇기에 많은 연구들이 그림 동화책과 애니메이션에서 성역할을 어떻게 다루는가에 대해 지대한 관심을 기울여왔다.

우리에게 잘 알려진 전래동화는 오래전부터 내려오는 이야기인 만큼 전통적인 성역할의 가치에 충실한 경우가 많다. 전래동화 속의 여성들은 전통적인 가부장 문화가 요구하는 순종적인 딸이자 현모양처의 역할에 충실할 때 복을 받고 그렇지 않을 때에는 벌을 받는다. 아버지의 눈을 뜨게 하는 대가로 자신을 제물로 바치는 심청이나 계모의 구박을 받으며 묵묵히 집안일을 하는 콩쥐를 보라. 이들은 높은 지위의 남성과 결혼을 하고 귀한 신분의 삶을 누리는 복을 누린다. 반대로 콩쥐를 구박하는 계모와 전처의 딸들을 모함해 죽음에 이르게 하는 〈장화 홍련〉의 계모, 심청의 아버지를 속여 재물을 빼앗는 뺑덕 어멈은 그에 상응하는 처참한 벌을 받는다. 흥미로운 것은 이러한 악녀들은 공통적으로 그 외모 또한 매우 흉하고 목소리도 거칠어 여성다운 아름다움을 가지지 못한 인물로 묘사된다는 점이다[2]. 전래동화에 등장하는 또 다른 유형의 여성은 남의 꾀에 쉽게 빠지는 어리석은 여성이다. 〈햇님 달님〉의 누이동생은 엄마를 잡아먹은 호랑이에게 문을 열어주고 〈구렁덩덩 신선비〉의 아내는 언니들의 꾀임에 빠져 남편의 사랑을 의심하는 행동으로 남편을 잃을 위기에 처한다. 이렇듯 전래동화의 여성은 버려진 자[3]이거나 은혜를 갚기 위해 보상으로 주어지는 물질적 존재, 아주 착하거나 아주

---

2 〈장화 홍련〉의 계모 허씨의 외모에 대한 묘사는 다음과 같다. '눈은 퉁방울 같고 코는 진흙으로 만든 병 같고, 입은 메기 같고, 머리털은 돼지 같고, 키는 장승만 하고 목소리는 이리 같고, 허리는 두 아름이나 되는데다 곰배팔이에 쌍언청이를 겸했고 주둥이를 썰어내면 열 사발은 되겠고, 얼굴 얽기는 콩멍석 같으니 차마 바로 보기가 어려웠다'(김별아 저, 장화홍련전(2003) 22쪽 발췌). 〈효녀 심청〉의 뺑덕어멈은 '생긴 모양을 볼작시면 말총같은 머리털은 하늘을 가르치고, 됫박 이마에 홰눈썹에 우먹눈, 주먹코요. 메주 볼, 송곳턱에 입은 크고, 입술부터 큰 궤문을 열어논 듯, 써래 이 드문드문'(판소리 심청가 발췌)으로 외모가 묘사된다.

3 일곱 번째 딸이라는 이유로 버려지는 바리공주나 감은장 아기가 대표적인 예이다. 부모로부터 버려진 이들은 다른 형제들이 부양을 거부하는 부모를 헌신적으로 섬겨 본래의 지위를 회복한다.

나쁜 사람, 가족을 위험에 빠트리는 어리석은 존재로 그려진다(우신영, 2016).

이러한 전래동화의 한계를 극복하고자 국내에서는 많은 창작동화가 소개되고 있으며 경우에 따라서는 특별하게 성평등 가치를 지향한 동화책이 기획되기도 한다. 하지만 동화책에서 제시하는 성역할을 분석한 학자들은 그럼에도 불구하고 여성의 공간은 가정이며 감성적이고 부드러운 여성에게 적합한 일은 구별되어 있다는 가치관을 완전히 벗어버리지 못하고 있다고 지적한다. 일례로 국내 창작 그림책에는 남성이 여성보다 더 많이 등장하는데 남성은 애국심, 민주 시민생활, 직업 배경 등에서 높은 빈도로 나타나는 반면 남성보다 적게 등장하는 여성이 가장 높게 나타나는 배경은 가사(집안일) 배경이다(오선영, 이혜정, 김은심, 2018). 남성과 여성이 아빠와 엄마로 구체화되어 등장하는 경우에도 엄마가 집안에서 등장하는 비율이 높았으며(박소윤·서현아, 2016)[4] 아빠가 집안을 무대로 등장하는 경우에 일반적인 양육에는 참여하지만 집안 청소, 요리, 빨래 같은 가사 노동을 하는 모습은 상대적으로 적은 것으로 나타났다. 2005년 이후 출간된 동화책을 집중 분석한 결과, 남녀 인물의 등장 빈도 등 물리적인 평등은 이루어졌지만 여자아이는 치마를 입고 바느질이나 소꿉놀이를 하고 문제가 있을 때 울음부터 터트리는 연약한 존재로 그려지는 것으로 분석되었다. 또한 남자아이는 짓궂은 말썽꾸러기로, 남성 어른은 심술궂은 악인 캐릭터로 등장하는 경우가 상대적으로 많아 부정적인 전형화의 사례도 발견된다(정대련, 2005).

성역할의 고정관념으로부터 벗어나기는 결코 쉬운 일이 아니다. 오랜 시간 우리 사회의 자연스러운 규범으로 자리잡아온 만큼 새로운 기준이나 사

4 보다 구체적으로 아버지는 집안(58%), 공공장소(22%), 자연(7.7%)이며 어머니는 집안(67%), 공공장소(18%), 자연(7.8%)의 순이었다.

례를 만드는 것은 적지 않은 시행착오와 도전을 필요로 할 것이다. 이러한 점에서 여성과 남성의 사회적 차별을 정당화하는 성역할 고정관념에 대처한다는 목적을 가지고 제작된 어린이용 문학 작품은 반가운 한편 주의 깊게 살펴볼 필요가 있다. 경우에 따라서는 기존의 아름답고 가녀린 여성의 이미지는 유지하면서 그에 더해 강인한 힘과 유능함도 갖춘 이른바 슈퍼우먼 주인공이 등장하거나 가사 노동을 포함해 여성이 전통적으로 특성을 발휘해온 직업의 가치가 폄하되는 복잡한 현상이 나타난다(임희옥·김정원, 2007). 성평등 동화책에서 발견되는 이러한 문제의식은 남녀의 성역할에 대한 전통적인 개념에 도전하는 것이 결코 간단치 않은 일이며 다양한 형태의 논의에 열려 있어야 함을 알려준다. 다양한 여성의 다양한 욕구를 인정하고 성적 차이가 성차에 따른 차별을 정당화하는 이유가 되지 않기 위해 더 많은 고민과 질문, 토론이 필요할 것이다.

이번에는 전 세계의 어린이들에게 사랑을 받는 글로벌 애니메이션을 살펴보자. 어린이 애니메이션을 얘기할 때 무엇보다 먼저 떠오르는 것은 애니메이션의 강자, 디즈니에서 만들어내는 만화영화일 것이다. 1937년 최초의 장편 만화영화 〈백설공주〉를 선보인 이후 디즈니는 〈신데렐라〉(1950), 〈인어공주〉(1989), 〈미녀와 야수〉(1991), 〈알라딘〉(1992) 등 고전 작품에 토대를 둔 만화영화를 제작, 보급해왔다. 공주와 왕자, 혹은 아름다운 여주인공과 그녀를 구원하는 남자 주인공이 디즈니의 단골 등장인물이었으며 남성에 의해 구원받는 여성(〈백설공주〉, 〈신데렐라〉, 〈인어공주〉), 남성보다 우월한 지식과 지위를 가지고 있지만 결국에는 남성의 도움으로 꿈을 이루는 여성(〈미녀와 야수〉, 〈알라딘〉)의 스테레오타입에서 벗어나지 못했다.

'백마 탄 왕자Prince Charming'를 만나 인생을 구원받는 디즈니의 여성관에 대한 비판의 목소리가 커지면서 디즈니는 여성에 대한 새로운 스토리텔링을 만들기에 이른다. 2016년 10월, 디즈니는 어린이와 부모들을 위해 새로운 공주의 조건을 제시했다. 타인을 보살피고 건강한 삶을 영위하며 외모로 남을 판단하지 않는 것을 우선으로, 정직하라/신뢰를 주는 사람이 되라/자기 자신을 믿어라/잘못된 점을 바로 잡아라/최선을 다하라/충실하라/절대 포기하지 마라의 10가지 덕목을 새로운 시대에 걸맞는 공주의 덕목으로 제시한 것이다. 디즈니의 변화된 여성관에 걸맞은 진취적인 공주의 덕목을 갖춘 여성 캐릭터가 연달아 등장했다. 왕국을 이끌어가는 엘사와 안나 자매 공주의 자매애를 소재로 한 〈겨울왕국〉(2013), 부족의 미래를 위해 위험한 모험을 떠나는 족장의 딸 모아나의 여정을 그린 〈모아나〉(2016)가 그 예이다. 한편 1992년 애니메이션으로 제작되고 2019년 실사로 리메이크된 〈알라딘〉도 시대의 변화에 발맞춘 여주인공의 역할 변화로 화제가 되었다. 좋아하는 평민 남성과의 결혼이 꿈이었던 만화영화의 쟈스민 공주와 비교해 2019년 〈알라딘〉에 등장하는 쟈스민 공주는 결혼보다는 아버지의 뒤를 이어 제국의 술탄이 되기를 원한다. 강제 결혼을 당할 위기에 맞서 목소리 없는 삶을 살지 않겠다는 의지가 담긴 노래 'Speechless'를 부르는 등 시대의 변화에 따른 능동적 여성의 성역할이 새롭게 반영되었다는 평가를 받는다. 어린이가 접하는 매체에서 성차에 따른 차별을 정당화하는 근거가 되는 성역할의 규범이 해체되는 것은 반가운 일이 아닐 수 없다. 여성에 대한 이중 규범이나 전통적 가치가 현대의 시점으로 평가되는 과정의 혼란스러움은 적극적인 토론과 논의를 통해 해결해나갈 수 있을 것이다.

한국양성평등교육진흥원이 주최하는 2018년 양성평등 미디어 상에서 EBS 〈명령이다 비트〉가 방송 부문 우수상을 수상했다. 컴퓨터를 잘 다루고 로봇 '비트학습기'를 유튜브에 연재하는 주인공이 여자아이로 설정되어 수학과 과학에 약한 여성의 부정적인 스테레오타입을 극복했다는 것이 수상

이유였다. 그녀의 어머니 또한 다양한 물건을 만드는 프로그래머로 딸에게 영감을 주는 캐릭터로 등장한다. 컴퓨터와 로봇을 다루는 어머니와 딸은 이성과 숫자, 논리에 약하다는 여성의 부정적인 성역할을 뛰어넘는 사례이다. 프로그램을 시청하는 어린이들이 성역할 규범이 그어놓은 한계를 넘어 자유로운 직업의 세계로 상상과 도전의 나래를 활짝 펼 수 있기를 기대한다.

2) 뉴스가 공적 영역의 여성을 재현하는 방식

뉴스는 객관적인 제3자의 공정한 시각으로 편견 없는 진실을 보도한다는 믿음이 있다. 하지만 뉴스를 분석해온 많은 학자들에 따르면 대부분의 뉴스는 사회가 승인하고 지지하는 가치를 기준으로 선택되어지며 사건을 보도하는 방식 또한 기존의 이해 프레임에 부합하는 서술 방식, 다시 말해 전형적이고 익숙한 스토리텔링의 방식으로 이루어지는 경향이 강하다(Carter, 2002; Meyers, 1997). 사회가 지지하는 문화적 규범과 신념에 따른 보도는 사회가 승인하고 지지하는 가치에 부합하는 사건은 긍정적으로, 그와 반대로 사회의 주된 가치에 반하는 인물이나 사건의 경우는 부정적으로 다룬다(Halim & Meyers, 2010). 새로운 가치나 신념을 받아들이기보다는 기존의 질서 유지를 선호하는 보수적인 뉴스 제작의 현장에서 성역할 규범을 포함해 시대의 변화에 따라 변화하는 규범과 가치관을 반영하는 것은 쉬운 일이 아니다.

성폭력 범죄에서 피해 여성의 옷차림, 범죄 발생 시간과 공간(주로 늦은 시간, 외진 곳), 사건 당시 여성의 상태와 태도(술 취함, 집에 초대, 적극 저항을 했는지의 여부)가 궁금한 것은 여성은 사적 공간에서 남성의 보호 아래 머무를 때 안전하다는 성적 규범 때문이다(Carter, 2002; Kleeman, 2008; 홍지아, 2017). 성폭력 보도에서 흔히 발생하는 피해 여성의 2차 피해는 언

2차 피해

범죄 사건, 또는 범죄 사건을 처리하는 과정에서 피해자가 제대로 보호받지 못하고 정신적, 또는 사회적으로 추가의 상처를 입는 과정을 이른다. 성범죄의 경우, 성폭력을 당한 여성 피해자의 옷차림, 음주 여부, 성폭력 발생 장소와 시간(예를 들어 '늦은 밤 술집')을 지목하며 여성 피해자에게 범죄 발생의 책임을 전가하는 것이 이에 해당한다.

론이 피해 여성이 '당할 만한 짓을 했는가'를 궁금해할 때 발생한다. 성폭행 피해자에게 피해의 원인을 돌릴 때 여성은 스스로 자신의 행동과 활동 영역을 제한하도록 학습되며(권인숙·이건정, 2013; 이나영·허미숙, 2014) 그 결과, 여성을 소극적이고 제한된 성역할의 틀 속에 가두고 남성 지배 사회를 유지하는 억압의 수단으로 활용된다(김수진, 2009; 홍지아, 2017).

남성의 영역으로 여겨지던 공적 영역에 등장한 여성의 대표적인 사례는 여성 정치인일 것이다. 동, 서양을 막론하고 정치 영역은 남성의 수가 여성보다 월등하다. 흥미로운 것은 여성 정치인은 외부의 평가를 받기 전부터 자신이 정치인이 될 수 있는 자격을 남성에 비해 낮게 평가한다는 사실이다(Kenny & Verge, 2016). 비슷한 정치적 커리어를 쌓아온 경우 남성은 74%가 자신이 출마 자격이 충분하다고 대답한 반면, 같은 조건의 여성은 57%만이 스스로가 출마 자격이 있다고 생각한다는 연구 결과가 이를 말해준다(Lawless & Fox, 2008). 또한 남성은 단독으로 출마 여부를 결정하는 한편, 여성은 출마에 앞서 배우자와 자녀의 승인을 구한다는 점도 흥미롭다. 남성 정치인에 비해 여성 정치인의 수가 적은 것에는 현실적인 이유가 적지 않다.

무엇보다 성공하는 정치인이 되기 위한 필수 조건인 인맥이라는 사회 자본을 만드는 과정에서 여성은 어려움을 겪는다. 아이를 키우는 육아의 부담이 여성에게 집중된 현실에서 남성만큼 자유롭게 시간을 사용하기 어려운 것이 주된 이유이다. 필요하다면 언제라도 누군가를 만날 수 있는 남성과 달리 아이를 혼자 집에 두고 나갈 수 없는 여성들은 그만큼 사회활동의 폭이 줄어들 수밖에 없다. 열등한 사회 자본은 고급 정보의 수집이나 선거 자금 모금의 열세로 이어지고 여성 정치인의 성장을 막는 이유가 된다. 하지만 학자들은 이러한 현실적인 이유 외에 여성들의 정치권 진입을 방해하는 보다 거시적인 이유로 여성과 남성의 사회화 과정이 다르기 때문임을 지목한다. 즉, 남성은 공적 영역(정치)에, 여성은 사적 영역(가정)에 존재하는 것이 자연스럽고 올바른 것이라고 간주하는 전통적인 가치관으로 인해 일반 대중은 물론, 여성 스스로도 정치인으로서 자신의 자질을 과소평가하고 정치 참여에 소극적인 경향을 보인다는 것이다(Krook, 2010; 권수현, 2019).

그렇다면 미디어는 전통적인 성역할 규범에 머물지 않고 정치인으로 공적 영역에 진출한 여성을 어떻게 재현할까? 미디어의 여성 정치인 재현 양상을 분석한 연구들은 미디어가 여성 정치인에 대해 보도할 때 정치적 이슈보다는 외모나 옷차림 등 여성적 이미지와 관련된 보도에 집중하며(양정혜, 2002; 현경미 · 김원용, 2006) 가족 관계를 포함한 사생활의 영역에 관심을 보이는 경향이 강하다고 지적한다(김애라, 2003). 한국의 사례는 아니지만 정치적 이슈보다는 자신의 나이와 외모, 옷차림에 더 관심을 보이는 언론 보도로 인해 좌절감을 느낀다는 미국 여성 정치인들의 인터뷰도 찾아볼 수 있다(Ross & Sreberny-Mohammadi, 1997). 이들은 미디어가 여성 정치인에게 '정치인'으로서의 능력이 아닌 '여성'으로서의 가치를 집요하게 찾아내고 '진지한 정치를 하기에 너무 늙었거나 너무 젊으며, 화장을 너무 많이 하거나 너무 적게 하며, 너무 화려하게 꾸미거나 너무 신경을 안 쓴다'며 나이와 외모, 옷차림에 대한 비판을 멈추지 않는다고 호소한다. 공적 영역에 진출한 여성에게도 여성에게 전통적으로 요구되는 성역할과 여성다운 태도의 규범－단정한 외모, 다소곳한 태도, 온순한 말투, 사랑스런 아내, 헌신적인 어머니－을 적용하는 이중 규범은 공적 영역에서 일하는 여성의 능력에 대한 평가절하를 정당화하고 결국 여성의 공적 영역 진출을 제한하는 결과로 이어진다.

언론 보도에 등장하는 공적 영역의 여성들 가운데 많은 경우가 40-50대의 전문직 중년 여성들이다. 그러나 이러한 여성들에 대한 보도에서 '삐진, 토라진' 등의 유아에게 적합한 용어를 발견하는 것은 어려운 일이 아니다. 공직자로서 정상의 자리에 오른 여성 장관에 대해 보도할 경우에도 공직자 생활을 하면서 자녀를 어떻게 양육했는지, 장관이 되기까지의 노력이 자녀 양육에 방해가 되지는 않았는지, 아내의 내조를 받지 못하는 남편과의 갈등은 없었는지를 빠짐없이 질문한다. 또한 기자의 질문에 응대하는 장관의 웃음 소리를 '호호호', '까르르르' 등 유아적인 의성어로 묘사하는 경우도 눈에 띈다(정사강·홍지아, 2019). 여성 장관에게 남성 장관에게는 묻지 않는 아내와 어머니의 성역할에 대해 질문하는 이유는 여성은 어떠한 경우라도 아내와 어머니라는 여성의 성역할 수행에 소홀해서는 안된다는 사회적 규범 때문이다. 사회적 성취를 이룬 중년 여성에게 유아에게 적합한 가볍고 감정적인 수식어를 붙이는 것 또한 여성을 비이성적이고 감정적 존재로 여기는 가치관이 없다면 가능하지 않을 일이다. 차별화된 성역할 규범이 여성의 사회적 활동에 대한 공정한 평가를 제한하고 이로 인해 사회적 기회와 자본의 분배에서 이루어지는 성차별, 즉 남성에 비해 수가 적은 여성 정치인, 고위 여성 관료의 부재, 남성보다 적은 임금, 유리천장Glass Ceiling의 존재를 정당화하는 이유가 되는 것이다.

유리천장Glass Ceiling

여성과 소수민족 출신자들의 고위직 승진을 막는 조직 내의 보이지 않는 장벽을 의미한다. 승진에 필요한 능력과 자질을 갖추었지만 조직 내의 관행, 혹은 부정적인 선입견으로 고위직으로의 승진이 차단되는 상황을 비판적으로 표현한 말이다(출처: 두산백과). 한국 사회의 경우, 2018년 매출액 상위 500대 기업의 1만4,460명의 임원 가운데 여성 임원의 수는 3.6%에 불과한 518명이라는 사실에서 유리천장의 존재를 확인할 수 있다.

5. 다시, 실재와 재현 사이

이 글은 성차별에 대해 20대 남성과 여성이 서로 다른 인식을 가지고 있음에 주목하고 이러한 인식의 차이에 매스미디어가 미치는 영향에 대해 질문하는 것으로 시작했다. 상징적 소멸과 반영가설을 토대로 미디어가 이상적인 성역할에 부합하는, 혹은 부합하지 않는 여성들을 어떻게 다르게 재현하는지 살펴보았다. 이를 위해 어린이 동화와 애니메이션에 드러난 성역할의 재현과 공적 영역에서 활동하는 여성에 대한 재현 방식에 주목했다.

미디어는 남성과 여성의 이상적인 성역할, 특히 여성에게 요구되는 성역할의 규범을 일관성 있게 재현하며 기존의 성차별을 정당화한다. 기업 자본주의가 자리잡는 과정에서 탄생한 공적 영역의 이성적인 남성과 사적 영역의 감성적 여성이라는 이분법, 남성은 가족 부양의 책임을 지고 여성은 가족을 돌본다는 성역할의 구분은 오랜 시간 대중매체의 드라마나 뉴스, 광고,

동화, 애니메이션을 통해 재생산되었다. 미디어의 이야기 속에서 기존의 성역할에 충실한 여성은 결혼으로 인한 신분 상승의 복을 받는 한편 희생하고 돌보기를 거부하는 여성은 벌을 받고 불행해진다. 고등 교육을 통해 자신의 적성과 능력을 발견하며 성역할의 경계를 넘는 여성이 늘어나고 이러한 변화가 특히 어린이를 대상으로 하는 동화책이나 애니메이션에서 가시화되는 것은 분명 환영할 일이다. 그러나 오랜 시간에 걸쳐 사회적 규범으로 자리잡은 성역할은 이러한 여성들에게 이중 규범을 적용하며 또 다른 형태의 차별을 낳기도 한다. 직업인으로의 업무 수행과 살림과 육아 모두 완벽하게 해내는 슈퍼우먼이기를 요구하는 것, 직장의 여성 동료에게 일 외에 여성적인 태도와 옷차림, 정서적 서비스를 기대하는 것, 여성을 배려한다는 이유로 비중 있는 역할을 맡기지 않는 것 등이 예가 될 것이다. 이러한 이중 규범은 미디어의 여성 재현에도 반영된다. 일터의 여성에게 업무능력 이외에 육아와 살림, 남편 내조의 성역할을 제대로 수행하고 있는지 질문하며 평가하는 것, 여성 정치인의 외모와 옷차림을 품평하는 것, 중장년 여성의 태도와 행동을 어린 여자아이처럼 묘사하며 적절한 사회적 권위를 부여하지 않는 미디어의 재현 사례가 이에 해당한다.

차별화된 성역할 규범은 사회적 자본과 기회의 차별적 분배를 정당화한다. 상징적 소멸과 반영가설을 통해 여성과 남성의 이분법적이고 제한된 성역할을 재생산하는 것은 공동체의 건강한 발전을 위한 성역할 논의를 소모적인 젠더 갈등으로 환원한다. 미디어가 재현하는 성역할과 젠더 재현의 구체적인 사례들을 살펴보고 공동체의 발전을 위한 성역할 재현의 방향에 대해 토론해보자.

더 읽을거리

바바라 워커(2002). 박혜란 역. 『흑설공주 이야기: 세상의 모든 딸들을 위한 동화』. 뜨인돌.
고혜경(2006). 『선녀는 왜 나뭇꾼을 떠났을까: 옛 이야기를 통해서 본 여성성의 재발견』. 한겨레 출판.
게이 터크만(1995). 박홍수 역. 『메이킹뉴스:현대사회와 현실의 재구성 연구』. 나남출판.

생각해볼 문제

1. 상징적 소멸과 반영가설을 적용할 수 있는 미디어의 재현 사례로는 무엇이 있을까?

2. 과거와 현재, 미디어가 재현하는 성역할에는 어떠한 차이가 있을까? 외형적인 변화와 내용적 변화를 구분해서 토론해보자.

3. 미디어는 남성의 젠더와 성역할을 어떻게 재현할까? 여성의 재현과 비교할 때 두드러지는 공통점이나 차이점을 발견할 수 있을까? 남성 재현의 특정한 패턴이나 경향을 발견할 수 있다면 특정한 방식의 남성재현이 가져오는 사회적 효과가 무엇인지 생각해보자.

몸과 젠더 정치, 그리고 저항

8장

홍숙영

1. 몸과 젠더 정치

1) '몸'의 개념

동서양을 막론하고 사람들은 이분법적 사고에 익숙해 있다. 음과 양, 천국과 지옥, 남성과 여성, 선과 악, 미와 추, 흑과 백 등 대립되는 요소를 찾아 둘로 나누고 비교하려 한다. 성차별의 근간에는 몸과 정신을 가르는 철학이 자리 잡고 있다. 몸의 개념은 고대부터 철학의 중요한 주제였으며 몸을 어떻게 인식하는가에 따라 몸을 다루는 방식과 남녀의 차이에 관한 시각도 변화되었다.

이데아와 모방이라는 위계적 이분법을 창시한 플라톤은 여성이 출산을 하며 물리적인 힘이 약하다는 점을 들어 남성과 근본적으로 차이가 난다고

몸 개념

- 플라톤: Eidos(존재: 아버지)/Chora(장소: 어머니)/Soma(물질: 자식)
- 아리스토텔레스: Eidos(형상: 남성)/Hyle(질료: 여성)
- 데카르트: res cogitans(사고하는 실체)/res extensa(연장된 실체)
- 푸코: 몸과 권력
- 보르도: 몸과 훈육
- 그로츠: 담론적 패러다임
- 이리가레: 스스로 쾌락을 느끼는 몸
- 크리스테바: le Symbolique(지배질서, 사회적 산물)/Chora Sémiotique (질서의 파괴, 변화의 힘)

보았다. 플라톤은 기본적으로 세계kosmos를 구성하는 요소를 파악하는 데 있어 존재와 생성, 그리고 공간이라는 삼분법을 제시한다(플라톤, 박종현·김영균 역주, 2000). 그는 이 요소들을 각각 아버지, 어머니, 자식에 비유해 설명하고 있다. 여기서 생성되는 것은 모방물이자 물질soma로 자식에 비유되며 이를 생성하는 장소인 코라chora는 어머니에 해당한다. 존재eidos는 곧 아버지로 모방물의 원형이자 이데아로 설명된다. 존재인 아버지(남성)와 장소인 어머니(여성)의 차이점은 원형인 아버지가 고정적인 데 비해 장소인 어머니가 예측할 수 없는 힘을 가지며 다양한 변화가 가능하다는 점이다. 원형의 모방인 물질은 이데아를 닮아야 한다는 점에서 수동적이지만 여성의 몸에 해당하는 코라는 독립성을 지닌다는 점에서 소마와는 차이가 있다. 코라는 플라톤의 사상 체계 안에서 논의를 진전하지 못한 채 머물러 있었다(이

현재, 2010). 변형이 가능하며 독립적인 코라의 개념은 묻힌 채 본질과 모방의 이분법은 여러 철학자들에 의해 계승되었다.

아리스토텔레스는 물질이 정신에 비해 열등하다고 보는 사상을 발전시켰다. 그는 사물을 형상eidos과 질료hyle로 구분했다. 형상은 본질이며 변하지 않지만 질료는 생성하고 소멸하는 속성을 갖는다. 이 개념을 바탕으로 아리스토텔레스는 생성에 있어 남성은 근원인 형상을 제공하고 여성은 질료를 제공한다고 했다. 남성이 씨앗을 준다는 점에서 목적성을 가지는 데 반해 여성은 수동적으로 받아들이기 때문에 질료라고 설명한 것이다(이현재, 2010). 특히 여성을 장애 입은 남성에 비유하는 아리스토텔레스의 시각은 수많은 여성운동가와 학자들로부터 비판을 받았다(Cook, 1996).

데카르트는 "사고하는 실체res cogitans"와 "연장된 실체res extensa"를 구분하고 사고하는 실체가 중심이 되는 '생각하므로 존재한다'는 결론을 제시했다(데카르트, 최명관 역, 1991: 83). 이분법적 사고는 남성을 정신, 영혼, 지성, 원형에 해당한다고 보았으며 여성을 몸, 욕망, 모방에 대비했다. 그 결과 남성은 보다 높은 차원에 존재하며 여성은 물질적이고 부차적이며 저급한 존재로 간주하는 시각을 고착화했다.

푸코는 기존 학자들의 개념과 맥을 달리해 몸을 중심에 놓고 여성의 문제를 바라보았다. 그는 인간의 육체에 주목하면서 권력 장치가 어떻게 육체와 연동되고 인간의 역사에 작동하는지에 관심을 가졌다(푸코, 2004). 푸코는 인간의 몸을 대상으로 행사하는 권력을 '생체권력bio-pouvoir'이라 명명하고 신체를 적절하게 훈련시켜 효용성을 높이는 것, 출생과 사망, 인구 증가와 감소, 건강, 수명 등에 관여하는 것이 여기에 해당한다고 했다(푸코, 이규현 역, 2009). 이후 인간의 몸을 정치적·역사적·철학적·사회적으로 해석하고 기존에 당연시했던 여성의 몸에 대한 평가를 새로운 시각으로 접근하는 연구가 시작되었다.

보르도(2003)는 몸을 문화적 형식이자 훈육의 장소라고 주장했는데 이는 훈육의 방식에 따라 몸에 대한 인식이 달라질 수 있다는 것을 의미한다. 이슬람 여성은 훈육을 통해 베일을 쓰고 다른 남성의 눈길을 받으면 안 되는 '정숙한 몸'이 되는 것을 당연하게 여긴다. 오랫동안 여성은 가급적 공간을 덜 차지하기 위해 몸을 움츠리고 다소곳한 자세를 취하도록 훈육 받았다. 새로운 시대를 사는 여성들은 기존의 훈육 방식에 저항하며 탈코르셋과 탈브라, 노메이크업을 주장하기도 한다. 이처럼 몸과 공간을 다루는 방식이 훈육에 의해 달라질 수 있음을 알 수 있다.

그로츠는 평등주의 페미니즘과 구성주의 페미니즘의 몸에 대한 시각을 모두 거부하며 담론적 패러다임을 제시했다. 평등주의 페미니즘은 임신과 출산의 경험을 여성의 몸이 지닌 특수성으로 인해 여성이 억압당한다고 보는 입장으로 여성의 몸을 극복되어야 할 장애물이자 방해물로 인식한다. 구성주의 페미니즘은 사회 체계의 억압적인 방식이 여성의 몸을 조직화하므로 몸 자체가 아닌 몸에 대한 태도와 가치를 넘어서야 한다는 입장을 취한다. 그로츠는 이러한 시각이 여전히 이분법에 머물러 있다고 주장하며 몸와 이데올로기의 복잡한 관계에 주목했다. 그로츠는 몸이 그다지 동물적이거나 수동적이지 않으며 몸을 의미와 의미화 작용, 의미의 재현이 이루어지는 복잡한 공간으로 파악했다(그로츠, 임옥희 역, 2001: 78).

이 세계가 남성 위주로 구성되었으며 여성성이란 남성성의 부정이나 결핍으로서만 의미를 가진다고 보았던 이리가레는 여성이 독자적으로 존재하는 방식을 탐색했다. 특히 여성의 몸에 주목한 이리가레는 여성의 성기를 두 개의 입술two lips로 표현하고 서로 내적으로 접촉하며 지속적으로 애무할 수 있으면서도 결코 떼어낼 수 없는 특징을 가졌다고 주장했다. 즉 외부의 도움 없이 스스로 쾌락을 느낄 수 있다는 것이다(Irigaray, 1985: 26). 크리스테바는 플라톤의 코라 개념을 가져와 기호학과 정신분석학 관점에서 코라를 상징계의 바탕이 될 원초적 생명 리듬이자 우주의 자궁이라고 했다. 그는 언어의 양태를 '생볼릭le symbolique'과 '코라 세미오틱chora séiotique'으로 구분하고 이들의 변증법적 상호 작용으로 의미가 생성된다고 보았다. "생볼릭"은 지배적 사회 질서이자 성차와 억압 관계 등을 통해 생산된 사회적 산물이며 "코라 세미오틱"은 이동과 압축, 흡수와 거절, 거부와 정지를 포함한다. 크리스테바는 코라 세미오틱이 기존 질서를 파괴하고 변화를 일으키는 힘을 갖는 것으로 파악했다(크리스테바, 김인환 역, 2000).

몸에 대한 이분법적 관념은 오랫동안 여성을 부당하게 억압하는 기제로 작용했다. 따라서 여성의 자각은 몸에 대한 인식으로부터 시작되었으며 제도적 차별을 극복하려는 여러 논의들은 사회 구조 속에서 어떻게 여성의 몸이 지배당하고 이를 자연스럽게 받아들이게 되는지를 모색하고자 했다. 이러한 몸 담론은 여성이 유연한 몸이 되어가는 과정을 설명하는 동시에 여성의 주체성을 자각하는 계기를 마련했다.

2) 젠더 정치

젠더 정치는 젠더와 관련된 정치를 말하며 여기에는 남성과 여성의 '성gender'에 관한 개념이 포함된다. 이러한 젠더 정치gender politics는 기본적으로 기존 사회 제도나 관행 속에 녹아 있는 성별에 따른 권력과 자원의 비대칭적 분배, 그리고 문화와 규범이라는 이름으로 자연스럽게 취급되는 성별의 문제를 드러내고자 한다(황정미, 2005). 버틀러는 "우리는 언어language를 사용해 일을 한다"며 페미니즘에서 언어의 중요성을 강조했다. "언어로 효과

젠더 정치

젠더와 관련된 정치를 말하며 젠더에 바탕을 둔 역할과 관계에 대한 논의를 포함한다. 사적 영역에 머물던 젠더 이슈들이 공론장으로 나온 것으로 자연스럽고 당연하게 받아들이는 젠더 차별에 문제를 제기하며 대안을 모색한다.

를 내고, 언어에 대해 일을 하지만 언어는 또한 우리가 하는 일이기도 하다"는 버틀러의 주장은(Butler, 1997: 7) 언어가 이미 존재했던 것을 재현하고 공식화할 뿐만 아니라 말하기 자체가 행동이라는 사실을 강조한다(Jergus. 2018). 이처럼 기존의 불평등과 부당함을 담은 언어와 제도에 대항하기 위한 젠더 정치는 입 밖으로 나와 표현되는 새로운 언어여야 하며 이런 언어를 사용해 전략을 수립하고 행동해야 한다.

젠더 정치는 의회나 정당과 같은 제도화된 정치를 넘어서는 삶의 정치를 지향하며, 조직적으로 표출되거나 공론장으로 진출하지 못한 채 사사화되고 개별화된 여성들의 이해관계를 고찰하는 것을 포함한다. 더불어 공적 영역 내부의 정치적 역동 관계와 공적 영역에서의 여성 배제, 무엇보다 이를 당연하게 여기는 문화와 규범에 대한 문제 제기 등도 젠더 정치의 범위에 해당한다(황정미, 2005).

남성의 영역이자 남성에 의해 독점당한 성담론에 대해 침묵하던 한국 여성들은 1990년대부터 공론의 장으로 나와 적극적으로 젠더 정치 전략을 수립하며 성담론을 생산하기 시작했다(조주현, 2006). 여성학자들과 운동가들은 젠더 정치를 실현하기 위한 전략으로 성폭력 저항 운동을 펼쳐나갔으며 가정폭력과 성폭력의 피해자로서 여성을 부각시켰다(민경자, 1999). 이러한 젠더 정치는 법과 제도 마련의 토대가 되었으며 가시적인 성과로 나타나기 시작했다. 1990년대 성폭력 특별법 제정과 개정, 가정폭력방지법 제정, 남녀차별금지 및 구제에 관한 법의 제정에 따른 성희롱 규제 입법화 등은 1990년대에 거둔 결실이다(심영희, 2002). 각종 정책에 젠더 관점gender perspective이 도입되고 젠더와 평등이 정책에 반영되도록 하는 젠더 정치가 실현되기 시작한 것이다(김경희·신현옥, 2004).

한국의 여성운동은 험난한 고비를 넘어 크고 작은 성과를 거두고 있으며 특히 2018년 이후 촉발된 미투운동은 그동안 사적 영역으로 치부되어온 문제들을 공적 시스템의 문제로 인식하도록 하는 데 중요한 역할을 하고 있다. 한편 이러한 변화를 극단적인 성대결이나 남성에 대한 배제로 다루려는 태도는 새로운 백래시로 나타나고 있기도 하다. 미투운동과 새로운 페미니즘은 배제와 차별, 낙인을 지양하고 평등과 포용을 지향하는 젠더 정치의 이상을 실현시키는 방향으로 나아가야 할 것이다.

2. 몸의 소외와 여성의 배제

인간의 몸은 이성 관계나 가족, 사회 속에서 본인의 의사와 무관하게 움직이거나 움직이지 않아야 하는 경우가 적지 않다. 성평등적 입장에서 본다면 때로는 여성이 때로는 남성이 피해자가 될 수 있다. 이처럼 자신의 의지로 어떻게 할 수 없는 상황에서 발생하는 문제들을 겪고 해결하는 것은 개인의 영역이지만 사회적 영역에 해당되는 부분도 있다.

우리 사회는 맞벌이 부부의 자녀 양육, 이혼, 노후 부양, 난임, 낙태, 저출산, 경력 단절, 취업, 실업 등 개인의 노력이나 가족의 협력만으로는 해결할 수 없는 수많은 문제에 직면해 있다. 가족은 더 이상 사회로부터 고립된 지극히 사적인 공간이나 휴식처가 아니다. 가족과 사회를 분리된 영역으로 보는 관점은 가족과 사회의 관계를 왜곡해서 파악하는 하나의 이데올로기로 간주된다(함인희, 2006). 소셜 미디어로 서로 연결되는 현대 네트워크 환경에서 일과 휴식, 가족과 직장을 명확히 구분하는 것 역시 쉽지 않다. 여기서 문제의 주체들이 해결 과정에 참여해야 하지만 아이러니하게도 여성에 관한 문제는 여성이 주체가 되지 못하고 있는 실정이다.

여성의 사회 참여가 늘어나면서 여성은 직장과 육아, 가사를 병행하게 되었지만 전통적으로 여성의 영역이었다는 이유로 육아와 가사는 여전히 여성의 몫이며 남성은 보조적인 역할을 수행하는 경우가 대부분이다. 한국의 전업주부들은 남성이 가정의 경제를 책임지고 여성이 돌봄을 담당한다는 점에서 역할 분담이 비교적 공평하게 이루어진다고 믿지만 맞벌이 부부는 오히려 불공평한 성역할을 더욱 민감하게 느끼고 있다(김은희, 1993). 전업주부들은 자녀의 교육을 위한 어머니 노동에 적극적이며 전업 어머니를 좋은 어머니로 인식하고 취업 어머니와 스스로를 대비시키며 전업주부의 위치를 정당화하기도 한다(박혜경, 2009). 반면 직업을 가진 여성들은 자녀의 교육을 지원하지 못하는 것에 대한 스트레스를 겪는다. 이는 전업주부가 돌봄과 함께 자녀의 교육에 상당한 노동력과 정보력이 투입되는 한국 사회의 특수성이 반영된 것이다.

한국 사회는 인구 정책의 시행 초기부터 여성의 몸에 대한 통제와 강요를 수월하게 행했고 그러한 방식은 현대에 와서도 크게 달라지지 않았다. 산아 제한 가족계획은 국가가 여성의 몸과 성에 전략적·폭력적으로 개입한 사례였고(Kim, 1993), 현재 저출산 시대에 정부가 강행하는 정책 역시 이와 크게 다르지 않다.

3. 인구 정책과 몸에 대한 개입

우리나라의 인구 정책은 크게 세 단계로 구분된다(김승권 2003). 강력한 인구 증가 억제 정책을 시행한 시기인 1962년부터 1988년까지가 첫 번째 단계이며, 둘째 시기는 1989년부터 1999년까지로 인구의 질적 향상을 꾀했다. 이 시기에는 인공 임신중절 감소와 출생성비 불균형 시정 등에 주안점을 둔 사업이 추진되었다. 마지막 시기는 2000년부터로 저출산의 심각성을 인식하고 이와 관련한 정책이 시행되고 있다.

인구 정책의 초기인 1960년대에는 국가의 가족계획 정책에 따라 국가 주도로 인구 통제 정책이 시행되었다. 이는 경제 개발 계획과 연동되어 여성의 몸을 도구로 사용해 국가 정책의 목표를 달성하고자 했던 대표적인 사례이다. 당시 한국 정부는 해외 원조로 들여온 피임약을 배포하고 피임 기구 시술을 시행했다. 전통적 대가족 제도에서 다자녀를 키우며 가사노동은 물론 생계를 위한 농사일까지 도맡아야 했던 여성들은 한편으로는 자녀 출산의 부담을 덜 수 있었지만 동시에 피임과 출산의 책임을 여성에게 전가하는 국가와 사회의 무책임 속에서 안전을 위협받았다. 안전이 보장되지 않은 피임 시술과 인공 중절을 반복하는 과정에서 여성의 몸은 도구화되고 탈정치화되었을 뿐 아니라 출산과 양육, 살림이라는 낡고 전근대적 가치를 중시한다는 점에서 훈육과 지도의 대상이 되기도 했다.

'둘만 낳아 잘 기르자'는 표어와 함께 다자녀를 출산한 여성을 전근대적 발상에 젖어 있는 것으로 폄하하는 사회적 분위기는 여성의 출산 기피에 일조했다. 이러한 사회적 인식과 여성의 활발한 사회 진출, 젊은 세대의 결혼 연기 혹은 거부, 자아 중심의 사고방식에 따른 독신 세대 증가, IMF 경제 위기 등이 맞물리면서 2000년대부터 한국 사회는 저출산이라는 현실에 직면하게 된다. 1960년대에는 6.0이었던 합계출산율이 2003년에는 1.19로 급격히 떨어진 것이다. 이로 인해 인구 정책은 '산아 제한'에서 '출산 장려'로 패러다임을 전환해야 하는 과제를 안게 된다.

지난 13년간 정부는 143조 원이라는 막대한 예산을 저출산 대책에 쏟아부었지만 결과는 오히려 출산율 감소로 나타났다.[1] 출산율이 저하되면서 저출산과 관련한 정책들이 봇물처럼 쏟아졌지만 여성에 대해 무례하고 기만적인 내용이 적지 않았다. 출산을 조건으로 장려금을 지급하거나 맞선을 보게 하고 특정 연령을 정해 난임 시술 비용을 지급하기도 한다. 2019년만 하더라도 저출산 예산은 23조4,000억에 이르지만, 그 가운데 임신을 원하는 난임여성에 대한 지원은 1%도 채 안 되며 그마저도 시험관 시술에 나이 제한과 횟수 제한을 두는 등 신체 조건을 따지지 않은 채 일괄적인 기준을 적용해 비판을 받고 있다. 정부의 저출산 대책은 출산에 젠더 관점을 제대로 반영하지 못하고 있으며 사회적 인식 역시 저출산을 여성의 책임으로 떠넘기며 아이를 낳지 않는 여성을 곱지 않은 시선으로 바라본다. 셋째 자녀를 임신하기 전에 지원금을 신청할 경우 출산 후 추첨을 통해 200만 원을 지원한다는 광고까지 등장하는 실정이다.[2]

---

1 합계출산율은 15세부터 49세까지를 기준으로, 한 여성이 평생 동안 낳을 수 있는 자녀의 수를 나타낸다. 경제협력개발기구OECD는 합계출산율이 2.1명 이하일 경우 저출산, 1.3명 이하일 경우 초저출산으로 분류하고 있다. 우리나라는 1984년 저출산국으로 진입했으며 2001년 초저출산국이 되었다. 2017년 우리나라의 합계출산율은 1.05명이었으나 2018년에는 0.98명으로 전년 대비 0.08명(-7.1%) 줄어들면서 감소세를 이어가고 있다(통계청, 2019).

2 '김영식세자녀출산지원재단'의 출산장려 캠페인 광고에는 "대한민국 미래를 위해 불끄고 일찍 자자,

인구 정책은 푸코가 지적한 대로 국가가 임신과 출산, 피임에 관여하는 생체권력bio-pouvoir이며 국가는 효율성을 높이는 데 지대한 관심을 보인다. 국가가 젠더 감수성을 외면한 채 저출산 대책을 시행했지만 결과는 '초저출산'으로 나타나고 있다. 여성에게 으름장을 놓거나 죄책감을 심어주며 저출산 정책을 시행하는 근시안적인 태도에서 벗어나 이제라도 인구 정책의 큰 틀을 다시 짜야 한다.

4. 노동 현장: 엔터테인먼트 산업과 성적 착취

사회운동가인 태러나 버크에 의해 사용된 미투me too라는 용어는 2017년 10월 미국의 여배우 앨리사 밀라노가 여성혐오와 여성에 대한 성적 학대, 그리고 성추행이 만연한 현실을 고발하기 위해 경험을 나누는 트윗으로 여성들을 독려하면서 알려졌다. 미투운동은 할리우드의 거물인 하비 와인스타인 감독의 성폭력과 추행이 드러나면서 급물살을 타게 되었다. #MeToo 구문은 온라인에서 성폭행이나 성추행과 관련된 각자의 이야기를 동반하면서 수백만 건 넘게 공유되었다. 미투운동으로 조지 부시 전대통령(조지 H. W. 부시, 41대), 더스틴 호프만, 케빈 스페이시(남성 추행) 등을 비롯해 감독, 제작자, 기획자, 정치인, 출판인, 언론인, 기업인 등 많은 사람들의 숨겨졌던 비행이 드러나게 되었다.

미투운동의 국제적 확산에 따라 우리나라에서도 2018년 초부터 그동안

자자!"라는 문구가 등장한다(https://www.youtube.com/watch?v=81Nbdd1GyAo). 마치 자녀를 낳는 것이 여성의 책임이자 의무이고 잠만 자면 아이를 낳는 줄 아는 이런 형태의 광고가 버젓이 전파를 타는 것이 현실이다.

숨겨졌던 남성에 의한 폭력과 추행, 희롱 등의 사건이 불거져 나왔다. 법조계 인사를 비롯해 정치계의 거물과 노벨문학상 후보로 거론되던 시인, 국제영화제에서 수차례 수상한 감독 등 유명인들의 비위가 폭로되고 사회적 파문이 확산되었다. 이러한 사회적 분위기와 맞물려 묻혔던 장자연 사건의 실체를 파헤치는 청와대 국민청원도 수용되어 재수사가 진행되기까지 했다. 2019년에는 스포츠 분야의 성폭력 문제가 터져 나오면서 사회 각 분야에 스며 있던 권력 관계의 실체가 드러나고 있다. 이는 푸코가 지적한 대로 권력이 일상 곳곳에 "그물망network of power"처럼 촘촘하게 편재(푸코, 2004)해 있음을 증명하는 것이다. 미투운동은 "사건 당시 적절하게 고발되고 단죄되지 못한 성폭력 범죄 사실과 그로 인한 고통에 대해 복수의 피해자들이 연대하여 공중에게 제출하는 공개 고발장"이다(양선숙, 2018: 300-301). 이러한 미투운동은 단지 고발에서 끝나는 것이 아니라 사과와 보상, 처벌을 요구하는 적극적 자기 방어 행위이며 나아가 사건의 재발 방지를 위한 법제도적 장치의 마련까지 요구한다는 점에서 젠더 정치의 영역에 포함된다.

그동안 엔터테인먼트 산업에 종사하는 여성들은 상품 가치를 만들어주지만 역설적으로 상품이 되는 자신의 몸과 분리된 채 소외당했는데 이는 몸을 온전히 소유하지 못한 결과였다(홍숙영, 2011). 스스로가 몸의 주인이 되지 못하고 자본과 권력에 휘둘렸으며 저항할 경우 당하게 될 보복은 여성들의 침묵을 강요했다. 미투운동의 도화선이 되었던 세계 엔터테인먼트 산업의 거물 와인스틴 감독은 자신의 지위를 이용해 신인 여배우와 스태프로 일하는 동료 여성들을 성추행하거나 성폭행했지만 문제가 발생할 때마다 회사가 나서 피해자들과 '기밀유지협약NDA: Non disclosure agreement'을 맺으며 무마해 왔던 것으로 드러났다. 대부분 침묵했고 부분적 혹은 산발적으로 발생했던 여성들의 저항은 미투운동을 중심으로 연대를 이끌어내고 정치적·사회적 변화를 주도하고 있다. 그러나 가해자들의 보이지 않는 실력 행사와 보복이나 소송으로 인해 피해자는 물론 연대하는 단체와 시민들까지도 곤경에 처하는 경우가 적지 않다. 권력에 맞서는 저항과 보복에 굴복하지 않는 투쟁으로 노동 현장의 변화를 이끌어낼 수밖에 없는 상황이다. 매체가 중심이 되는 엔터테인먼트 산업의 경우 영화제 수상 소감에서 젠더 문제를 언급하거나 인기 유튜버가 성폭력을 고발하는 등 미디어를 이용한 미디어행동주의 media activism는 대중의 관심과 참여를 높이는 중요한 전략이 되고 있다.

5. 사적 저항에서 공적 저항으로

푸코는 "권력이 있는 곳에 저항이 있다"며 저항은 권력과 공존하는 것이라고 했다. 따라서 권력이 칼날을 세울 때 권력의 실체를 파악하고 정확한 전략을 세워 권력을 무력화시켜야 한다(미셸 푸코, 황정미 역, 1995).

여성의 몸에 대해 산아 제한이나 출산 장려와 같은 공적 개입은 물론 몸매와 외모에 대한 타자의 시선, 나아가 상납하는 도구이자 욕망을 채우고 스트레스를 해소하기 위한 폭력 행사의 장으로 인식하는 현실에 저항하기 위한 노력은 그동안 끊임없이 지속되어왔다.

우선 사적인 저항으로 물리적 폭력에 대한 물리력 행사를 들 수 있다. 하지만 몇 건의 예외를 제외하고 대부분의 물리적 저항은 법의 처벌을 받는 것으로 귀결된다.[3] 또 다른 저항 방식은 극단적 선택이다. 2009년 3월 7일, 언론은 신인 탤런트 장자연의 자살을 안타까운 사건이라며 보도했다. 세간의

---

3 1988년 성폭력 피해 여성이 범인의 혀를 자른 데 대해 과잉 방어로 구속된 사건이 있었다. 여성단체들은 적극적인 구명운동을 펼쳤고 결국 정당방위로 무죄 판결을 끌어낸 바 있다(연합뉴스,

관심을 끌지 못했던 이 사건은 재계 인사들과 언론 관계자들에게 성상납을 하고 술시중을 들었다는 고 장 씨의 유서가 발견되면서 파문이 확산되었고 실체가 밝혀질 것이라는 기대를 갖게 했다. 그러나 언론, 정치, 재계의 막강한 실력가들은 보이지 않는 손을 움직여 사건의 전모가 드러나는 것을 막았다.[4]

몸을 지키기 위해 몸을 이용한 여성의 물리적 저항은 힘을 발휘하지 못하고 무너지기 쉽지만 연대를 이룬 공적 담론은 힘을 발휘할 가능성이 크다. 부당한 권력에 사적으로 대응하던 여성들은 온라인 공간이 생기면서 경험을 나누고 자신의 문제가 개인에게 국한된 것이 아니라 사회적 구조와 시스템 및 이데올로기와 연관되어 있음을 깨닫기 시작했다.

온라인 공간이 등장하면서 많은 사람들이 토론을 거쳐 민주주의가 확산되고 자유와 평등 의식이 실현될 것이라고 기대했지만 온라인 공간 역시 오프라인과 마찬가지로 인간의 세계였고 이에 따라 욕설과 왕따, 혐오가 난무했으며 상업성으로 인한 폐해가 속출했다. 젠더적 평등을 실현할 수 있는 공간이 될 것이라는 기대(Haraway, 1991)는 무너졌고 여성들은 자신들의 관심도에 따라 여성들끼리 소통할 수 있는 온라인 여성 커뮤니티를 찾게 되었다. 여성들의 온라인 커뮤니티 활동이 활발하게 시작된 시기는 2008년 광

2018.6.21.). 결혼 생활 37년간 흉기에 찔리고 가스통에 맞아 응급실에 실려 가는 등 지속적인 배우자의 폭력으로 고통을 받던 60대 여성이 집에 있는 돌로 남편의 머리를 내리쳐 숨지게 한 혐의로 기소된 사건에 대해 대법원은 2018년 7월 징역 4년을 확정했다. '가정폭력 피해자에 의한 가해자 사망사건'이 정당방위를 인정받은 적은 지금까지 단 한 건도 없다(한겨레신문 2018.7.4.).

4 이 사건과 관련해 경찰은 4개월 넘게 조사했고, 2009년 7월 소속사 전 대표와 전 매니저, 금융인 2명, 기획사 대표 1명, 드라마 PD 2명 등 모두 7명을 기소의견으로 검찰에 송치했으며, 이 중 3명은 강요죄 공범 혐의를 적용했다. 사건을 송치받은 검찰은 소속사 전 대표와 전 매니저 2명을 폭행과 명예훼손 혐의로 기소하고 나머지는 무혐의 처분했다. 이 사건에 대해 법원은 15개월의 심리 끝에 2010년 11월 장 씨 소속사 전 대표 김종승 씨와 전 매니저 유 씨에게 각각 징역 1년에 집행유예 2년을 선고하고 160시간씩의 사회봉사 명령을 내렸지만, 검찰과 피고인 2명이 모두 항소했다. 2013년 10월11일 대법원은 소속사 전 대표의 폭력과 협박 혐의에 대해 징역 4월, 집행유예 1년을 확정지었다.

우병 촛불 집회 이후로 알려져 있다(주창윤, 2010). 외모와 다이어트, 인테리어, 패션 등에 관심을 갖던 기존 회원들이 정치와 사회적 이슈에 참여하게 된 것이다. 이들은 사회적 약자들을 위해 기금을 모으고 시위 참여를 활발하게 전개했으며 하나의 문화이자 정체성을 찾아가는 행위로 참여를 지속했다.

근래 들어 포스트페미니즘과 신자유주의의 영향으로 여성운동의 대중적 연대보다는 개인적 저항과 권력의 쟁취를 중요하게 여기는 경향이 강했던 것이 사실이다. 유명 여성인사들은 자서전이나 자기계발서에서 여성에 대한 사회적 부당함에 대한 해결책은 다른 이들과 협력하기보다는 자발적으로 노력하는 것이라고 주장했다(Adamson, 2017). 이러한 분위기 속에서 그동안 개인의 일이며 개인의 노력에 의해 극복될 수 있다고 믿었던 성적 착취와 폭력이 결국은 조직과 권력의 문제임을 깨닫게 된 피해 여성들이 미투운동을 계기로 폭로하며 표면 위로 드러나게 되었다. 인간의 몸을 매개로 상대방에게 고통을 준 행위를 공적으로 고발하는 미투운동은 불평등한 관계를 전제로 한다(권향숙, 2018). 미투운동은 불평등한 현실을 직시하고 공적으로 폭로하며 연대하는 풀뿌리 저항 운동이다.

온라인 커뮤니티 활동이 소셜 미디어로 이어지면서 여성의 문제는 일회성 이슈로 끝나지 않고 사회적 연대를 이끌어내며 진화하고 있다. #MeToo 캠페인을 이끌었던 할리우드 여성들은 '타임즈 업Time's Up'이라는 조직을 창설하고 전국여성법률센터NWLC: National Women's Law Center에 의해 관리되는 펀드를 조성해 성폭력 피해자에 대한 법률적·재정적 지원 서비스를 제공하고 있다. 더불어 워킹 그룹인 '할리우드위원회Hollywood Commission'를 조직하고 성폭력 사건의 진상 조사를 진행하고 있으며, 피해자들이 성폭력에 관해 이야기하는 것을 막기 위해 조직적으로 악용되는 기밀유지협약NDA을 금지하는 법안을 만들기 위한 정치적 활동도 전개하고 있다(www.timesupnow.com). 국내에서도 2018년 3월 여성영화인모임이 운영하고, 영화진흥위원회가 지원하는 '한국영화성평등센터 든든'이 개소하여 영화산업 내 성폭력 피해자 지원과 성폭력 예방 및 성평등 영화정책과 관련한 업무를 시작했다(http://solido.kr).

현재 미투운동이 확산되고는 있으나 권력자들에 대한 고발로 시작된 미투운동의 여파가 저절로 아래로까지 확산될 것이라는 낙관적 기대는 곤란하다(Zarkov & Davis, 2018). 권력을 가진 가해자의 보복과 소송을 감내해야 하는 상황이 여전히 이어지고 있기 때문이다. 그러므로 미투운동의 저항은 몇몇의 피해 고발자들에게만 맡길 것이 아니라 사회적으로 함께 추진하려는 공동의 노력이 필요하다.

6. 저항과 미디어의 재현

2009년 장자연 리스트와 관련한 사건은 한국 사회에서 여성에 대해 자본과 미디어 권력의 압력이 가해지는 양상을 보여주는 것이었지만 언론은 이 사건을 선정적으로 보도하기에 급급했다. 실체 파악에 소홀한 채 묻혔던 이 사건은 2011년 3월 6일, SBS가 장 씨의 자필로 추정되는 편지를 공개하면서 다시 뉴스의 중심에 서게 된다. 그러나 이는 장 씨의 친필이 아니었고 제보자의 자작극으로 판명되었다. 특종이라고 열을 올렸던 방송사는 사과 멘트를 내보내며 서둘러 마무리 짓는다. 이는 남성 중심주의적, 소비지향적, 계급주의적 이데올로기를 여과 없이 반영한 미디어 재현의 부끄러운 민낯이 드러난 사례라고 할 수 있다(홍숙영, 2011).

미디어의 왜곡된 여성 재현은 해외 각국에서도 비슷한 양상을 보이는데 이에 대한 다양한 방식의 저항이 나타나고 있다. 2011년, 여성이 주요한 사회적 위치에 진출하지 못하는 이유에 대해 주류 언론과 문화계의 권력 행사 방식을 낱낱이 들어 파헤친 영화 〈미스 리프리젠테이션Miss Representation〉이 선댄스 영화제에서 초연되자 많은 사람들이 이 주제에 관심을 보였다. 이 영화의 감독 뉴섬Newsom은 영화의 메시지를 지속적으로 전달하기 위해 2011년 4월 '재현프로젝트The Representation Project'라는 단체를 설립한다. 재현프로젝트RP는 세계적인 권위를 자랑하는 아카데미 시상식에서 언론이 여배우들의 드레스 패션을 중요하게 다루며 보도하고 레드카펫이 패션쇼장이 되어가는 것에 저항해 '애스크허모어#AskHerMore' 캠페인을 전개했다. 이 캠페인은 팬들이 직접 여배우들에게 영화에서의 캐릭터를 연기하기 위해 어떤 과정을 거쳤는지, 배우 활동에 있어 멘토 역할을 해준 이가 누구인지, 유색 여성이 엔터테인먼트 산업에서 생존하고 성공하기 위해 무엇이 필요한지 등에 대해 묻고 배우의 답을 듣는 소셜 미디어상의 운동이었다. 배우 리즈 위더스푼은 "We are more than just our dresses(여배우들은 자신이 입는 드레스 그 이상입니다)"라고 말하며 이 캠페인을 이끌었다. 엔터테인먼트에서 스포츠에 이르기까지 언론 매체는 여성이 이룬 성취보다는 외모와 몸매, 성적 매력을 강조하는 메시지를 생산한다는 사실은 널리 알려져 있다. 재현프로젝트RP에 따르면 실제로 수십 년간의 신문, 학술 논문, 트위터와 블로그에서 1억 6 천만 단어 이상을 분석한 결과 남성 운동선수는 여성에 비해 3배나 더 스포츠 역량이 강조되는 반면 여성 운동선수는 결혼이나 외모를 다룬다고 한다. #AskHerMore 캠페인이 시작되면서 패션과 외모가 아니라 여성의 성취와 업적을 기념하기 위한 공간으로서의 레드카펫의 의미와 가치를 재구성하기 위한 노력이 전개되었다(Lawson, 2018). 이 캠페인은 엔터테인먼트 분야뿐 아니라 스포츠와 예술 분야로 확산되었다.

여성들은 이제 미디어와 소셜 미디어를 이용해 권력의 실체를 알리면서 사적 저항에서 공적 저항의 장으로 진입하고 있다. 우리나라의 경우 피해자들이 직접 얼굴을 드러내며 공적으로 저항하기에는 여러 가지 어려움이 따른다. 무엇보다 미투운동으로 촉발된 성폭력 실상에 대한 폭로는 피해자의 신상털기와 가해자의 맞고소라는 역공을 받고 있다. 이에 따라 진실을 밝히기 위해 다큐멘터리에 출연한 피해 여성들은 본인의 음성 변조와 모자이크 처리 방식으로 증언하는 방식에서 나아가 대역을 등장시켜 음성 변조와 재연의 방식을 사용하는 추세이다. 시사 다큐멘터리에서 모자이크와 음성 변조는 출연자의 사생활과 신변을 보호하기 위해 종종 사용하기는 하나 대역과 재연의 사용은 드물었다. 그러나 '그 시간, 그 장소'에서 있었던 사실에 가장 근접하기 위해 역사 다큐멘터리에 배우가 등장하고 그 당시 사용했을 법한 언어를 말하며 사실성을 배가시키는 연출 기법은 다큐픽션 장르에서 공공연히 사용되고 있다(홍석경, 2011). 시사 다큐멘터리에서 성폭력 피해 상황에 대한 재연은 피해 여성들이 그 시간으로 돌아가서 무슨 일이 있었는지 사실에 근접하도록 밝히는 장치로 작용할 수 있다. '재연의 재현'은 역설적으로 폭력의 현장을 가장 생생하게 표현할 수 있지만 선정적으로 보이거나 왜곡되어 나타날 수 있다. 성폭력 사건의 재현은 진실을 밝히려는 연출자의 의도와 진실을 알고자 하는 시청자의 잣대에 기댈 수밖에 없다.

7. 저항을 넘어

여성에 대한 사회적 편견과 차별, 폭력과 간섭, 그리고 미디어의 왜곡된 재현에 대해 개별적으로 혹은 소극적으로 저항하던 여성들은 소셜 미디어를 이용해 서로 연결되어 지지하고 연대하며 힘을 모으는 중이다. 이러한 참여와 연대는 여성의 역량 강화empowerment로 이어지고 있다. 여성의 역량 강화는 여성으로서 스스로를 가치 있게 여기며 자신의 모든 면을 받아들이는 자기 수용과 자기 신뢰, 자기 돌봄, 자기주장, 유능감 등을 포함한다(김성희·김정미, 2004). 이는 자신을 표현하는 과정에서 강점과 가치를 인식하고 자신에 대해 새로운 태도를 가지며, 삶에 필요한 기술과 능력을 개발해 내적인 힘과 행동력을 키우게 되는 것을 의미한다. 역량 강화의 프로세스는 기존의 성 관계에 있어 "억압적인 권력을 폭로하고 중대하게 도전하며 창조적으로 다양한 사회적 관계를 형성"하는 세 가지 차원으로 구성된다(Charmes & Wieringa, 2003: 421).

2019년 7월 한국여성정책연구원이 청와대 국민청원을 분석한 결과를 보면 20만 명 이상이 동의해 청와대의 답변을 이뤄낸 98건 중 39건(39.8%)이 젠더 이슈였다. 이는 무려 40%에 이르는 놀라운 수치로 사회적 인식의 변화를 반영한 결과이며 젠더와 관련한 문제에 여성들이 적극적으로 반응하며 행동한 결실이다. 이와 같은 흐름과는 달리 청년들의 조직에서 여성들이 리더십을 훈련할 수 있는 기회는 점점 사라지는 추세이다. 각 대학의 총여학생회는 세력이 약화되고 있으며 2015년경부터 폐지의 흐름을 타고 있다. 2015년은 메갈리안이 공론장에 등장한 해이고, 2016년 강남역 살인사건 이후 여성혐오의 문제가 대두되면서 여성들의 집단 시위가 이어진 시기이다. 무엇보다 2018년 미투운동이 확산되면서 '불편한 용기'의 대규모 여성 시위가 벌어진 즈음 대학가의 총여학생회 폐지 문제가 불거진 것이다(서울신문, 2018.11.28.). 매년 1.3%포인트씩 늘어나는 여성 국회의원의 비율을 고려하면 남성 의원과 여성 의원의 성비 균형이 맞춰지는 시점은 2086년으로 무려

66년이나 걸린다고 한다(한겨레신문, 2019.7.17.). 이러한 상황에서 여학생들이 대학이라는 조직 내에서 여성을 위한 규칙과 제도를 제안하는 기회가 줄어든다는 것은 안타까운 일이다. 남녀 대치와 여성혐오의 분위기에 편승해 총여학생회가 폐지되고 여학생들이 대학가에서 자신의 권리에 대해 목소리를 낼 기회가 줄어들었다는 점에서 더욱 그렇다.

평등한 젠더 정치를 실현하기 위해서는 여성들의 역량 강화가 전제되어야 한다. 여성의 역량 강화는 물리적, 사회문화적, 종교적, 정치적, 법적, 경제적 차원 등 다양한 분야를 모두 고려해야 한다(Charmes & Wieringa, 2003: 423). 단체나 조직 활동을 하며 문제를 인식하고 전략을 수립하며 행동에 옮기는 과정에서 여성들은 실행 능력과 리더십을 향상시키며 젠더 감수성과 젠더 평등을 반영한 의사 결정권을 행사할 수 있다. 마을운동을 하거나 사회단체 활동을 하던 여성들이 정계에 입문해 정치 활동을 하는 사례가 많은 것도 그러한 경험에 바탕을 둔 것이다. 이와 함께 온라인 커뮤니티 활동과 온라인 청원활동 역시 여성의 역량을 강화하고 사회 참여를 이끌 수 있다. 각 분야별 여성 할당제를 실천하는 한편 여성의 정계 진출이 활발하게 이루어진다면 입법 활동을 통한 다수의 정책 수립 역시 가능해진다. 오랜 침묵을 깨고 사적 저항으로 권력에 맞섰던 여성들이 앞으로는 공적 저항을 넘어 권한과 능력을 발휘할 수 있어야 한다.

생각해볼 문제

1. 내가 내 몸의 주인이 아닌 것 같다는 생각을 했던 적이 있는가?
2. 현재 정부에서 시행하는 저출산 대책은 어떤 것들이 있는지 찾아보고 젠더 관점이 반영되었는지 분석해보자.
3. 총여학생회 폐지와 관련해 어떻게 생각하는가?
4. 여성으로서의 역량 강화를 위해 할 수 있는 일은 어떤 것이 있을까?
5. 왜곡된 미디어의 여성 재현 사례를 찾아서 이야기해보자.

9장

텔레비전 오락 프로그램과 젠더

이경숙

1. 텔레비전 오락의 일상생활 전유

1) 텔레비전 오락 프로그램의 트렌드

즐거움과 웃음을 생산하는 텔레비전 오락 프로그램은 현실을 회피하여 정치적 무관심을 조장하고, 기존의 관습이나 규범을 강화한다고 비판받는다. 그러나 이들 프로그램은 웃음을 생산하기 위해 기존의 경계와 전통을 비틀기도 한다. 그동안 텔레비전 오락 프로그램은 방송을 시작한 이래 시청자에게 즐거움을 주는 전문 예능인들에 의해 무대 위에서 주로 제작되었다. 최근의 텔레비전 오락 프로그램은 무대 밖 다양한 사람들의 일상생활을 카메라에 담아내는 데 적극적이다. 이 과정에서 오락 프로그램의 장르 다변화와 다양화가 나타났다. 이는 자기표현 욕구가 강하며, 참여, 개방, 공유를 모토로 하는 디지털 세대들의 놀이 문화와도 연관된다. 이들은 온라인 공간에서 자신을 드러내고 일상생활을 공유하며 즐거움을 추구한다. 네트워크로 연계하는 디지털 세대의 놀이 문화는 기존 주류 매체를 포함한 다양한 매체로 전파되어 일상생활을 콘텐츠로 전유하는 데 영향을 미쳤다. 시청자의 반응과 트렌드에 민감한 텔레비전 오락 프로그램은 케이블 방송의 약진, 소셜 미디어 이용 증가 등의 변화에 대응하며 장르에 변화를 가져오게 되었다.

개인의 의식주가 행해지는 일상생활을 포함한 사적 영역이 리얼리티를 표방하며 놀이로 가공되어 새로운 오락 프로그램 장르들이 탄생했다. 이러한 현상이 확산되면서 새로운 용어들도 다양하게 출현했다. 이는 가족 관찰·육아 예능, 먹방/쿡방, 집방(인테리어 프로그램), 펫방(반려동물과의 관계와 일상을 다룬 프로그램), 여행 예능, 레저 리얼리티 쇼, 로맨스 예능 등이다. KBS2의 〈슈퍼맨이 돌아왔다〉, 〈언니들의 슬램덩크 2〉, 〈살림하는 남자들2〉, SBS의 〈동상이몽〉, 〈미운우리새끼〉, MBC의 〈나 혼자 산다〉, 그리고, JTBC, tvN, 채널A 등 비지상파 텔레비전의 〈삼시세끼〉, 〈집밥 백선생〉, 〈냉장고를 부탁해〉, 〈윤식당〉, 〈신혼일기〉, 〈효리네 민박〉, 〈도시어부〉, 〈짠내투어〉, 〈어서와~ 한국은 처음이지?〉, 〈헌집 줄게 새집다오〉, 〈내 방의 품격〉, 〈부르면 갑니다, 머슴아들〉, 〈펫츠 고, 댕댕트립〉 등을 들 수 있다.

개인의 일상생활을 포함한 사적 영역을 전유한 오락 프로그램은 형식과 내용에서도 새로운 시도와 변화를 지속하고 있다. 특히 가족, 개인, 사적 공간의 다양한 일상이 리얼리티 프로그램 형식으로 가공되어 소재와 영역 확장을 보여준다. 이들 프로그램의 일상 보여주기와 경험하기는 시청자가 처한 신자유주의 경쟁 시대에 순응하도록 돕는 최신 문화 산업 트렌드에 부합한다. 최근 문화 산업은 웰빙이나 힐링·자기계발 등 신자유주의 문화 논리에 부합하는 상품을 생산하는 데 주력하고 있다. 이들은 여유 없고 치열하게 내몰리는 경쟁 사회에서 개인의 고단한 삶을 위로해주며, 대리 만족을 주기도 한다. 경쟁에 지쳐 휴식이 필요한 사람, 여행갈 시간과 여유가 없는 사람, 집밥이 그리운 나홀로족 등이 이들 프로그램을 통해 대리 만족을 얻는다. 이러한 기제를 통해 현대인이 힐링과 웰빙 라이프를 대리 경험함으로써 치열한 경쟁 체제에 순응하고 사회 유지적 규범을 받아들이게 된다.

2) 공·사 구분과 젠더 규범의 균열

새로운 텔레비전 오락 형식은 그동안 오락 영역이 아니었던 사적인 일상생활을 공적으로 가시화하며, 공·사 구분, 남녀의 성역할 등에 대한 기존의 경계와 규범을 비틀고 협상한다. 그동안 개인의 일상생활이나 사적 영역은 여성의 영역으로 치부되었고, 남성의 영역 이외에서 일어나는 일들은 공적 발화의 대상이 되기 어려웠다. 특히 유교적 가부장제 문화에서 오락의 주체는 남성이었으며, 여성은 주변인이거나 오락을 위한 서비스 제공자로 위치 지워졌다. 이런 맥락에서 텔레비전 오락 프로그램 또한 남성 중심적이라고 할 수 있다.

최근 이들 오락 프로그램을 통해 여성의 영역이자 사적 영역으로 치부되던 일상생활이 재전유되고 공적으로 가시화되면서 기존의 젠더 규범이나 성역할에도 균열이 나타난다. '젠더'는 사회적으로 구성되는 남녀의 정체성, 즉 만들어진 여성다움이나 남성다움을 의미한다. 특히 '젠더'는 경험적 현실의 차이를 인정하고 각각 다른 위치성을 지닌 '여성'이 구성되는 관계적 틀을 살피려는 범주적 개념이다. 그동안 부재했던 여성의 영역이나 경험의 재현은 일상의 텔레비전 오락 프로그램을 통해 젠더 규범을 돌아볼 수 있는 기회가 된다.

젠더 재현의 변화는 전통적으로 구분되던 공사 개념과 이에 대한 재현,

그리고 여성의 영역이었던 육아·보살핌·요리 등을 하는 남성 주인공의 등장 등으로 성역할 규범이나 위치의 관계적 틀에서 찾아볼 수 있다. 공적 영역에 위치하는 권위적이고 지배적인 미디어의 남성상에도 균열이 나타난다. 홀로 육아를 담당하며 기저귀를 갈고 설거지를 하는 아빠, 누구보다 꼼꼼하게 청소하고 장을 보며 자신의 삶을 즐기는 미혼남 등은 전통적 남성상과는 차이가 있다. 아내의 학업이나 직장생활을 조력하기 위해 가사일을 담당하는 조력자로서 남편의 모습들이 이들 프로그램을 통해 등장하게 되었고, 육아 담당자이자 캐어 기버로서 성장하는 아빠의 모습을 보여주기도 한다. 그럼에도 이들 프로그램은 연예인 셀러브리티의 계급적 특수성에서 가능한 보여주기식 성역할 전도를 나타낼 뿐이며, 현실과는 다르다는 비판도 받는다. 실제 현실을 반영하지 못하며 성평등을 지향하는 데 한계가 있고, 오히려 서툰 가사일을 하는 남성과 시혜적 조력자로서의 남성상은 전통적 성역할을 강화할 수도 있다.

젠더 관점에서 텔레비전 오락 프로그램의 또 다른 변화는 주변부에 머물던 여성 예능인들을 주체로서 위치지우고, 여성의 이야기와 취향을 가시화한다는 점이다. 이영자, 박나래, 이국주, 김숙 등 그동안 오락 프로그램의 주체가 되지 못했던 여성 예능인들이 적극적 발화자이자 오락의 주체로서 활동하게 되었다. 오락의 주체로서 권능화된 여성들의 일상생활이나 취향과 이야기가 그들의 목소리를 통해 전달되고 해석된다. 주로 현대를 살아가는 소비자의 위치에 머무르지만, 이들은 무엇을 먹고, 입으며, 어떤 집에서 살지에 대한 취향, 쇼핑, 연애, 라이프스타일 등을 보여준다. 그러나 이 과정에서 전통적 규범과 다른 일탈적 모습이나 남성적 이미지를 차용하여 여성성을 확장하며 기존의 여성다움이라는 규범을 깨트리는 데 기여한다.

2. 리얼리티 오락 프로그램의 관찰과 젠더 재현

1) 관찰과 엿보기의 리얼리티

오락 프로그램에서 강조되는 일상생활의 리얼리티reality는 관찰 카메라를 통한 보여주기를 통해 생산된다. 리얼리티 프로그램은 대본에 기반하지 않고 개인이나 집단이 일상생활에서 겪은 실제 사건을 ENG 카메라나 캠코더로 극화하여 재구성한 프로그램을 의미한다. 그래서 리얼리티 프로그램은 '설정'과 '현실'이 섞인 장르로, 픽션 장르와 논픽션 장르의 혼종 장르라고 할 수 있다. 리얼리티 오락 프로그램 또한 같은 방식으로 설정과 현실을 뒤섞어 재미를 생산한다.

오락 프로그램에서 리얼리티 관습이 도입된 배경은 수용자의 변화와 지구적 방송 산업의 경쟁 강화와 연계된다. 최근 텔레비전 오락 프로그램은 기존 제작 관습에 의해 대본에 따라 연기하여 웃음을 생산하기보다 일상적인 삶에서 느낄 수 있는 자연스러운 재미를 강조한다. 이는 텔레비전 수용 경험이 풍부한 영리한 시청자들이 기획된 웃음에서 눈을 돌리게 된 것과도 연관된다. 기존의 관습적 웃음이나 재미의 생산 기제가 식상하게 되면서 그동안 다루지 않던 영역과 방식으로 새로운 재미를 찾게 되었다. 지구적으로 직면한 채널 과잉은 경쟁을 강화했고, 수많은 오락 프로그램들은 시청자의 시선을 끌기 위해 진지한 다큐멘터리의 특징인 '리얼리티'를 오락 영역에 도입했다. 인물의 일상생활에 대한 관찰과 엿보기를 통해 진정성을 담은 재미를 생산하는 것이 목표가 되었다. 이는 방송 환경의 지구적 변화와 신자유주의적 경쟁에 내몰린 방송 산업이 안정적 시청률과 수익을 창출하기 위한 전략의 일환으로 채택한 방식이기도 하다. 이는 불안정한 한국의 대중문화 시장에서 스타성과 리얼리티를 결합하여 안정적으로 프로그램을 판매할 수 있는 방식이기도 하다.

오락 프로그램의 리얼리티는 관찰과 엿보기를 통해 개인의 사생활이나 가족 관계의 내밀한 이야기들을 시청자에게 직접 발화하거나 스튜디오의 관찰자 시선을 통해 해석되거나 매개되는 방식으로 생산된다. 일상의 다양한 인간관계 속에서 나타나는 개인의 심리와 소소한 갈등과 좌절, 그리고 행복을 리얼real하게 재현하고자 한다. 이러한 전략으로 성공적인 성과를 거둔 오락 프로그램은 KBS2의 〈슈퍼맨이 돌아왔다〉, SBS의 〈미운우리새끼〉, 〈동상이몽〉, tvN의 〈삼시세끼〉, JTBC의 〈효리네 민박〉 등을 꼽을 수 있다.

화면을 통한 리얼리티의 생산은 카메라, 제작진, 관찰 대상(연기자), 관찰자(스튜디오 MC와 패널 또는 시청자)의 상호작용 속에서 이루어진다. 관찰 대상의 24시간 일상을 담아내는 카메라는 리얼리티를 생산하기 위해 화면 안에 노출되기도 한다. 과거에는 숨겼던 관찰 도구이자 발화자 역할을 담지하는 카메라의 위치를 드러냄으로써 시청자에게 리얼리티를 부여한다. 〈슈퍼맨이 돌아왔다〉에서 아이들은 자신의 모습을 따라 이동하는 카메라와 장난을 치거나 인사를 하는데, 이때 카메라는 아이들과 상호작용을 하며 자막의 도움을 받아 발화자의 위치에 서기도 한다. 제작진 또한 현장 관찰자의 위치뿐만 아니라 참여자로서 미션 부여자, 조정자 등으로 화면 안에 등장한다. 관찰 대상은 카메라나 제작진과 대화하기도 하며, 가공된 세상이 아닌 관찰 대상의 일상적 공간에서 주체적 삶을 살아가는 현실을 보여줌으로써 시청자가 이를 대리적으로 경험하게 한다. 제작 과정을 보여주는 제작진의 관찰 일상에 대한 개입과 노출은 이야기 전개 과정에서 리얼리티를 보증하는 장치로 활용된다. 관찰 대상의 일상을 전지적으로 보여주고 리얼리티를 생산하기 위해 다수의 카메라 동원을 드러내며, 이들 카메라로 인물의 성격과 심리를 세밀하게 담아내고 행위의 동기나 원인을 서사 전개 과정에서 의미화하고 자연화한다. 카메라의 일상생활 관찰을 통한 리얼리티 또한 제작진의 특정 상황이나 사건에 대한 선택과 엮기를 통해 생산된다는 점을 유념할 필요가 있다. 이러한 일상생활과 사적인 영역에 대한 관찰이나 엿보기를 통해 확산되는 리얼리티 프로그램이 관음증 문화를 양산한다는 비판을 받기도 한다.

관찰과 엿보기를 통해 촬영된 영상은 인터뷰 기법을 통해 의미를 형성하고 리얼리티를 부여받게 된다. 관찰 대상에 대한 인터뷰는 관찰된 인물의 행위와 개별 사건들에 의미를 부여하고, 분리된 사건들을 엮어 하나의 이야기로 이해하게 하며, 장면들을 전환하는 역할을 한다. 인터뷰는 인물의 행위와 동기 등에 대한 궁금증을 해소하는 내용으로 이루어져 스토리 전개를 따르게 하고, 메시지에 동조하게 하는 장치로 활용된다. 리얼리티 오락 프로그램의 관찰과 인터뷰 등의 기법은 인물이 처한 상황과 과정을 세밀하게 보여주고 제작 과정을 드러내며, 텔레비전을 탈신비화하고 오락 프로그램의 진정성을 생산하는 장치로도 활용된다. 인터뷰는 발화자로서 관찰 인물을 통해 제작진이 시청자에게 특정 상황이나 행동에 대해 어떻게 생각하고 해석해야 할지를 제시하는 방식이기도 하다. 이런 인터뷰는 시청자를 이해시키고 설득시키기 위해 등장인물이 직접 발화하는 방식이기에 보편적인 규범이나 시각에 기초해 이루어진다. 이 과정에서 일상의 일탈적 행위나 사건도 기존 이데올로기 체제에 의해 포섭된다.

2) 가족주의 신화와 성별 규범

관찰과 엿보기를 통해 촬영된 지루하고 무의미해 보이는 일상을 어떻게 시청자에게 재미있는 오락 프로그램으로 제공할까? 사건들을 엮어 이야기로 만들기 위해 가장 보편적으로 동원되는 이데올로기 장치는 가족주의 신화이다. 이들이 동원하는 가족주의 이데올로기는 캐릭터 설정은 물론 인물의 정상성과 행동의 동기를 평가하고 해석하는 토대가 된다. 남성의 전통적 성역할에 어긋나는 행동이나 심리도 가족주의를 통해 재미를 생산하는 그럴듯한 이야기로 포섭된다. tvN의 〈삼시세끼: 어촌편〉을 통해 알아보자.

도시를 벗어나 평화롭고 한가로운 농촌과 어촌 마을에서 일상의 끼니를 해결하는 〈삼시세끼〉는 남성 연예인들이 주인공이다. 끼니를 해결하는 것이 미션이자 서사의 목표이다. 여성에게는 하찮은 가사 노동으로 재현되는 일상적인 끼니 해결이 남성들에게는 쉽지 않은 목표로 설정된다. 모든 것이 부족하고 낯선 환경은 주인공이 영웅으로 성장하는 데 필수적인 장애물로 설정되고, 서사 전개를 위한 주요 갈등으로 활용된다. 이 프로그램에서 남성의 끼니 해결은 영웅적 행동이자 진정성을 담은 휴머니즘을 보여주는 일로 재현된다.

남성이 등장인물이기에 가사 노동 수행 또한 이들이 담당해야 한다. 이들 인물의 캐릭터와 인간관계는 생물학적 성이나 실질적 관계와 상관없이 전형적인 정상 가족 규범에 기초하여 위치와 역할을 부여받는다. 이들은 '엄마(차승원)', '아빠(유해진)', '아들(손호준)'이라는 가족 구성원 틀 안에서 호명되며, 캐릭터를 구축한다. 이들의 일상은 가족관계 구도로 인물을 캐릭터화 characterized하는 과정에서 개인에게 부여된 역할이나 캐릭터의 특질이 과도하게 강조된다. 시청자는 이러한 방식으로 단순화된 캐릭터의 특질로 이들의 행동과 사건을 이해하고, 서사를 따라가게 된다.

가족관계의 캐릭터에 충실한 이들의 공간과 업무는 남성과 여성이 해야 할 일, 각 역할에 따라 명확히 구분된다. 아빠(유해진)는 경제 부양자로서 식량을 구해오고, 어머니(차승원)는 집에서 온갖 궂은 일을 마다하지 않고 음식을 만들며, 아들(손호준)은 부모의 말에 순종하며 잔심부름을 하는 전형적 역할로 묘사된다. 부엌에 위치한 차승원은 섬세하고 꼼꼼하게 가사를 돌보는 뛰어난 주부이다. 주로 마당에 위치한 유해진은 바깥양반으로서 주부 역할을 하는 차승원을 무심하게 돌본다. 등장인물의 생물학적 성별은 남성이지만, 모든 서사는 가족주의에 기초하고 있어 지배적인 이성애적 성역할 규범을 강화한다.

그럼에도 일상의 끼니 해결을 위한 노동에 남성 출연진을 동원하여 이들이 문제를 해결하는 과정을 보여줌으로써 남성상의 변형과 확장을 가져왔다. 남성과 여성의 노동에 대한 명확한 경계를 허물 수 있는 이미지를 제공했다. 이를 통해 지배적인 남성성과 이상적인 남성다움에서 변화를 초래하고, 남성과 여성의 역할에 대한 경계를 마초적 남성의 몸을 통해 허무는 반전의 재미를 보여준다. 서사 구축은 가족주의를 통해 전개되었으나 관찰된 영상은 남성성과 여성성의 경계를 넘나들게 한다. 근육질 마초의 이미지를 가진 차승원이 자상한 엄마 역할을 함으로써 의외성과 아이러니를 자아내지만, 남성으로서 엄마 역할을 하는 그의 행동과 감정에 몰입하게 한다. 그는 집안 청소, 부엌 정리 등 집안 구석구석을 꼼꼼히 정리하며, 텃밭에서 수확한 채소로 밥상을 차리고, 김치는 물론 일상에서 쉽게 구할 수 있는 재료들로 끼니를 만들어내는 주부 이미지를 부여받는다. 그는 바깥 양반과 아들의 입맛을 고민하고 챙기며, 누구보다도 세심하게 가족을 살핀다. 여성적 감성을 보여주며 아버지 역할이 아닌 어머니 역할을 능숙히 해냄으로써 능력자이자 영웅이 된다. 한편, 그는 전문 요리사가 아님에도 일상에서 남성들도 여성과 마찬가지로 능숙하게 요리와 가사를 전담할 수 있음을 보여주어 기존의 남성상을 확장시킨다.

아빠의 역할을 맡은 유해진은 가재도구를 능숙하게 만들고 집안 청소를 하며, 차승원의 심부름을 도맡아 하는 등 자잘한 가사일에 적극적이다. 그는 남편이자 가장의 역할을 수행하지만, 엄격하거나 권위적이기보다 친절하고 배려심이 있으며 상냥하다. 손호준은 미숙하고 성실한 아들이자 막내로 보호받는 위치에서 잔심부름을 도맡아 하며, 칭찬받기를 좋아하는 역할이다. 이들은 기존의 권위적이고 지배적인 남성성과는 달리 연성화된 남성성을 재현하고 있다. 프로그램은 전형적으로 여성의 이미지로 묘사되던 정서적 배려와 사소한 것에서 얻는 기쁨과 감정적인 모습을 남성 인물의 얼굴을 통해 세밀하게 보여준다. 이들은 상대방을 기쁘게 하기 위해 무엇을 만들지 고민하고 배려하며, 제한된 돈과 재료로 어떻게 끼니를 만들지 전전긍긍하는 주부의 모습을 담아낸다. 리얼리티 카메라의 세밀한 관찰은 남성 주인공들의 작은 일상에 대한 감정 변화와 흔들림, 고민과 정서를 보여줌으로써 진실성을 부여한다. 서사 전개는 가족주의에 토대하지만, 남성 인물들의 심리와 정서 재현이 기존의 지배적 젠더 담론과는 다른 전복적인 의미와 반전의 재미를 느끼게 해준다. 이 프로그램은 남성의 영역과 여성의 영역에 대한 구분과 경계에 균열을 내고 전통적 남성상을 비틀고 확장한다. 그러나 가족주의라는 강력한 신화와 그에 기초한 이성애적 성역할 규범을 재생산한다.

3. 먹방·쿡방의 남성들과 젠더

1) 먹방·쿡방 열풍

2000년대 후반 인터넷 매체인 아프리카 TV에서 인기를 끈 '먹방'은 유튜브를 비롯해 지상파와 케이블 텔레비전 오락 프로그램으로 확산되어 열풍을 형성했다. 먹방은 '먹는 방송'의 줄임말로 음식을 소비하는 상호작용적인 시청각 방송으로 한국에서 기원하여 인터넷을 통해 전 세계에 알려지고 있다. 이와 함께 쿡방도 인터넷과 텔레비전 등의 매체에서 확산되고 있다. 쿡방은 '요리하다'라는 의미의 '쿡cook'과 '방송'이 합쳐진 말이다. 먹방은 주로 인터넷 매체 중심으로 먹방BJ들을 유명인으로 만들며 출연자들이 맛있게 음식을 먹고, 음식을 소개하는 콘텐츠에서 기인했다. 인터넷의 먹방이 상호작용적인 대리 만족에 초점을 둔 것과 달리 텔레비전의 먹방은 맛집이나 음식에 대한 정보 제공을 가미한 재미의 생산에 초점을 둔다. 쿡방은 먹방보다 다양한 방식으로 텔레비전 오락 프로그램의 포맷으로 편입되었다. 쿡방은 요리하는 과정을 오디션, 토크, 레저, 체험 등의 다양한 형식과 결합하여 리얼리티 오락 프로그램으로 발전했다.

대표적인 텔레비전 프로그램을 살펴보면, SBS 〈백종원의 골목식당〉, tvN 〈삼시세끼〉, 〈윤식당〉, 〈집밥 백선생〉, 〈현지에서 먹힐까?〉, JTBC 〈냉장고를 부탁해〉, Olive 〈수요미식회〉, 〈밥블레스유〉, 코미디TV 〈맛있는 녀석들〉 등을 들 수 있다. 다양한 오락은 물론 생활정보 프로그램에서도 음식이나 맛집, 요리나 건강 등을 소재로 코너들을 활용하고 있어 음식을 만들고 먹는 콘텐츠가 모든 영상 매체를 관통하며 열풍을 낳았다.

먹방·쿡방은 개인의 일차원적 욕망과 쾌락에 소구하는 콘텐츠에 의해 촉발되었다는 비판을 받기도 한다. 화려한 영상과 클로즈업 기법을 통해 감각을 자극함으로써 푸드 포르노food Porno 기능을 수행한다. 성적 욕망을 위해 포르노에서 카메라가 여성의 특정 신체 부위나 성행위 중인 남녀의 신체를 클로즈업해서 부각하듯이 음식은 물론 음식을 먹는 이에게도 같은 방식이다. 푸드 포르노에서도 식욕을 유발하기 위해 색감을 강조하고, 특정 부분을 과장하여 감각적으로 표현한다. 음식에 대한 인간의 욕망에 소구하는 판타지와 대리 만족을 주기 위해 카메라가 작동한다. 음식을 대상으로 현란한 카메라의 움직임을 통해 볼거리가 강조되고, 빠른 칼질과 전문 쉐프의 정교한 움직임, 그리고 쿡테이너로서 웃음을 생산하기 위한 몸짓이나 언행도 오락 상품의 요소가 된다.

먹방과 쿡방은 신자유주의 경쟁 체제의 자기 치유와 관리를 위한 힐링 기제로서 소비된다. 고단한 삶에서 끼니 해결이 쉽지 않은 고독한 개인의 실질적 허기와 정서적 허기를 대리 충족시켜준다. 디지털 세대의 놀이터인 SNS에서 자신의 일상을 표현하는 수단으로 활용되는 맛집 탐방과 음식 소비 문화도 먹방과 쿡방의 확산에 기여한다. 먹방과 쿡방의 음식과 요리 정보는 SNS 등을 통한 대화의 자원으로 활용되기도 하고, 영리한 소비자가 알아야 할 정보가 되기도 한다. 디지털 세대에게 음식과 요리는 자아 정체성을 드러내고 실현하며, 자신의 몸을 관리하는 데 필요한 요소이다. 사회적으로 만연한 날씬한 몸에 대한 강박이 먹방과 쿡방을 통해 대리 만족하고, 스스로의 몸을 먹는 것으로부터 통제하게 한다. 성공적 몸매 관리와 자기계발 및 자기관리에 대한 신자유주의적 고정관념이 먹방과 쿡방 열풍의 배경이기도 하다.

2) 먹방·쿡방의 젠더와 여성 부재

〈집밥 백선생〉이나 〈수미네 반찬〉을 보면, 전통적인 어머니상을 강화하며 집밥을 먹기 어려운 세대에게 노스탤지어를 자극하여 집밥과 어머니의 사랑을 대리 경험하게 한다. 집밥의 이미지는 헌신과 사랑이라는 어머니의 기표가 된다. 함께 모여 밥을 먹는 식구의 모습을 이상적인 가족으로 설정한다. 이들 프로그램은 현대인이 상실한 어머니의 손맛을 미디어를 통해 대리 충족하며, 현실에 순응하게 한다.

전통적으로 여성 노동의 상징인 음식을 매개로 하는 먹방과 쿡방의 주체는 남성이다. 이는 먹방과 쿡방이 여성 주체와는 거리를 둔 전형적 오락 프로그램의 하위 장르임을 보여준다. 먹방과 쿡방은 일상에서 가사 노동을 담당한 여성들을 목표로 정보를 제공하는 요리 프로그램의 성격과는 다른 재미와 즐거움을 목표로 하는 오락 프로그램의 성격이 더 강하다. 기존의 전통적 요리 프로그램은 일상적으로 음식을 만드는 여성들이 주체이자 주 시청자였다. 이러한 요리 프로그램은 주로 전문 요리사나 장인에 해당하는 여성들이 출연했다. 그러나 이들 여성은 사적 영역에 위치한 주부이기보다 전문가이거나 장인, 또는 종가집 며느리 등의 특별한 위치의 인물들이다. 그동안 일상적으로 가사 노동을 하는 주부는 이들 프로그램의 주체로 가시화되지 못했다. 가사 노동을 하는 주부에게 시혜자로서 정보를 제공하는 프로그램이지 가사 노동의 차원에서 요리와 이를 담당하는 주부가 요리 행위의 주체로 발화할 수 없었다.

일상에서 음식과 요리는 전통적으로 여성의 영역이지만, 공적으로 발화되는 먹방과 쿡방의 서사를 이끄는 주체는 주로 남성이다. 먹방과 쿡방을 통해 노출된 남성들이 인기를 끌며, 요리를 하는 섹시한 남성을 지칭하는 '요섹남'이라는 용어도 생겨났다. 손쉽게 집밥을 뚝딱 해내는 백종원은 '백주부'라 불리지만, 그의 전문성과 남성성은 오히려 강조된다. 이 말을 통해 남성임에도 주부보다 쉽게 요리를 잘하는 그의 능력이 더 부각된다. 친근한 주부라는 말에 전문성의 의미가 더해지면서 '중년 남성 사업가가 요리한다'는 성역할 불일치에서 오는 이질성과 거부감을 호감으로 변화시킨다. 이러한 호명을 통해 요식업체 대표인 그는 부드러운 이미지를 얻어 지배적 위치의 남성적 권위와 계급성을 은폐할 수 있게 된다.

'쿡테이너'로서 남성 쉐프들은 주부나 여성 쉐프들의 위치나 권위와 다르게 재현된다. 전문가이자 예능인으로서 남성 쉐프들에 의해 수행되는 쿡방의 요리는 즐거움을 주는 창작의 행위로써 재현된다. 가정에서 주부들이 수행하는 가사 노동이나 여성 요리사들의 요리 프로그램과는 대조적이다. 그들의 행위는 쿡테이너의 창의적인 고숙련 작업이자 예술이며, 가사 노동으로 치부된 여성적 영역의 사소한 반복적 노동과는 다르게 재현된다. 이들은 음식을 만드는 과정을 남성 전문인의 창의적 작업이자 즐거움을 주는 행위로 재전유한다. 이는 요리라는 가사 노동의 구체성과 노고를 삭제하고 볼거리이자 오락으로 치환한다. 이 과정에서 여성은 삭제되거나 부재하며, 축소된다. 쿡방에서 여성은 그리움의 대상이자 어머니일 경우에만 소환될 뿐이다. 이들 쿡테이너는 남을 위한 지루한 노동을 하는 것이 아니라 부족하고 열악한 환경에서 훌륭한 요리를 만들어내는 창작자이자 영웅이 된다. 여성적 가사 노동 영역이 남성의 창조적 영역으로 전환하여 볼거리가 됨으로써 공고한 기존의 성역할이나 업무 분담의 위계질서는 재생산된다.

4. 오락 프로그램에서 재현되는 소년·소녀 아이돌의 섹슈얼리티

1) 아이돌 섹슈얼리티의 생산

푸코는 섹슈얼리티를 담론의 문제이자 권력의 역사적인 장치로 파악하여 그 역사성에 주목했다. 경쟁이 치열한 텔레비전 오락 프로그램은 소년·소녀 아이돌의 몸에 주목하며, 섹슈얼리티에 대한 담화를 생산한다. 카메라를 통해 소년·소녀 아이돌의 몸을 볼거리로 대상화하며, 이들의 섹슈얼리티를 이

섹슈얼리티

섹슈얼리티는 몸에 근원을 둔 성적 욕망을 지칭하기도 하고, 성적 존재 그 자체를 가리키기도 한다. 섹슈얼리티는 섹스, 젠더와 관계되면서 명확하게 구분짓기 어려운 성별 정체성gender identity, 성적인 정체성sexual identity과 같은 정체성의 구성 및 분류와 연계된다. 섹슈얼리티는 광범위하게 섹스에 관한 생각이나 의미, 성적 행위 또는 사회적 관행들, 성적 경향성 또는 성정체성, 성적 욕망, 성적 관계 또는 성의 정치성 등을 의미하기도 한다. 따라서 섹슈얼리티는 성과 관련된 생각, 성에 대한 사회적 제도와 규범, 성적 지향(성 정체성) 등을 의미하는 성과 관계된 포괄적이고 광범위한 개념이라고 할 수 있다(조심선희, 2006).

윤 창출의 도구로 삼는다. 이는 시청률을 높이려는 방송 산업과 인지도를 높이려는 연예인의 이해관계가 맞물려 나타나는 현상이다. 소년·소녀 아이돌은 오락 프로그램을 통해 대중적 인지도를 구축하고 스스로를 상품으로서 마케팅한다. 오락 프로그램의 고정 출연진 이외에 게스트로 출연하는 소년·소녀 아이돌은 자신에 대한 강한 인상을 남기고 시청자의 흥미를 끌기 위해 관리된 몸을 강조하고, 선정적 춤을 추는 데 거리낌이 없다. 이들은 자발적으로 춤을 추고, 몸 관리를 위해 자발적으로 노력한 듯이 보이지만, 이는 문화 산업의 규제와 요구에 순응하기 위한 행위이다. 이들은 연습생 시절부터 노래와 춤을 훈련하는데, 일차적으로 몸을 단련하고 통제하는 과정을 거치고, 오락 프로그램을 위해 개인기도 연마한다. 이들은 오락 프로그램에 출연하기 위해 즉석에서 요구되는 무엇이든 할 수 있는 재능과 자질을 갖추어야 한다. 이러한 방식으로 아이돌 소년 소녀의 몸은 찬양받는 대상이 되고, 더불어 이들의 섹슈얼리티가 아름다움으로 강조된다. 섹슈얼리티가 강조된 이들의 몸은 문화 산업의 훈육에 의해 형성된 문화적 구성물이자 상품으로 소비된다. 이들 훈육된 소년 소녀의 날씬한 몸을 통해 구성되는 성별 정체성과 행동양식은 몸에 대한 표준 규범으로 자연화된다.

2) 소년·소녀 아이돌의 젠더 수행

주디스 버틀러는 '자연화된 정체성'이 반복적 수행을 통해 스스로를 규범으로 만드는 효과가 있다고 주장한다. 이는 섹슈얼리티가 만들어지고 변화됨을 의미하며, 성별에 의해 자동적으로 본질적으로 고정될 수 없음을 보여준다. 성별 구분은 젠더 수행의 문화적 효과이자 담론과 규율 권력으로 만들어지는 것이다. 남성과 여성의 몸을 표준화하는 소년 소녀 아이돌은 텔레비전 오락 프로그램을 통해 성별 정체성을 수행하며, 성별 규범을 자연화하고, 이 규범이 생산되었음을 드러낸다.

오락 프로그램에서 미소년 꽃미남을 가장하는 남성 아이돌의 섹스와 수행된 젠더 간의 불일치나 혼란 등의 현상을 볼 수 있다. 이러한 현상은 여성과 남성을 나누는 구획을 교란시키고 젠더 체계의 불안정성이나 비본질성을 드러낸다. 젠더란 무대 위의 공연처럼 현재 그것을 수행하고 있음으로써만 보장되고 유지된다. 남성 아이돌의 여성적 자태와 고운 목소리를 사례로 들 수 있다. 주도적으로 대화를 이끌고 게걸스럽게 먹는 모습을 보여주는 걸그룹 소녀의 보여주기는 남성과 여성의 이분법적 경계를 혼란시킬 수 있다. 남성과 여성의 몸은 생물학적 차이를 지니기도 하지만 동시에 사회적으로 구성되고, 반복적 행위를 통해 정체성 규범을 형성한다.

소년 아이돌들은 잘 다듬어진 몸매, 낭만적이고 친절한 태도, 근육질 몸매를 겸비하며 새로운 남성상을 구현한다. 이들은 외모를 가꾸고 꾸미는 데도 거리낌이 없고, 화장한 잘생긴 얼굴과 멋진 패션으로 몸매를 드러낸다. 소년 아이돌의 이미지는 성형과 패션 등을 포함한 외모 관리 산업과 문화 산업의 이상적인 모습이다. 남성성의 변화는 소비 문화의 확산과 함께 남성성의 대상화와 상업화와 연계된다. 화장품, 옷, 외모 관리 등 여성에게 해당되었던 정체성 표현 방식들이 남성의 몸에 적용되면서 자본주의적 소비를 통한 남성성의 재구성이 나타난다. 미소년 아이돌을 통해 남성 섹슈얼리티가 확장되면서 어린 소녀들로부터 중장년 여성 세대에게까지 소구력을 확대한다.

미소년/꽃미남 아이돌은 마초적 남성성을 은폐하고, '소년 같은' 귀엽고 애교스러운 모습으로 여성적인 부드럽고 사랑스러운 인격체로서 멋진 몸매의 혼성적 정체성을 실현한다. 이들은 귀여운 얼굴이지만, 여성 욕망을 충족시키기 위해 근육질의 몸매도 만든다. 이들은 성숙과 미숙의 경계를 넘나들며 미소년의 이미지와 근육질 남성성을 표현한다. 이 과정에서 남성이 여성의 성애적 대상으로 뚜렷이 부각되며, 여성이 이를 즐기는 것도 자연스럽게 허용되고 장려된다. 이는 소비자인 여성을 위해 남성의 몸을 대상화하는 카메라의 움직임과 클로즈업 기법이나 몸짓 등으로 이루어진다. 이러한 방식으로 남성성에도 외모지상주의가 작동하게 된다. 현대 사회의 젊은 남성은 연애를 잘하는 능력남이 되어 모태 솔로를 벗어나야 루저가 아님을 증명할 수 있고, 동료나 친구, 가족에게 인정받는다. 젊은 남성에게 아이돌의 몸매와 외모, 여성적 부드러움과 매너는 새로운 남성성의 자질이자 규범으로 작동한다. 아이돌은 관리된 몸이 신자유주의 시대 성공과 실패의 증거이자 경쟁을 위한 자산이라는 신화를 구축한다. 아이돌처럼 관리된 뛰어난 외모와 패션의 몸은 성실하게 노력하는 인물의 상징으로 찬양받는다. 오락 프로그램의 미소년 아이돌은 자본의 개입에 의해 관리되고 만들어진 몸을 통해 섹슈얼리티를 구성하며 부를 축적하게 된다.

오빠와 삼촌팬을 확보하기 위해 다수의 소녀로 구성된 걸그룹은 귀여운 외모, 섹시한 몸, 감각적이고 선정적인 몸짓과 춤으로 박수를 받는다. 걸그룹이 제시하는 육감적이며, 귀엽고 청순한 외모가 미디어에 노출되는 순간 검색어 순위를 오르내리며 찬양의 대상이 된다. 이들과 관련된 검색어는 '000패션, 노출, 성형, 엉덩이, 꿀벅지, 스타킹, 볼륨감' 등 주로 섹슈얼리티를 의미하는 단어와 연결된다. 걸그룹의 섹시한 외모를 강조하는 데 이들 용어가 집중적으로 사용되고, 이들의 몸은 감각적으로 파편화되어 대상화된다.

〈아는 형님〉에 출연한 걸그룹 소녀들은 꽉 끼는 교복을 입은 채 몸매를 드러내고, 카메라는 이들의 섹시미와 애교를 강조한다. 소녀들은 경쟁적으로 남학생들에게 자신의 끼를 보여주며, 애교를 떨고, 선정적 춤으로 유혹한다. 이들은 다양한 개인기와 재능을 겸비하는데, 심지어 자신들의 장르가 아닌 중장년층이 좋아할 트로트 음악에 맞춰 무아지경으로 춤을 추며 아재들의 박수와 환호를 받는다. 걸그룹 소녀들의 춤은 엉덩이춤, 골반춤, 섹시댄스 등 섹슈얼리티를 강조하는 신체의 일부로 명명된다. 이들은 노래 실력보다 얼마나 춤을 잘 추는가, 얼마나 섹시한 몸매를 가지고 있는가로 평가받는다. 이들은 과감한 노출로 해방과 자유로움을 보여주기도 하지만, 성적인 자극과 매혹적인 신체 이미지로 생산되는 섹슈얼리티의 기표가 된다. 걸그룹의 육체는 스펙터클이 되고, 성적 욕망의 충족을 위한 매개자로서 작동한다. 걸그룹의 몸에 대한 물신주의적 응시는 특정 물체나 신체 부분에 성적 의미를 부여하는 것과 연관된다. 이들의 육체는 꿀벅지, 가슴, 허리, 골반 등으로 파편화되고, 이를 통해 성적인 여성을 환유적으로 나타낸다. 이러한 환유는 걸그룹의 육체에 대한 카메라 워크를 통한 관음적 응시에 의해 이루어진다.

성적으로 파편화된 몸으로 호명되는 걸그룹은 날씬하고 섹시하게 몸을 관리해야 함을 모두에게 내면화한다.

문화 상품으로서 아이돌은 산업 조직이 공산품을 생산하는 공정과 유사한 분업의 원리에 의해 생산된다. 아이돌이 생산되는 기획, 제작, 유통의 각 공정은 각각의 전문가에 의해 분업적으로 수행된다. 이러한 과정에서 방송 산업은 시장의 불확실성을 해소하기 위해 시청률을 높이는 안정적 관습으로 아이돌 스타를 활용한다. 소년 소녀 아이돌은 이들 공정에서 섹슈얼리티의 상징으로 이미지화된다. 이 과정에서 방송 산업과 연예 엔터테인먼트 산업은 시장성이 있는 아이돌 스타를 매개로 그들의 삶과 몸을 보여줌으로써 수익을 창출한다. 이 과정에서 소년 소녀 아이돌은 상품으로써 기획·생산·유통되고, 섹시하고 매력적인 몸을 만들고 관리한 성공적 젊은이를 의미하며, 스타로서 소비된다.

5. 오락 프로그램의 여성 임파워먼트

1) 오락의 남성성과 여성 예능의 출현

역사적으로 오락의 주체와 소비 대상은 주로 남성이다. 텔레비전 오락 프로그램도 마찬가지이다. 공적 영역에서 즐거움과 웃음은 남성의 전유물이었으며, 성적인 내용이나 성적 대상을 희화화하여 웃음을 생산하는 관습도 이와 연관된다. 오락 프로그램에서 생산해야 하는 '웃음'의 감정과 신체적 표현도 젠더성을 내포한다. 전통적으로 여성은 상냥한 미소를 지어야 하고, 소리내어 웃거나 웃기는 것은 여성에게 허락되지 않았다. 그래서 웃음의 발화자로서 여성 예능인의 위치는 전통적 성별 규범과 갈등을 일으킬 수밖에 없고, 남성적 지배 질서에서 주류화되기 어려운 직업이다. 여성 예능인은 못생기거나, 뚱뚱하거나, 주책맞아 망가지는 캐릭터여야 했다. 오락 프로그램의 주인공이 되거나 독립적 주체로 웃기는 것은 남성적인 영역이었다.

2010년대 이후 텔레비전 오락 프로그램이 도전과 경쟁을 다루는 리얼리티 프로그램과 토크쇼로 변화하면서 한때 심각한 남초 현상을 초래했고, 여성 연예인은 거의 부재했다. 최근 들어 오락 프로그램에서 여성 연예인의 비중이 늘어났다. 케이블 오락 채널이 확장되면서 일상생활을 소재로 한 다양한 프로그램에서 여성의 삶을 보여주거나 소재로 삼는 내용이 늘어났다. 이런 배경에서 개그우먼이나 여성 연예인들이 오락프로그램에서 중심적으로 활약하면서 '여성 예능'이라는 장르도 탄생되었다. '쎈언니','대세는 언니들', '걸 크러시'라는 용어가 생겨날 정도로 오락 프로그램의 성별 지형에서 눈에 띄는 변화가 나타났다.

남성 중심의 오락 지형에 변화를 가져온 이영자, 박나래, 김숙, 송은이 등이 여성 예능인의 기표가 되었다. 이들은 그동안 여성 연예인에게 요구되는 특정한 육체나 얼굴보다는 예능인으로서 전문성을 통해 지상파, 케이블, 인터넷 등의 매체에서 능력을 펼치고 있다. KBS2 〈언니들의 슬램덩크〉, MBC every 1 〈비디오 스타〉, TBC 〈효리네 민박〉, 〈님과 함께: 최고의 사랑〉, Olive 〈밥블레스유〉, 〈테이스티 로드〉 등은 여성이 중심이 되어 만들어진 대표적 오락 프로그램이다. 이외에도 다양한 오락 프로그램에서 남성 연예인들과 함께 MC나 패널로서 프로그램을 주체적으로 진행하고 있다. 주류 매체에서 배제되었던 여성 예능인 송은이와 김숙은 〈송은이 김숙의 비밀보장〉이라는 팟캐스트를 운영하며, 여성 중심의 예능을 생산하여 영향력을 확장했다. 이후 텔레비전 오락 프로그램의 출연도 늘어났으며, 제작자로서 그

임파워먼트

'여성의 임파워먼트'는 여성 스스로가 직면한 현실에 대한 비판적 이해력과 심리적인 자기 존중감을 갖고, 자신을 둘러싼 권력의 불균등을 인식하여 이에 대응하는 조직력과 활동력을 가지게 될 뿐만 아니라, 자립에 필요한 경제적 수입을 창출할 수 있는 경제적 능력을 갖게 되는 과정을 의미한다(허라금, 2011).

동안 볼 수 없었던 생활 밀착형 여성 콘텐츠를 생산한다. 이런 과정에서 남성 예능인의 주변인이나 보조자에 머물던 여성 예능인이 중심 인물이자 제작자로서 위치하며, 사회적으로 능력과 권위를 부여받게 되었다. 이들은 여성 예능이라는 장르를 형성하고, 여성 연예인의 임파워먼트empowerment를 보여준다.

2) 여성 예능인의 임파워먼트

이들은 오락 프로그램의 중심 인물이자 생산자로서 오락의 성별 전경을 변화시키고 있다. 주변부나 보조적 위치에 머물던 여성 연예인들이 기존의 여성 연예인이나 여성의 이미지를 변화시키고 있다. 이들은 기존의 성별 규범을 비틀고, 조롱하며 웃음을 만들어낸다. 전통적으로 요구되는 조신한 여성상과는 다른 방식으로 행동하며, 웃음을 만들어내고 공감을 얻는다. 쎈언니 캐릭터가 확산되고, 공공연히 드러내기 힘든 여성의 신체를 웃음의 소재로 삼으며 당당하게 말하고 보여준다. JTBC 〈님과 함께: 최고의 사랑〉에서 가부장을 미러링하여 웃음을 유발하는 가모장이자 시원스레 속마음을 말하는 독설가 캐릭터 김숙은 기존 남성 중심적 질서를 비웃는다. 직설적 토크와 B급 이야기를 여성의 입으로 말할 뿐 아니라 무시되던 작은 일들에 주목하며, 여성적 정서와 욕망을 드러내어 공감을 얻는다. 전통적 여성상과는 다른 일탈적인 여성 이미지를 생산하는 데 적극적이다. 김숙이 보여준 가상 로맨스는 남녀의 성역할과 규범을 전도한다. 기존의 로맨스 형식이나 연애 기법, 남녀 관계를 뒤집어 보여준다. '젠더 벤딩gender-bending'과 미러링으로 웃음을 줄 뿐만 아니라 주체적 여성의 이미지를 생산한다.

김숙은 젠더 벤딩을 통해 일반화된 성적 정체성을 거부하고, 남녀 구분없이 행동하는 모습을 몸소 보여줌으로써 기존의 성역할을 파괴한다. 김숙은 "남자가 조신해야지……" 등으로 남성의 성차별적 발언을 미러링하며, 남성적 언행을 비틀어 사용한다. 미러링은 남성 중심의 사고방식과 가치관이 얼

젠더 벤딩

젠더 벤딩gender-bending은 일반화된 성적 정체성을 거부하고 특히 남녀의 구분이 없는 차림이나 행동을 하는 것을 말한다. 미러링mirroring은 거울mirror처럼 반사해 보여준다는 뜻으로 2015년 여름부터 메갈리아에서 '남성들의 여성혐오가 얼마나 터무니없고 폭력적인지 비춰준다'는 취지로 사용되었다. 남성적 언행을 비틀어 사용한다는 점에서 여성들에게 카타르시스를 주지만, 미러링의 궁극적 목표는 '원행위자의 언어가 가진 폭력성을 드러내고 그에 대한 경각심을 갖게 하고 나아가 그것을 개선시키는 것'에 있다(심혜경, 2016).

마나 우스꽝스럽고 차별적인 내용을 담고 있는가를 보여주는 비틀기 장치이다. 〈나혼자 산다〉와 〈우리 결혼했어요〉에서 활약하는 박나래와 이국주는 뚱뚱하다고 비난받는 몸을 당당하고 섹시한 몸으로 새롭게 위치시켜 여성의 몸에 대한 고정관념을 허무는 데 기여한다. 박나래는 여성에게 공적으로 허용되지 않던 숙취, 과음, 음주가무 등을 거리낌없이 보여준다. 남성에게만 허락되던 술취한 모습이나 숙취 모습은 여성적인 외모나 조신함과 거리가 있다. 이러한 성별 규범을 전복하는 모습은 그녀의 모성애적 이미지를 통해 지배적 이데올로기로 봉합되며 받아들여진다. 박나래는 부엌에서 능숙하게 요리를 하고, 동기나 후배들을 초대하여 음식을 해주는 헌신적인 어머니 이미지를 통해 일탈적 행동을 용인받는다.

또 다른 사례로서 이영자는 〈전지적 참견 시점 〉을 통해 '먹교수', '먹신'으로 호명되며, 권위를 부여받아 찬양받는다. 그녀는 고속도로 휴게소를 비롯한 맛집 정보에 누구보다 능통하며, 성별을 불문하고 누구보다 많이 먹고, 맛있게 먹는 능력자이다. 먹는 데 주저함이 없고, 누구에게도 뒤지지 않는다. 이영자, 김숙, 송은이 등 여성 출연진으로 만들어진 Olive 〈밥블레스유〉는 여성들의 음식 취향과 일상적인 여성의 수다로 구성되는 먹방 형식이다. 이들은 자신들의 취향에 따라 맛집을 순례하며 패션을 뽐내고, 수다를 떨며 자매애를 보여준다. 그들은 주도적으로 자신들의 욕망을 드러내고 추구하며, 자신의 외모와 재능을 과시한다. 여성의 주체적 시선으로 즐거움을 찾고 욕망을 추구하며, 일상적인 사소한 것들에 가치를 부여한다.

이들은 전통적 가치관과 고정관념을 비틀고, 불평등이나 차별을 드러내어 웃음을 생산한다. 이들은 웃음 유발 전문가의 행위 능력이 있는 존재로서 남성 중심적 오락 프로그램의 역사에 개입한다. 이들은 여성 문화의 긍정성을 부각시키고, 새로운 여성성을 제시하며 연대한다. 이들은 기존의 젠더를 허물고, 새로운 성별 정체성을 연속적으로 수행하며, 여성적 오락 형식을 대안으로 제시한다.

더 읽을거리

이동연 편(2011). 『아이돌: HOT에서 소녀시대까지 아이돌 문화보고서』. 이매진.
전혜은(2010). 『섹스화된 몸』. 새물결.

더 볼거리

〈까칠 남녀-누나가 먹여 살릴게!〉 https://www.youtube.com/watch?v=k2sP89yloSc
〈여성예능, 비디오스타 제작발표회〉 https://www.youtube.com/watch?v=NGOasubWJTo

생각해볼 문제

1. 텔레비전 오락 프로그램의 주된 소재와 재현 방식은 무엇인가?
2. 텔레비전 오락 프로그램이 일상생활의 리얼리티를 강조하게 된 이유는 무엇인가?
3. 리얼리티 오락 프로그램의 변형된 성역할은 무엇에 의해 봉합될까?
4. 텔레비전 오락 프로그램에서 만들어진 캐릭터는 어떤 이데올로기에 기반하여 재현될까?
5. 아이돌과 걸그룹의 외모와 신체가 강조되는 이유는 무엇인가?

10장

게임 문화와 젠더 정치

홍현영

2019년 초, 〈오버워치Over Watch〉의 대표 캐릭터 중 하나인 솔져의 새로운 과거가 밝혀지고 난 뒤, 플레이어들의 반응은 상당히 상징적이었다. 〈오버워치〉의 제작사인 블리자드는 게임 내 다층적인 세계관을 쌓아올리고 캐릭터 서사의 고유성을 만드는 과정에 공을 들이는 곳으로 유명하다. 앞으로 밝혀질 중요한 서사의 중심축임을 암시했던 솔져가 사실은 게이였다는 에피소드에 대한 반응은 호의적이지 않았다. 팀원을 이끄는 대장 역할을 하고 군인에서 모티브를 따온 마초성의 대변자, 솔져가 게이였다는 설정에 플레이어들은 자신이 선택했던 캐릭터가 오염(?)되었다고 분개했다. 〈오버워치〉의 주요 캐릭터가 성소수자라는 설정은 솔져가 처음은 아니다. 게임 내 대표 캐릭터이자 빠른 속도를 자랑하는 트레이서 역시 레즈비언이라는 설정이 담긴 코믹스가 공개되자 공분을 산 바가 있다. 플레이어들은 블리자드가 자주 시도하는 다양한 방식의 젠더 표상이 정치적 올바름이라는 명명 아래 오히려

정치적 올바름political correctness

통칭 PC로 명명된다. 성적 지향이나 인종, 정체성, 장애, 연령, 성별과 같은 요소로 인해 생기는 편견과 차별을 지양하자는 의미에서 사용되는 광범위한 범주의 운동을 아우르는 용어다. 오늘날의 히어로물이 백인 남성 중심에서 여성, 흑인, 아시안계로 확장된 것과 같이 정치적 올바름을 의식하는 노력들은 점차 확산되고 있는 추세다.

플레이어를 즐거움에서 소외시킨다고 비판하고는 한다. 이는 게임에서 전통적인 방식으로 재현하는 젠더적 양식이 존재하며, 그것이 갖는 정형성이 게임다움이라고 믿는 플레이어들이 여전히 게임 시장에서 다수임을 보여주는 대표적인 사례다.

게임과 놀이를 동일한 의미로 사용할 수는 없지만, 넓은 의미에서 게임 역시 놀이에 해당한다. 살렌과 짐머만이 말했듯 모든 놀이에는 '타자', 즉 상대방이 필요하다. 타자가 없이 홀로 하는 놀이의 재미는 오랫동안 지속되지 않는다. 놀이의 즐거움의 상당 부분은 타자와 자신과의 비교를 통해, 자신이 상대적으로 우위를 점할 수 있다는 지점에서 나오기 때문이다. 아울러 놀이에서 타자는 경쟁의 대상에서 그치지 않고, 더 큰 대립에 대응하기 위해 함께 협력하는 존재이기도 하다. MMORPG의 진영 간 전투와 같은 예가 대립을 지속하기 위한 협력이라는 측면에서 살렌과 짐머만(Salen & Zimmerman, 2003)이 말한 '멋진 역설'에 해당한다. 앞서 언급한 블리자드의 다른 게임 〈월드 오브 워크래프트World of Warcraft〉는 새로운 영토를 찾아 떠난 '호드' 진영과 자신의 영토와 문화를 지키고자 하는 '얼라이언스'의 대립을 지속적으로 그리고 있다. 이와 같은 진영 간의 전투는 자신이 소속되어 있는 집단에 애착을 부여하는 동시에, 상대와 대립하게 되는 동기와 정당성을 부여한다. 게임 문화와 젠더적인 재현, 갈등의 원인은 근본적으로 이 '타자'와 '우리'를 구분하는 태도와 무관하지 않다.

1. 게임 속 젠더적 재현 양식

다른 미디어와 마찬가지로 게임에 있어서도 재현은 중요한 요소다. "모든 게임은 인간의 가치를 표현하고 체화한다"(Flanagan & Nissenbaum, 2003)고 말할 때 게임이 표현하는 인간의 가치란 선악의 구도나 이성, 문명과 야만의 대립과 같이 극명하게 드러나는 것에 국한되지 않는다. 넷플릭스Netflex에 드라마화가 확정된 〈위쳐Witcher〉는 게임이 표현하는 가치가 단순하지만은 않다는 것을 보여준다. 플레이어가 조정하게 되는 주인공 게롤트가 소속된 위쳐라는 집단은 괴물을 퇴치할 수 있는 마법을 소유했지만, 그 이질적인 능력으로 인해 평범한 사람들에게는 멸시와 혐오의 대상이다. 그래서 위쳐는 어디에도 정착하지 못하고 떠도는 존재들이다. 사람들은 그들을 환대하는 경우는 없지만, 문제를 해결하기 위한 가장 손쉬운 방법으로 위쳐를 활용하고는 한다. 물론 그 결과가 모두에게 행복한 결론을 가져다주는 것은 아니다. 게임은 피할 수 없는 비극이라는 결론을 통해 어떤 선택이든 문제를 해결할 수 있는 명쾌한 답이 되지는 못한다는 것을 보여준다. 문제에 개입하는 한 명의 인간은 사건의 본질을 이해할 수 없으며, 단편적인 정보를 통해 자신이 행동할 수 있는 근거를 마련할 수밖에 없다. 게임이 표현하는 가치는 인간의 유한성, 이타심과 희생이 이기심의 발로가 될 수도 있다는 양가적인 해석까지 포함한다는 점에서 입체적이다.

그러나 재현의 양상을 단순하게 해석할 수 없다는 예시로 들었던 〈위쳐〉 역시 기존의 게임 구도를 답습하고 있는 지점이 있다. 주인공 게롤트는 동료이자 제자였던 시리가 실종되고, 그녀를 찾기 위한 여정을 시작한다. 2017년, 그 해 최고의 게임GOTY으로 선정된 〈젤다의 전설ゼルダの伝説〉도 이 구도는 유사하다. 제목은 〈젤다의 전설〉이지만, 게임의 주인공은 링크라는 소년이다. 제목에서 언급되는 젤다는 링크가 속한 하이랄 왕국의 공주이며, 마왕 가논돌프에게 납치되는 수동적인 역할에 머물 뿐이다. 어드벤처 게임의 주인공에게 성장이란 영웅이 되기 위한 과정이라 불러도 좋을 것이다. 플레이어가 몰입하게 되는 주인공은 임무를 수행하며 소년에서 어른 남성인 영웅으로 거듭나게 된다. 그 사이에 존재하는 여성은 납치를 당해서 구출을 기다리는 역할, 여정에서 조력자, 여정 이후의 보상으로서 왕관의 위치에만 머문다. 지금의 닌텐도를 있게 만든 〈슈퍼 마리오 브라더스スーパーマリオブラザーズ〉 역시 마찬가지다. 배관공 마리오는 쿠파라는 마왕에게 납치된 피치 공주를 구하기 위해 하수구를 통해 지하 세계로 잠입한다.

이와 같은 화소話素는 중세 기사담부터 유구하게 전해진 '곤경에 빠진 공주'의 모티브이며, 게임만이 가지고 있는 독자적인 요소는 아니다. 그럼에도 상기해야 할 지점은 게임이 다른 미디어와 달리 상호작용을 통해 이뤄지며, 플레이어는 적극적으로 게임을 수행함으로써 자발적인 몰입의 과정을 경험한다는 것이다. 남성 캐릭터는 주체적이고 사건을 해결하고 서사를 이끄는 존재로 설정되어 있는 것과 달리, 여성 캐릭터가 구원의 대상으로 타자화되는 이분화된 구조는 게임의 보편적인 설정에 해당한다. 플레이어는 자신의 실제 성별과는 무관하게, 게임을 플레이하는 순간 '소년의 영웅되기'라는 규범적인 남성성을 실현하는 존재가 된다(천정환, 2019: 145). 게임에 몰입한다는 것은 그 순간 게임에 내재된 규칙을 의심하지 않고 수용한다는 말과 같다. '곤경에 빠진 공주' 모티브를 활용하는 게임은 플레이어가 자신이 조정하는 캐릭터가 난관을 극복하고 약자를 구출하는 입장이라는 것을 믿게 만든다. 〈브레이드Braid〉는 이 모티브의 근본적인 설정에 문제를 제기한다.

〈브레이드〉의 가장 큰 특징은 선형적으로 전개되기 쉬운 게임 속 시간을 되돌릴 수 있다는 설정에 있다. 〈슈퍼 마리오 브라더스〉와 같이 캐릭터가 왼쪽에서 오른쪽으로 전진하면서 공간이 이동되며, 시간이 흐르는 것처럼 보이는 게임을 횡스크롤이라고 한다. 하수도 속 지하 세계를 탐험하는 배관공 마리오에게는 세 개의 수명이 주어진다. 적에게 몸이 닿는 순간 마리오는 생명을 하나 소진하고 플레이어가 저장한 특정 지점에서 부활한 뒤 다시 오른쪽으로 전진한다. 이와 달리 〈브레이드〉의 주인공 팀은 왼쪽에서 오른쪽으로 일정한 속도로 움직이는 것이 아니라, 오른쪽에서 왼쪽으로 자유로운 이동이 가능하다. 즉, 현재의 실수를 반복하지 않기 위해 과거로 시간을 되돌리거나 특정 공간에서 적들의 움직임마저 일정 속도로 느리게 조절할 수 있다. 이 제한된 시간에 대한 독특한 설정은 게임의 규칙에만 머물지 않는다.

〈브레이드〉는 '월드 2'부터 시작되어 '월드 6'까지의 단계를 거쳐 '월드 1'로 돌아가는 구성을 취하고 있다. 듀토리얼에 해당하는 '월드 2'의 내레이션은 팀이 납치된 공주를 구해낼 방법을 찾고 있으며, 이 불행이 그가 저지른 실수에서 비롯되었다고 상황을 알려준다. 공주를 구출하기 위해 팀은 각 단계의 퍼즐을 완성하며 이야기의 마지막이자 시작지점인 '월드 1'에 진입한다. 기사로부터 도망친 공주를 구하기 위해 쫓아다니던 팀이 드디어 공주를 조우하는 순간, 이야기의 전말이 밝혀진다. 마지막 단계에서 시간을 돌려 오른쪽에서 왼쪽으로 이동하는 방식으로 다시 복기한 내용은 전혀 다른 관점으로 읽힌다. 공주는 팀을 피해 필사적으로 도망치다가 기사에 의해 극적으로 구출된다. 팀은 여기서 포기하지 않고 '월드 2'로 넘어가 공주의 뒤를 쫓은 것이다. 내레이션이 말한 팀이 저지른 실수에서 비롯된 불행이란, 공주가 사라진 선택이 자발적인 결과였음을 보여준다. 아울러 팀을 조정하며 몰입했던 플레이어에게, 이들이 수행하는 규범적인 남성성의 대리자라는 암묵적 가치를 의심해야 함을 상기하게 한다.

여성 캐릭터를 주체적으로 성장하는 인물로 그린 게임들도 적지는 않다. 지금도 꾸준히 리부트되고 있는 〈툼 레이더Tomb Raider〉는 탐험가 라라 크로프트가 세계의 유적을 돌아다니며 보물을 수집하는 것을 주요 골자로 삼는 게임이다. 루이스 캐럴Lewis Carrol의 『이상한 나라의 앨리스Alice's Adventures in Wonderland』를 모티브로 한 어드벤쳐 게임 〈아메리칸 맥기의 앨리스American McGee's Alice〉나 사후 세계를 탐험하며 진실을 마주하는 세누아의 궤적을 그린 〈헬블레이드: 세누아의 희생Hellblade: Senua's Sacrifice〉과 같은 게임 타이틀도 좋은 평가를 받았다. 그러나 〈툼 레이더〉 초기 시리즈에서 라라는 유적 탐험가라는 정체성보다는 몸매가 좋고 노출이 많은 의상을 입은 여성 캐릭터로 꾸준히 광고되었다. 엘리스나 세누아는 특정 사건으로 인해 정신적인 상처를 입고 현실을 온전하게 인지하지 못하는 인물로 그려진다. 게임 속 남성 캐릭터가 어른이 되는 것은 과정에 집중되어 있지만, 여성 캐릭터의 성장은 언제나 그 이전의 부재를 염두에 둔 조건이 필요하다는 점은 의미심장한 구석이 있다.

게임이 재현하는 남성성은 소년의 영웅되기를 주된 서사로 삼는 RPG의 영역에만 그치지 않는다. 1990년대 당시의 많은 중·고등학생들을 한 딸의 아버지로 만든 게임 〈프린세스 메이커Princess Maker〉를 살펴보자. 〈프린세스 메이커3-꿈꾸는 요정〉은 요정 여왕이 어린 요정의 인간세계의 공주가 되고 싶다는 소원을 들어주는 짧은 애니메이션으로 시작한다. 인간이 되고 싶다는 요정의 고집을 들어주며 "자신의 힘으로 너의 꿈을 이뤄보렴"이라고 하는 요정 여왕의 대사는 흥미롭다. 실제로 이 게임은 어린 요정이 성인 여성이 되어 용사부터 공주, 농부에 이르는 다양한 방식의 직업인이 되는 과정을 그리고 있지만 그 관점은 요정의 입장은 아니기 때문이다. 플레이어는 그녀의 훈육을 담당하는 아버지의 관점에서 이 게임을 진행한다.

요정 여왕은 전직 용사인 '나'에게 아직 인간 세상의 규칙을 모르는 어린 요정을 딸로 맡긴다. 18세 성인이 되기까지 딸은 오직 아버지가 정한 일정에 맞춰 움직이는 존재다. 계속되는 학업이나 노동으로 스트레스가 극에 달해서 가출을 하지 않는 한, 특정 분야에서 재능을 발견하는 일도 심지어는 누구와 결혼을 하게 되는지도 모두 아버지의 손에 달려 있다. 이 훈육의 범위에는 신체까지도 포함된다. 딸은 '건강하게' 혹은 '품위있게'라는 수식어 아래 몸무게, 가슴, 허리, 엉덩이 둘레까지도 수치화된 방식으로 표현되며 식단을 통해 관리를 받게 된다. 앞서 요정 여왕이 말한 자신의 힘으로 꿈을 이루는 과정이란 스스로의 판단과 수행으로 이루어지는 것이 아니었던 것이다. 이는 〈젤다의 전설〉과 같은 소년(아들)이 영웅이 되는 과정이 주체적으로 보이는 것과는 대조적이다. 딸은 오로지 아버지라는 매개를 거쳐야만 성인이 될 수 있다(한혜원, 2016, 57).

〈프린세스 메이커〉와 같이 육성 시뮬레이션이라는 지칭되는 게임 장르를 접하는 플레이어의 심리는 어떤 방식으로 추동될까? 모성애(혹은 부성애)라는 만들어진 감성이 아님은 물론이다. 이 게임을 하는 플레이어는 결코 단 한 명의 딸을 기르는 과정에 몰입하지 않는다. 귀비貴妃, 술집 종업원, 용의 신부, 아버지와의 결혼과 같은 다양한 엔딩을 모으는 플레이어의 심리는 오히려 수집가에 가깝다. 그 과정에서 딸을 키우기 위한 수업이나 아르바이트가 진행되는 시간은 지루한 노동과 같이 느껴지기도 한다. 즉, 플레이어는 딸과 감정적으로 동화되지 않으며 그것을 손쉽게 분절하고 재단할 수 있는 '대상'으로 인지한다.

물론, 게임에서 여성 캐릭터만이 수집과 양육의 대상이 되는 것은 아니다. 모바일 게임 〈재배소년栽培少年〉은 다양한 종류의 씨앗을 심고 물을 뿌려 미소년 모습의 맨드레이크를 수확한다는 직관적이고 단순한 방식으로 디자인되어 있다. 플레이어는 다양한 타입의 미소년을 기르고 탐험을 통해 일러스트를 수집한다. 그러나 〈재배소년〉 역시 같은 게임사의 〈재배소녀栽培少女〉의 후속작이라는 사실에서 짐작할 수 있듯, 게임의 기본적인 발상은 여성 캐릭터의 대상화에서 비롯된다. 이에 대응하기 위해 여성을 잠정적 플레이어로 염두에 두고 남성 캐릭터 역시 수집할 수 있다는 발상은 후술하게 될 캐릭터 중심의 소비, 대상화된 존재로 세계를 읽는 방식에서 벗어날 수 없다.

대상화되는 재현 방식의 문제는 보다 직접적인 형태로도 존재한다. MMORPG의 전사, 마법사, 성직자와 같은 직업군은 성별에 따라 상이한 의상을 입는다. 동일한 직업군임에도 남성 캐릭터는 상위 레벨로 올라갈수록 갖춰 입는 장비의 묵직함과 화려함을 보여주지만, 상위 레벨의 여성 캐릭터는 점차 노출도가 높은 옷으로 바뀐다. 모바일로 손쉽게 접하는 트레이딩 카드 게임(통칭 TCG)의 경우도 마찬가지다. 플레이어는 적을 물리치기 위해 소지하고 있는 일러스트 카드 형태의 캐릭터를 진화시킨다. 그 과정에서 여성 캐릭터의 진화는 노출도가 높은 의상이나 선정적인 포즈가 주를 이루고, 남성 캐릭터의 진화는 장비나 의상이 강화되는 형태로 일러스트가 바뀐다.

이와 같은 차별적인 재현 방식과 게임 디자인의 문제를 지적하는 목소리는 작지 않다. 2013년도에 발매된 〈툼 레이더〉의 비교적 최근 시리즈부터는 기존의 성적 매력으로 어필하는 캐릭터 이미지가 지금의 플레이어들에게 더 이상 유효한 마케팅이 아니라는 점을 인지하고 있다. 비정상적으로 부각된

체형을 수정하거나 캐릭터의 트레이드 마크였던 한 갈래로 묶은 머리를 자른 모습을 선보인 것은 이 때문이다. 그러나 게임 커뮤니티에서 다수를 차지하는 여론은 이런 지적을 의식하는 요즘 게임들은 오히려 과거에 비해 게임 자체의 재미가 반감되었다고 불만을 토로한다. 그렇다면 게임은 본질적으로 현실과 무관한 재현 양식을 채택하며, 그것을 기획하는 게임 디자이너와 즐기는 플레이어들은 그 사회적 의미에서 자유로울 수 있을까?

2. 소비되는 서사

2018년 넥슨과 MBC의 합작으로 〈두니아–처음 만난 세계〉라는 프로그램이 방영되었다. 프로그램의 포맷은 독특하게도 넥슨에서 그 해 발매한 게임 〈야생의 땅–듀랑고〉를 그대로 차용한 것이었다. 갑작스럽게 발생한 워프홀에 빠진 출연자들은 문명이라고는 전무한 공룡의 세계에서 생존할 것을 목표로 삼고 다양한 활동을 전개한다. 처음으로 채집하는 물품을 표시하는 방식이나 효과음, 섬의 자원을 표시하는 화면도 모두 게임의 인터페이스를 차용했다. JTBC에서 시즌3을 기획하고 있는 예능 〈대탈출〉 역시 폐쇄된 공간을 탈출하기 위해 퀴즈를 푸는 방식의 게임 〈더 룸The Room〉에서 아이디어를 얻은 것이다. 위의 예시들은 TV라는 미디어가 선택한 재현의 방식이 이제는 게임의 포맷을 적극적으로 차용하는 것을 주저하지 않는다는 점을 보여준다. 물론 "모든 매개는 재매개"(Bolter & Grusin, 1999/2006: 65)라는 말처럼 어떤 종류의 미디어도 독자적인 의미의 순수한 문화적 공간을 설정할 수는 없다. TV와 컴퓨터, 영화는 선행하는 미디어들을 의존하기도 하며, 각 미디어의 고유한 특징이라 할 수 있는 기법을 적극적으로 차용한다. 그러나 여기서 강조하고 싶은 것은 점수, 지표, 파라미터로 호환되는 게임의 방식을 TV에서 발견하는 것이 낯설지 않을 정도로, 우리는 게임의 법칙에 익숙해져 있다는 사실이다.

게임은 영향력은 이제 모니터 안에서만 머물지 않는다. 걷거나 달리는 신체활동을 지표로 표현하고, 친구들과 비교하며 경쟁도 할 수 있다는 미밴드의 마케팅은 게임의 양식을 활용한 것이다. 다이어트나 금연, 공부와 같이 성취를 위한 목표를 미션으로 제공하고 그것으로 포인트를 쌓아서 보상으로 교환하는 어플리케이션은 너무도 흔하다. 이 같은 마케팅 기법으로 게임을 활용하는 양식에서 나아가, 정부의 정책을 홍보하는 일이나 군사 훈련에도 게임은 활용되고 있다. 게임은 익숙하지만 전쟁에 대한 경험은 없는 이들을 모병 대상으로 삼기 위해 미군은 2002년 〈아메리칸 아미〉라는 FPS게임을 출시하기도 했다(Witheford & Peuter, 2009/2015: 244).

위에서 언급한 '게임'이라는 용어는 스크린을 기반으로 플레이어에게 일정 시간이상의 접속을 요구하는 게임 소프트웨어의 플레이만을 의미하지 않는다. 게임이 구현되는 시스템을 적극적으로 활용하는 일, 게임에 내재된 인터페이스나 클리셰에 가까운 표현 양식, 그 밖의 여러 요소들을 특정한 문화 장르나 영역에서 활용하는 것이다(원용진·강신규, 2013: 321-361). 게임을 세상을 바라보는 하나의 틀로 활용하는 것을 '게임화gamification'이라 한다. 게이미피케이션이 여러 미디어에서 주요한 마케팅 방법으로 자리매김하게 이유는 특정한 업무(혹은 목표)를 마치 게임을 플레이하는 것과 같이 자발적으로 움직이도록 동기를 부여하고 즐거움을 줄 수 있다는 점 때문이다. 그러나 게임화에 익숙해졌다는 말은 제도, 인간의 행위와 실천, 몸과 인식 속에서 무의식중에 게임의 논리가 작동하게 되었다는 말과 다르지 않다(강신규, 2018: 3). 여기서는 게임이 구현하는 논리 중 하나로서 데이터베이스적 소비에 대해 살펴보고자 한다.

『게임적 리얼리즘의 탄생ゲーム的リアリズムの誕生』의 저자 아즈마 히로키東浩紀는 리오타르Jean-François Lyotard가 현대 사회의 특징으로 진단한 거대 서사 붕괴를 그 사회를 구성하는 이들이 공유하는 가치관이나 이데올로기가 쇠퇴한 상황이라 해석했다. 이것은 이야기 자체가 부재한 시대를 의미한다기보다는 특정 이야기를 모두가 공유해야 한다는 압력에서 비교적 자유로워진 "메타 이야기적 합의의 소멸"(東浩紀, 2007/2012: 10)을 지적한 것이다. 그 공백을 메우는 것은 다른 입장의 다양한 다른 이야기를 상상하는 일이다.

그러나 아즈마가 주목하는 '이야기'란 소설의 '서사'와는 다른 맥락을 갖는다. 이것은 표면상 이야기의 배경, 혹은 무대로서 세계를 의미한다는 점에서 '세계관'이라 부르는 쪽이 더 합당할 것이다. 현대 사회에서 소비되는 것은 개별적이고 독자적인 드라마가 아니라 그 배후의 시스템이다. 물론 세계관 그 자체를 소비할 수는 없기 때문에, 그것은 한 회 분량의 작은 서사들로 나눠져 소비된다. 1979년 방영된 애니메이션을 시작으로 지금까지 시리즈를 이어가고 있는 〈기동전사 건담〉의 예와 같이 한 번 설계된 세계관은 그것을 기반으로 무한한 작은 서사를 만들어내는 것이 가능하다(大塚英志, 2000: 133-134).

이야기를 선택하는 소비자는 세계관을 기반으로 만들어진 오리지널 스토리를 즐기기도 하지만, 동시에 그것을 활용한 작은 서사를 스스로 만들어내기도 하는 존재다. 흥미로운 것은 소비자이자 창작자인 이들에게 본래의 서사와 2차 창작물 사이의 우열이란 무의미하다는 점이다. 앞서 언급한 바와 같이 현대사회에서 모두가 공유하는 단일한 이야기란 기저에 존재할 수 없다. 오히려 이야기를 취사선택하고 창조하는 소비자는 서사가 전달하는 주제의식이나 메시지와는 무관하게 데이터베이스로서의 정보를 소비한다. 읽는다는 행위 자체가 이야기적이거나 영화적인 것에서 "데이터베이스적이고 인터페이스적인 검색엔진에 의해 읽어내"는 것으로 바뀐 것이다(東浩紀, 2001/2007: 97). 앞서 언급한 〈프린세스 메이커〉의 예를 상기해보자. 이야기의 심층에는 요정에서 인간 세계의 공주가 되고자 하는 주인공의 무수한 미래들이 잠재되어 있다. 그러나 그 표층에는 플레이어가 선택한 우연한 하나의 이야기만이 드러난다. 여기에는 이야기의 필연성이나 특정한 인과관계가 요구되지 않으며, 게임을 즐기는 플레이어 역시 이를 기대하지 않는다.

이와 같이 설정이나 세계관에 근간을 둔 데이터베이스 위주의 수용 양상은 캐릭터를 중심으로 한 소비와 이어진다. 이제는 낯선 용어가 아닌 '모에' 역시 캐릭터 중심의 소비와 밀접한 연관을 맺고 있다. 모에는 캐릭터를 작품 고유의 존재가 아닌 분해할 수 있는 요소로 분절시킨다. 소꿉친구, 금발머리, 미소녀, 상냥한 성격, 표정을 읽을 수 없는 멍함과 같은 기호화된 요소로 분절시켜 캐릭터의 특정 부분을 취향으로 수용하는 것을 모에화라 한다. 모바일 게임에서 지속적으로 높은 점유율을 차지하는 TGC 기반의 콜렉팅 게임 역시 캐릭터의 모에화를 적극적으로 활용한다. 다양한 총기를 전술인형이라는 명칭으로 여성 캐릭터화시킨 〈소녀전선少女前线〉이나 각종 음식에서 모티브를 딴 여성 캐릭터를 주요한 마케팅 수단으로 내세운 〈요리차원料理次元〉, 〈요괴미식가〉와 같은 게임은 무궁무진하다.

캐릭터란 그 자체로도 복합적인 하나의 인물을 온전히 구현하는 것이 아니다. 극적인 재미나 특정 효과를 위해 강조해야 할 부분을 제외한 나머지를 배제하는 방식으로 캐릭터는 만들어진다. 캐릭터에게 절대적인 개성이란 존재할 수 없다. 다양한 캐릭터를 데이터베이스화하고 있더라도, 게임 내 캐릭터들의 위치는 상대 캐릭터와의 다름을 통해서만 자리매김할 수 있다. 다양성이 오히려 고유성을 담보할 수 없다는 점을 게임을 즐기는 플레이어들

은 인지하고 있다. 플레이어는 오히려 게임의 전형적인 패턴과 지향점을 알고 있으며, 거기에서도 자신의 취향과 몰두할 요소를 적극적으로 분리한다. 〈아이돌 마스터THE IDOLM@STER〉나 〈러브 라이브!ラブライブ!〉와 같이 여고생을 걸그룹으로 데뷔시키는 것이 목적인 게임은 다양성 속에서 기호화되는 캐릭터의 적절한 사례가 될 것이다.

내가 선택한 연습생을 아이돌로 데뷔시킨다는 설정으로 인기를 구가한 엠넷의 〈프로듀스〉 시리즈의 발상은 이미 2005년 남코에서 발매한 게임 〈아이돌 마스터〉에서 발견할 수 있다. 플레이어는 게임 내에서 프로듀서가 되어서 데뷔할 걸그룹 멤버들을 선택할 수 있다. 물론 이것이 데뷔로 이어지기 위해서는 교육과 관리, 오디션 통과와 팬의 확보라는 지난한 과정이 존재한다. 보다 많은 수의 팬을 확보하는 일은 인기 순위와 밀접하게 연결되어 있으며, 이를 위해서 프로듀서는 팬덤을 충족시키기 위한 다양한 매력의 각기 다른 캐릭터를 육성하는 것이 관건이다. 〈프린세스 메이커〉에서 한 명의 딸을 키우기 위한 아버지였던 플레이어는 이제 모에화된 다기한 캐릭터를 육성하는 프로듀서로 거듭나는 것이다. 이 같은 설정은 리듬게임을 표방하고 있으나 9명의 여고생을 아이돌로 만들기 위해 스케줄을 관리해야 하는 〈러브 라이브!〉도 다르지 않다.

위에서 언급한 게임들은 그 형태는 달리하고 있으나 미소녀 연애 시뮬레이션(통칭, '미연시')의 발상에서 크게 나아간 것은 아니다. 미연시는 표층의 서사를 따라가며 잠정적 연애 대상으로 인식되는 캐릭터들과의 연애를 성취할 것을 목적으로 한다. 미연시 게임에서의 연애란 상대의 호감도 수치를 적절하게 관리하며 특정 이벤트를 유도하는 선택지를 고르는 과정을 의미한다. 따라서 게임이 표방하는 로맨스는 '나'와 다른 '타자'를 인정하는 과정과는 무관하다. 오히려 이것은 데이터베이스의 조합을 통해 만들어진 캐릭터를 정복하고 소비하는 과정에 불과하다. 게임의 최종 목적이 고백의 성공을 통한 연애의 시작이라는 점 역시 이를 보여준다.

이와 같은 미연시의 속성을 탈피하기 위한 노력도 존재한다. 게임의 본격적인 시작을 연애의 성립 이후로 그리고 있는 〈러브 플러스ラブプラス〉가 그것이다. 〈러브 플러스〉는 2년 동안이라는 현실의 시간과 게임 내 시간의 흐름을 동일하게 설정한 게임이다. GPS와 연동해 현실의 특정 장소를 방문해야만 열리는 이벤트도 존재한다. 공략 이후 플레이어의 현실적 시간과 장소와 연동되는 게임이라는 점에서 플레이어와 함께 하는 캐릭터의 의미는 개인에게 특별해지는 셈이다. 캐릭터의 외향이라는 표면적인 모에 요소를 제거하고자 하는 시도도 있다. 〈도트코이どとこい〉는 주인공이 미소녀를 해상도가 낮은 정사각형 픽셀로 인식하는 악마의 저주에 걸리면서 시작된다. 이 저주는 게임이 끝날 때까지 완전하게 풀리지 않는다. 플레이어가 선택한 특정 캐릭터만 호감도가 올라가는 과정에서 점차 해상도가 높아지고 뚜렷한 형상을 갖게 되기 때문이다. 주인공이 저주를 받아들이고 상대의 내면을 보겠다고 다짐할 때에서야 역설적으로 미소녀의 온전한 일러스트를 볼 수 있다.

그럼에도 불구하고 기호화된 캐릭터는 내면을 가진 주체로서 거듭날 수는 없으며, 오직 공략을 위한 '대상'으로만 존재할 뿐이라는 사실은 변하지 않는다. 게임의 논리는 오로지 스스로 플레이어임을 자임하는 게임 사용자에게만 영향력을 미치지 않는다. 게임이 구현하는 방식과 데이터베이스식 소비는 다른 미디어에 영향을 주며 영향을 받아왔다. 미디어가 재현하는 인물 역시 개별적 인격체이기보다는 캐릭터에 가깝다. 문제가 되는 지점은 이것이다. 캐릭터, 즉 대상화된 존재와 공감하는 주체란 존재하지 않는다는 것이다.

3. 게임을 둘러싼 젠더 갈등

2016년 6월 21일, 여성 프로게이머 게구리는 인벤 방송국에서 진행하는 생방송에 출현해 인터뷰 도중 울먹이는 모습을 보였다. 〈오버워치〉에서 게구리가 주로 선택하는 캐릭터 자리야의 승률이 80%에 육박하자 이를 실력이라기보다는 핵을 사용하는 것이라고 의심하는 네티즌이 많았기 때문이다. 실제로 '오버워치 넥서스컵'에서 게구리가 소속된 팀이 승리하자 상대팀 '디지니스'는 조준점을 자동을 맞추는 핵을 사용하는 것이 틀림없다고 문제를 제기했다. 팀원 중 한 명은 게구리의 신변에 위협을 느낄만한 협박을 하기도 했고, 디지니스는 핵이 아니라면 팀을 해체하겠다고 공언하기도 했다. 놀라운 게임 실력 때문에 게구리의 성별을 의심하거나, 성희롱 대상으로 삼은 네티즌도 많았다(이종완, 2016).

여성 게이머란 이유만으로 공개적으로 실력을 증명하는 방식으로 자신의 의혹을 해명할 수밖에 없는 게구리 사건은 e스포츠에 만연한 여성 게이머에 대한 성차별적 태도를 보여준다. 〈리그 오브 레전드〉의 한국 운영사인 라이엇 코리아의 유튜브 채널에서는 특정 여성 캐릭터의 능력이 게임 운영에 크게 도움이 되지 않는다는 의미로 '혜지'라는 단어를 언급하며 말을 흐려 논란을 야기하기도 했다. '혜지'라는 표현 자체가 실력은 없으면서 다른 게이머들의 덕을 보는 여성 게이머에 대한 멸칭에서 확장된 의미라는 점에서 게임 운영사 공식 채널에서 이 표현을 사용했다는 것은 더욱 문제적이다(성상민, 2019).

게임 이용자 수치를 비교하면 남성 게이머와 여성 게이머의 비중은 크게 차이가 나지는 않는다. 여성의 61.9%, 남성은 73.8%가 게임을 이용하거나 이용한 경험이 있다(한국콘텐츠진흥원의 〈2017 게임이용자 실태조사 보고서〉). 그러나 여성 게이머 중 적지 않은 이들은 게임 내에서 자신의 성적 정체성을 밝히지 않고 게임하기를 선택하거나, 남성 게이머인 척한 경험을 가지고 있다. 이들이 여성 게이머임을 숨기는 이유는 명백하다. 플레이어를 중심으로 이뤄지는 게임 커뮤니티의 담론에서 여성 게이머란 조롱의 대상이 되기 쉬우며, 성적 모욕감을 느끼게 되는 수식어로 지칭되는 경우가 지배적이기 때문이다. 2017년 청년참여연대가 실시한 오버워치 내 성차별, 성희롱 실태에 대한 설문조사에서는 96.2%가 오버워치 내 성차별 문제에 대해 인식하고 있었다. 성희롱, 여성 게이머 비하, 특정 포지션 강요와 같은 직접 성차별을 경험한 이도 71%에 달했다(김학봉, 2017).

여성 게이머가 팀의 승률을 낮추는 존재나 다른 팀원들에게 신세를 지는 반쪽짜리 게이머 취급을 받는 이유는 게임 커뮤니티 내의 담론과도 무관하지 않다. 플레이포럼이나 인벤, 루리웹과 같이 게임을 기반으로 한 커뮤니티는 상당 수 존재한다. 그러나 일견 자유롭게 보이는 이 공론장 안에서 플레이어는 자유로운 의사소통 과정을 거쳐서 담론을 만들어 내는가에 대해서는 회의적이다. 혐오를 게임의 본질을 수호하기 위한 행위나 재미를 추구하기 위한 방법으로 활용하는 이 흐름을 어떻게 봐야 할까?

부르디외Pierre Bourdieu가 지적한 바와 같이 취미, 취향은 지위, 지표를 드러내는 하나의 방법이 되었다. 혹자는 게임 혹은 놀이야 말로 이와 무관한 자발적인 선택이라는 점에서 다른 가능성을 가지고 있다고 낙관하기도 했다. 그러나 이 자발성은 오히려 견고한 자기방어의 논리를 구축하는 동력이기도 하다. 게이머는 '나'와 일치되는 정체성을 가진 대상으로 의견을 피력할 상대를 상정하며, 이와 다른 이질적인 의견과 경험을 가진 '타자'를 발견하는 경우 그를 혐오의 대상으로 삼는 일에 주저함이 없다.

특정한 취향이 자신의 지위를 증명한다고 할 때, 플레이어란 지위는 확고불변한 계급을 의미하지는 않는다. 그러나 캐주얼 게이머에 대해 하드코어 게이머가 갖는 우월감은 역시 지위라는 단어로 설명할 수 있을 것이다. '게이머'라는 용어에서 연상되듯이 하드코어 게이머로서의 덕목과 행동이 존재하는 것은 사실이다. 단순히 게임을 하는(혹은 했던) 사람이 아닌 하드코어 게이머를 자임하는 것은 차별성을 만들고자 하는 시도로 볼 수 있다. 게임에 이제 막 입문한 '뉴비'와 특정 게임을 너무 오랫동안 플레이한 나머지 해당 메커니즘을 외우다시피한 '고인물'의 격차를 전제하지 않는 게임은 없다. 〈배틀 그라운드Player unknown's Battlegrounds〉 초보 입문자가 어린이라는 단어가 결합된 '배린이'로, 〈월드 오브 워크래프트〉 신규 사용자가 '와린이'로 불리는 것 역시 마찬가지다. '~린이'는 훈육의 대상이자 하드코어 게이머들이 알고 있는 기술, 정보 나아가 가치를 전달받는 대상이다. 지위는 그들이 인정한 방식 외의 다른 방법으로 접근하는 타자를 밀어내는 행동으로 증명되기도 한다. 하드코어 게이머는 자신들이 익숙한 게임 장르에 게임의 계보나 질서에 익숙하지 않은 새로운 플레이어가 유입하는 것에 거부감을 느낀다. 이를 막고자 기존 게임의 질적 저하나 좋은 게임을 판단하는 식견의 부족하다고 새로운 방식, 혹은 낯선 형태의 게임을 고평하는 이들을 공격하기도 한다. 하드코어 게이머들은 하드코어가 되지 못하는 이들의 게임을 게임이 아니다(혹은 게임답지 못하다)라고 폄하한다(Juul, 2009/2012). 주류 담론에서 벗어난 소수자를 가장 손쉽게 배제하는 방식은 혐오다. 그리고 혐오를 가치 판단의 준거로 사용하는 위험성을 보여준 결정적 사건은 '게이머 게이트'다.

2013년 2월에 발매된 인디 게임 〈우울증 퀘스트Depression Quest〉는 개발자 조이 퀸Zoe Quin의 우울증 경험을 기반으로 만들어졌다. 자신의 의지와는 무관하게 겪게 되는 무기력함, 마음대로 움직일 수 없는 상황을 전달하고 싶었다는 조이 퀸의 의도는 비평가들에게 높은 평가를 받았다. 그러나 평단의 고평과는 대조적으로 '4chan', 'raddit'과 같은 플레이어 커뮤니티에서 이 게임에 대한 반응은 좋지 않았다. 퀘스트를 주면서 정작 플레이어의 마음대로 움직이지 않는 마우스 커서는 우울증 아니라 짜증만 유발한다는 스팀 구매자의 평가가 대표적이다. 단조로운 화면 중심에 텍스트 위주의 투박한 게임 툴도 지적의 대상이 되었다. 〈우울증 퀘스트〉에 대한 비평가와 플레이어들의 평가가 갈릴 당시, 조이 퀸의 전 남자친구는 자신의 블로그에 폭로글을 올린다. 이 게임이 호평을 받은 것은 자신의 여자친구였던 개발자가 게임 저널 『코타쿠』의 작가 나단 그레이슨Nathan Grayson과의 성적 관계가 있었기 때문이라는 주장이었다. 주장의 인과관계는 사실이 아니었음을 나중에서야 시인하기는 했으나, 분노한 플레이어들의 행동양상은 수습할 수 없을 만큼 커진 상황이었다. 게이머 게이트의 시작이었다.

게이머 게이트라는 명명은 이름에서도 상기하듯 워터게이트 사건과 같이 은닉된 대중적 음모를 폭로하겠다는 의도를 담고 있었다. 트위터twitter를 비롯한 SNS에는 '#gamergate'라는 해시태그를 붙인 게시물들이 무수히 생성되고, 각종 커뮤니티를 통해 퍼져 나갔다. 게임은 온전히 게임만의 즐거움으로 평가받아야 하며, 개발자와 평론가의 이익에 근간을 둔 평가는 저널리즘의 윤리성에 위배된다고 이들은 지적했다. 그러나 많은 수의 게시물들은 언론의 윤리성을 지적하는 것보다 익명으로 조이 퀸의 개인 정보를 찾아내 공개하는 일에 더 적극적이었다. 게시물의 내용에는 성적 모욕부터 강간 및 살해위협까지 다양한 방식의 증오가 포함되었다. 위협의 대상이 된 것은 제작자만이 아니었다. 사건을 비판한 문화비평가 아니타 사키시안Anita Sarkeesian, 인디게임 스튜디오 공동설립자 브라이아나 우Brianna Wu 역시 게이머게이트의 피해자가 됐다. 주소가 노출되고 살해 협박이 이어지자 조이 퀸은 집에 들어갈 수 없었고, 테러를 예고하는 트윗 때문에 사키시안은 예정

사회 정의의 전사social justice warrior

영어권에서는 SJW로 축약해서 사용하는 이 단어는 페미니즘, 시민권, 다문화주의, 소수 권리와 같은 사회 진보적 관점을 주창하는 이들을 일컫는다. 주로 극우를 지지하는 이들이 신좌파의 정치적 의사 표현을 조롱할 때 경멸하는 의미로 사용되고 있다.

된 강연회에 차질을 빚기도 했다.

물론 게이머 게이트를 둘러싼 폭력의 흐름에 반대를 표명한 이들도 많았다. #GamersAgainstGamergate나 #StopGamergate2014와 같은 해시태그를 사용하며 다양한 성별과 인종, 사회적 배경을 가진 게임 개발자와 언론인, 플레이어들이 인터넷상에서 일어나고 있는 혐오와 폭력을 멈출 것을 호소했다. 블리자드사의 사장 마이크 모하임이 2014년 블리즈컨에서 게이머 게이트를 적극적으로 비판한 경우를 대표적인 사례로 언급되고는 한다. 폭력적 행위의 중단을 요청하는 의견을 표명하는 이들은 '하얀 기사', '사회 정의의 전사'라고 조롱을 받기도 했다.

게이머 게이트라는 해시태그 아래 행해진 폭력과 조롱의 목적은 희생자를 비난하고 그 진정성을 의심하고자 하는 일에 있다. 피해자의 정체성을 재정의하고 왜곡하는 것이다. 이와 같은 상황을 캐이틀린은 서로 다른 가치관으로 충돌이라 인식했다. 대립의 각은 인디 게임 제작자와 비평가, 게임 참여자의 스펙트럼을 확대하고자 하는 사람들과 여성 혐오자, 기독교도, 트롤링을 일삼는 사람들 사이에서 생겼다(Dewey, 2014). 따라서 논쟁은 본질적으로는 게임으로 간주되는 것과 그렇지 않은 것 사이의 정체성과 연결되어 있다. "여권 운동가들이 비디오 게임 산업을 분열시키고 있다"는 표현에는 이전 시대까지 중심이 되어온 플레이어들의 위기의식이 내재되어 있다. 이러한 플레이어들은 전통적인 AAA게임(대중적인 수치의 판매량을 기대하며 대형 게임사가 거대 자본을 투자해서 제작하는 게임을 통칭)을 하찮게 여기고 그에 비해 게임과 어울리지 않는 스토리에 찬사를 보내는 방식이 문제가 있다고 불만을 토로했다. 샐터Michael Salter는 이 사건을 '너드의 남성성Geek masculinity'이라는 용어를 통해 설명했다. 너드의 남성성이란 성적 고정관념을 지속적으로 유지하고자 하는 남성 주체와 기술이 결합된 행태를 의미한다. 컴퓨터 게임 시장에서 주요한 소비자층은 백인 남성geek이었다. 그러나 게임 분야에서 여성이 디자이너로 종사하는 비중이 커지고 게임을 즐기는 여성 플레이어의 숫자가 지속적으로 늘면서 남성 중심의 문화화는 균열이 생겼다. 여기에서 오는 위기감에 대응하는 방식으로 기존의 플레이어들은 타자에 대한 희롱과 공격의 방식을 선택했다. 자신이 선호하는 기술 영역에 대한 통제감을 유지하기 위해 위협과 모욕을 적극적으로 활용한 것이다(Salter, 2017).

이는 〈우울증 퀘스트〉와 같이 정신적인 질환을 게임에서 재현했던 〈헬블레이드〉가 2017년 GOTY를 수상했던 것과 비견된다. 조현병의 특징인 환청과 왜곡된 방식으로 구성된 세계를 잘 표현했다는 평가를 받는 〈헬 블레이드〉는 게임 자체의 발상을 차치하고 게임의 전개 방식이나 디자인을 본다면 전통적인 방식을 훌륭하게 계승하고 있다. 이와 달리 마우스 커서를 이동하는 플레이 방식이 대부분인 〈우울증 퀘스트〉는 기존의 게임을 즐기는 플레이어들에게 주제 전달에 함몰된 잘 만들지 못한 게임이 게임 평론가들의 평가에 힘입어 고평된 사례에 불과했다고 인식한 것이다.

게이머 게이트는 게임을 둘러싼 커뮤니티 담론이 실제 어떤 방식으로 영향력을 행사할 수 있는지를 잘 보여준다. 이와 동일한 맥락은 아니지만 커뮤니티 담론이 기업에 영향력을 미친 한국의 사례는 〈클로저스Closers〉의 성우 사건과 시간차를 두고 발생한 〈소울 워커Soulworker〉의 부각이 있을 것이다. 문제의 발단은 〈클로저스〉의 캐릭터 티나의 성우인 김자연이 "Girls do not need prince"라는 문구가 인쇄된 티셔츠를 SNS에 올린 것에서 시작되었다. 문장은 여성의 독립성을 주장하는 자체의 의미보다는 '메갈리안'이라는 여초 사이트를 지지하는 정치적 표현으로 해석되었다. 〈클로저스〉의 사용자와 사건의 과정에서 유입된 남성들의 반발은 격렬했다. 제작진은 결국 김자연 성우의 작업 분량을 전면 삭제했다.

2018년 5월에 발생한 〈클로저스〉의 사용자가 〈소울 워커〉로 대거 유입되는 사건도 계기는 게임의 신규 일러스트와 관련되어 있었다. 해당 일러스트레이터의 트위터에서 페미니즘과 관련된 내용을 다룬 내용을 리트윗하고 팔로우했다는 이유로 플레이어들은 제작사에 문제를 제기했다. 이에 대한 제작사의 반응은 상이했다. 〈소울 워커〉는 해당 일러스트를 즉각적으로 교체했지만, 〈클로저스〉는 창작자의 권리를 지키겠다는 답변으로 대응했다. 두 게임은 장르적으로 유사하며 비슷한 컨셉을 가지고 있었기에 〈클로저스〉의 플레이어들은 이에 대한 항의하는 방법으로 〈소울 워커〉로 이동하게 된다.

위에서 언급한 두 사건은 게임이 무엇이어야 하는가에 대한 의식과 느슨하게 연결되어 있다. 게임 캐릭터의 목소리를 담당하는 성우나 제공되는 일러스트 제작자의 SNS의 게시글은 게임과 직접적인 연관은 없다. 그럼에도 플레이어는 특정 가치관이나 정치적 성향마저 용인되거나 혹은 용납할 수 없는가를 판단했다. 이는 게임과 관련된 제반 산업에 종사하는 창작자의 삶의 지표마저 게임 내부에 진입해도 되는 것과 안 되는 것으로 나누고 검열하고자 하는 의도를 가지고 있다. 이와 같은 사례들은 게임을 통해 재현되는 형상, 게임을 둘러싼 다른 산업에 대한 소비가 사이버 스페이스의 담론과 밀접하게 관계 맺고 있다는 점을 보여준다(최태섭, 2017). 게임 커뮤니티를 비롯한 넷상의 담론장은 지극히 남성 중심적이다. 게임 커뮤니티는 여타 서브컬처 관련 커뮤니티의 주요 토픽을 공유하며, 잠재적으로 의식하고 있는 문제의식의 연장선상에서 게임다움이 유지되기를 요구한다. 이들은 젠더를 이슈로 기존의 게임이 가지고 있던 내용에 문제를 제기하는 사건들에 비판적이다. 게임의 본질적인 측면(?)의 재미가 훼손되지 않기를 바라기 때문이다.

게임 커뮤니티의 게임 내 페미니즘 사상을 가진 이들을 색출하고자 시도는 계속되고 있다. 게임사 대표가 원화가 한 명이 한국여성민우회 계정을 구독한 이유를 다그치듯 면담하고 면담을 내용을 공개하며, 게임사의 결백을 증명하는 방식은 논란을 더욱 부추겼다. 〈소녀전선〉 역시 신규 캐릭터의 원화가 '메갈'이라는 의혹을 받은 지 불과 4시간 만에 신규 업데이트를 연기하겠다며 즉각적으로 대응했다(백철, 2018).

그러나 남성 중심의 게임 커뮤니티 담론이 플레이어들의 의견을 모두 담고 있는 것은 아니다. 앞서 언급한 바와 같이 게임을 이용하는 플레이어의 수치는 여성과 남성이 상이하게 다르지 않다. 여성 역시 높은 비중으로 게임을 접한 적이 있으며 게임을 플레이하고 있다. 이는 캐주얼 게임에 국한되지 않는다. 그러나 게임 커뮤니티에서 여성의 담론은 아직까지도 수면 위에 부상하기 보다는 조롱의 대상이 되거나 맥락이 삭제된 채 언급되기 쉽다.

〈소울 워커〉로 〈클로저스〉 플레이어가 대거 유입하게 된 배경 역시 다양한 맥락들이 존재했다. 〈클로저스〉의 플레이어들은 이미 현금 결제를 지속적으로 유도하는 방식에 불만을 가지고 있었다. 비슷한 장르의 〈소울 워커〉에서는 별도의 비용이 들지 않는 아바타 선택의 범주도 비교되어 회자됐다. 사용자가 적어서 서버 종료까지도 예상되던 〈소울 워커〉의 토착 세력은 콘텐츠의 고갈로 새로운 게임을 물색하던 이들을 적극적으로 환대했다. 이 분위기도 게임 간 이동에 한몫을 했다. 페미니즘과 결부된 것들이라 손쉽게 진단하고 배척하거나 혐오하는 방법을 선택할 때, 사건을 둘러싼 다양한 맥락은 삭제된다. 〈소울 워커〉의 영화榮華는 불과 반년도 지나지 않아 끝이 났다. 논란이 될 만한 요소를 즉각적으로 삭제하는 게임 기획사의 전략이야말로 게임 부흥의 향방을 좌우하는 큰 축인 것 마냥 회자되던 떠들썩한 시기가 무색해진 일이다(홍현영, 2019: 272–277).

4. 새로운 게임 문화를 바라며

공동체에 대한 이상은 나와 같을 것이라는 기대, 공감의 영역에 특권을 부여한다. 사회적으로 친근한 관계, 편안함, 상호 동일시되는 사이가 되길 바라는 욕망이 공동체라는 이름으로 표현되는 일은 납득할 수 있는 일다. 그러나 공동체의 주된 담론에서 타자에 위치에 놓이는 존재, 동일성에 의문을 제기하는 차이에 대한 이해가 부족한 경우의 문제를 상기해야만 한다. 특정한 공동체를 꿈꾸고 이를 통해 기대하는 바를 실천하려는 이들은 자신들의 집단에 속하지 않는 타자를 배제하거나, 그 차이를 제거하기 위해 노력한다.(McDowell, 1999/2010). '게이머'라는 이름의 공동체를 꿈꾸는 이들이 다른 목소리를 내는 의견에 어떤 태도를 취하는 지 반추해볼 일이다.

인터넷은 타자를 손쉽게 배제하고자 하는 위험한 욕망에 쉽게 노출된다. SNS상의 언팔로우나 차단, 뮤트와 같은 기능들은 나와 다른 의견을 가진 이들의 접근 가능성을 낮춘다. 인터넷이 상이한 의견들의 집합이라는 표면적인 인식과는 다른 지점이다. 오히려 인터넷이라는 미디어는 자신과 관계있던 이들의 유대관계만을 더욱 공고하게 만든다(東浩紀, 2016/2016). 게임이라는 매체를 매개로 한 커뮤니티를 공동체 역시 마찬가지다. 특정 담론을 주도하는 해석의 장에서 이견을 제시하기는 쉽지 않다. 동일성을 확인하고자 하는 이들 사이에서 다른 의견을 개진하는 이들은 추상적인 정의를 주장하는 고지식한 사람이라 조롱당하거나, 조롱과 위협의 표적이 되곤 했다.

공고한 유대관계라는 기대감을 느슨하게 둘 필요가 있다. 인간은 하나의 이해관계로만 이루어진 존재가 아니다. '나'의 정체성은 플레이어에만 머무는 것도 아니다. 삶의 여러 가지 지표와 연관된 다양하고 상이한 관계들 속에서 한 명의 인간은 다채로운 지위를 가지고 있다. 이 차이를 의식하고, 하나의 절대적인 가치란 존재하지 않는다는 점을 받아들여야 한다. 타자를 억압하거나, 차이를 억누르지 않고, 특정 담론에 동화되지 않는 타자성이야말로 담론을 건강하게 만든다. 이를 흔쾌히 받아들일 수 있는 개방적인 사회. 그것이야말로 게임을 더 즐겁게 즐길 수 있는 근간이 될 것이다.

더 읽을거리

이동연 외(2019). 『게임의 이론』. 문화과학사.

한혜원(2016). 『앨리스 리턴즈』. 이화여자대학교출판문화원.

Juul, Jesper(2009). *A Casual Revolution: Reinventing Video Games and Their Players*, Cambridge. Mass.; MIT Press. 이정엽 역(2012). 『캐주얼 게임』. 커뮤니케이션북스.

더 볼거리

〈방해말고 꺼져! : 게임과 여성GTFO: Get the Fuck Out〉. 섀넌 선-히긴슨 감독. 미국. 2015.

〈Tropes vs Women in Video Games〉(2017.4.26.), Anita Sarkeesian. URL: https://www.youtube.com/playlist?list=PLn4ob_5_ttEaA_vc8F3fjzE62esf9yP61

생각해볼 문제

1. 게임에서 재현되는 여성과 남성의 표상은 점차 변화되고 있다. 그러나 접근이 쉬운 모바일 게임 시장의 경우 젠더적 편견이 강화된 게임 역시 양적으로 증가하고 있다. 이와 같은 현상이 의미하는 바는 무엇일까?

2. 게임 담론 내 젠더 이슈가 초래하는 문제들에 대해 플레이어와 개발자는 어떤 방식으로 대처해야 하는가?

3. 커뮤니티를 중심으로 이뤄지는 주도적인 담론 바깥의 다른 의견을 받아들일 기회를 어떻게 만들 것인가?

11장

디지털 미디어 시대 여성주의운동

김수아

1. 디지털 미디어 세계와 여성

온라인 공간과 네트워크 기술이 사회적 소수자에게 열린 기회를 제공하는 기술적 가능성을 갖고 있음은 분명하다. 하지만 기술을 사용하는 것은 인간이고, 기술을 활용하여 문화를 만들어가는 것 역시 인간이므로 기술 그 자체보다 기술을 사용하는 인간과 문화에 관련된 논의가 중요할 수밖에 없다. 이런 맥락에서 디지털 미디어와 온라인 공간은 페미니즘의 중요한 주제였다. 가부장제 사회에서 여성이 전통적으로 기술 분야에 취약하다는 생각, 초기 진입 장벽으로서의 장비 구입비와 네트워크 이용료 등은 여성의 초기 인터넷 진입을 막는 장애물로 존재했다. 초기 온라인 공간에서 구성된 커뮤니티와 각종 서비스의 주요 이용자층이 주로 남성이었기 때문에 자연스럽게 남성 중심적 온라인 문화가 형성되어 여성 및 소수자에 대한 차별적 표현,

특히 여성에 대한 온라인 성폭력이 만연하게 되었다. 결국 여성들은 온라인 상에서 여성들만의 안전한 공간을 구성하려 하게 되었고, 공개되고 열린 공간에서는 여성들의 목소리가 줄어드는 효과가 발생했다.

이는 뉴스 댓글 등 여론 형성 공간의 이용자 성비, 유튜브 등 온라인 콘텐츠 제작자의 성비 등에서 단적으로 드러난다. 현 시점에서 디지털 네이티브 세대의 핵심적인 일상 매체인 유튜브를 예로 들어보면, 인기 순위에서 여성 크리에이터의 비율이 낮은 것은 단순히 여성들이 기술에 익숙하지 않거나, 여성들의 콘텐츠 생산 능력이 떨어지기 때문이라고 보기 어렵다. 오히려 여성의 참여를 제한하는 문화적 분위기나 제도적 문제가 있다는 신호로 받아들이는 것이 맞다.

현대 사회의 중요한 특징 중 하나는 SNS 등 다양한 플랫폼을 통해 개인의 의견과 발화가 여론에 미치는 영향력이 커지고 있다는 것이다. 이런 상황에서 여성들의 목소리가 체계적으로 배제되거나 열린 공간에서 잘 보이지 않게 된다면 여론 광장의 왜곡이 일어날 수밖에 없다. 예를 들어 한국의 포털 서비스 공간에서 여성이 공개적인 공간에서 발화하는 비중이 여전히 남성에 비해 낮다. 2018년 5월, 한국언론진흥재단에서 조사한 결과에 따르면, 댓글

디지털 네이티브

태어날 때부터 인터넷과 여타 디지털 미디어로 둘러싸여 성장해온 세대들을 말한다. 일상생활 속에서 디지털 미디어를 경험하면서 미디어와 현실 세계의 경계 없이 넘나들면서 생활하는 특징이 있다. 디지털 미디어와 장비를 일종의 언어로 사용하는 세대이다(김은미·양소은, 2013).

을 쓰는 비율은 조사 대상자 중 남성은 36.4%, 여성은 23.7%이다(한국언론진흥재단, 2018). 2016년 조사에서는 남성은 58.3%, 여성은 39.4%였던 것이 비해 개선되고 있기는 하지만, 여전히 남성에 비해서 여성의 목소리가 들리는 비율이 낮다.

이러한 환경 속에서, 디지털 미디어 시대에 페미니즘 운동과 이론이 기획해온 방향성은 첫째, 여성의 온라인 공간 활동 편입에 대한 제도적, 문화적 보장을 위한 노력, 둘째, 여성과 사회적 소수자에게 비우호적인 온라인 공간 문화를 비판하고 개선하려는 노력, 셋째, 여성들 간의 네트워크 구성과 사회운동에의 활용 등으로 정리할 수 있다. 이 장에서는 이러한 방향성에 따라 먼저 여성의 온라인 활동을 보장하기 위한 이제까지의 정책적 노력과 문화적 움직임을 알아보기로 한다.

1) 온라인 공간과 여성의 접속 가능성

먼저 여성의 온라인 공간 활용에 관련된 제도적 보장 노력은 2000년대까지 정보 격차 해소를 위한 노력으로 구현되었다. 이는 일국 내 수준뿐 아니라 글로벌 차원에서도 여전히 중요한 지표로 논의되고 있다. 2017년 국제전기통신연합ITU이 발표한 성별 정보 격차 수준은 특히 개발도상국을 중심으로 그 정도가 심각하다. 전 세계적으로는 여성과 남성의 정보 격차는 12% 정도인데, 아프리카 지역에서는 남성에 비해 여성의 인터넷 이용률이 25% 정도 낮다(ITU, 2017).

우리나라의 경우 디지털 정보 격차 취약 계층 대상에서 여성은 빠져 있는데 이는 여성과 남성의 인터넷 이용률 차이가 적기 때문이다. 정보 격차 지수를 처음 산출하기 시작한 2004년 남성의 정보화 지수는 113.2, 여성은

87.1로 그 격차가 26.1에 달했으나, 2018년 자료를 기준으로 남성의 디지털 정보화 수준은 104.1%, 여성은 95.9%으로 격차가 상당히 축소되었다(한국정보화진흥원, 2019). 이는 정보 격차 해소를 위해 보편적 정보 서비스 확대, 인터넷 접속 비용 및 재정 지원을 통한 정보 접근 능력 강화, 교육 및 인식의 제고를 통한 정보 이용 능력 향상 등을 위한 각종 정책이 시행되어, 여성 특히 농어촌 거주 여성 등을 중심으로 PC 보급, 이용 교육, 스마트폰 보급을 위한 각종 지원 등이 있었기 때문이다.

이처럼 여성이 체계적으로 온라인 공간에서 배제되는 것을 막기 위해서는 경제적 지원과 정책적 고려가 중요하다. 그런데 이러한 정책적 고려 역시

정보 격차

우리나라의 법률 '정보격차해소에 관한 법률'에 따르면, 정보 격차란 "경제적·지역적·신체적 또는 사회적 여건으로 인하여 정보통신망을 통한 정보통신 서비스에 접근하거나 이용할 수 있는 기회에 있어서의 차이"를 말한다.

한국의 경우, 4대 취약 계층(장애인, 저소득층, 농어민, 장노년층)을 정해 격차 지수를 산출하고 있다. 일반 국민을 100으로 하여 기준을 삼은 다음, 이에 대비한 4대 취약 계층의 정보화 수준을 측정해 그 격차를 산출한다(한국정보화진흥원, 2019).

정보 격차가 문제가 되는 것은 디지털 미디어 시대에는 정보를 통해서 생활에 대한 거의 모든 정보들이 유통되고 이를 통해 경제적 이익을 실현하는 경우가 늘어나고 있기 때문이다. 또한 온라인 공간에 표현된 의견이 여론으로 여겨짐에 따라 체계적으로 취약계층이 여론에서 소외될 가능성이 있다.

성별 고정관념에 기반을 두는 경우는 문제가 될 수 있다. 우리나라의 경우, 여성 집단과 주부 집단을 별개로 정보 관련 통계에 잡았던 적이 있는데, 이는 성별 고정관념을 반영한 정책이었다. 주부는 자녀의 공부를 위한 컴퓨터 활용을 할 것으로 상정하고 여가 목적보다는 공부를 돕는 컴퓨터 활용 교육을 하는 등 성별 고정관념을 재생산하는 정책이었다. 물리적 접근을 보장하는 정책은 실질적인 필요를 고려하는 것은 물론 문화적 맥락에서 접근성의 문제를 이해하는 것이 필요하다.

2) 온라인 공간의 혐오차별 문화와 주목경제

그런데 이러한 물리적 접근이 가능해지더라도 디지털 기술의 활용과 이용에서 차이가 생길 수 있다. 따라서 정보 격차 지표에는 활용 격차나 이용 격차가 모두 포함된다. 젠더 관점에서 보자면, 활용에 있어 문제가 되는 것은 여성의 접근을 막는 남성 중심적 문화이다. 이는 특히 '여성혐오' 정서와 디지털 미디어의 특성이 결합하면서 한국의 온라인 혐오 문화가 유머로 받아들여지는 맥락과 관련이 깊다(윤보라, 2015).

한국 온라인 공간에서 넘쳐나는 '여성혐오' 표현으로는 외모를 공격 대상으로 삼고 특정한 외모를 가진 여성 집단을 비하하는 경우가 대표적인데, 이런 표현들은 폭력성을 동반했고, 성형수술을 과도하게 비난하면서 여성을 비하했다. 또한 대상을 외모, 혹은 신체 일부로 환원하는 것이 대상화의 중요한 특성이라면 여성을 성기 환원 혹은 신체 일부로 이름을 붙이는 특정 표현이 인터넷 밈이 되어 유행하는 것은 온라인 상의 '여성혐오' 문제를 잘 드러내주는 현상이라고 하겠다. 한편 여성을 여전히 성녀/창녀 이분법에 근거하여 바라보면서 여성의 성적 주체성을 비하하는 혐오 표현들이 다수 사용

여성혐오misogyny

'여성혐오'는 가부장제 사회에서 여성의 지위를 남성보다 열등한 것으로 지정하고 이를 정당화하는 차별적 실천이자 정서 구조이다. '혐오'의 작동이 자신의 영역에 들어온 불순한 것을 제거하려고 하는 것이라면, 여성이 남성의 질서를 침범할 때 여성을 오염물로 간주하면서 혐오를 발생시키는 것이라고 할 수 있다(이현재, 2016). 여성을 비하하고 모욕하며, 존중받을 만한 여성과 그렇지 못한 여성을 갈라 그렇지 못한 여성을 처벌하여 여성을 가부장제의 '제자리'에 돌려놓으려는 시도이기도 하다.

되는 현실이다(김수아, 2015).

혐오·차별 표현의 문제는 여성에 대한 편견과 차별을 강화하고 재생산할 뿐 아니라, 극단적으로 폭력적인 표현을 사용해서 충격을 주어, 여성이 해당 공간을 멀리하게 하거나 공격적인 표현을 들을까 무서워 의견을 표명하지 않게 만든다는 점에 있다. 혹자는 이런 표현들이 일간베스트사이트(이하 일베)에서 유래했고 이러한 경향은 특정 문제적 사이트에서만 발견된다고 주장하지만, 온라인 뉴스 댓글이나 SNS, 공개 커뮤니티에 관련된 표현들이 등장하는 등 온라인 문화 속에서 확대되는 경향도 존재한다(김수아, 2015). 특히 공적이라고 간주되는 뉴스 사이트에서 해당 표현들이 유통되는 것은 심각한 문제라고 할 수 있다.

혐오 표현의 발화자들은 혐오 표현의 공격성마저도 정당하다고 주장하는데 이는 여성혐오 담론의 요체라고 할 수 있는 '김치녀' 담론이 그런 여성들의 존재가 실재하며 이로 인해 남성들이 피해를 보고 있다고 주장하는 데에서 비롯한다. 남성을 피해자로 자리매김하면서, 피해자들의 주장은 정당성을 가지며 특히 가해자인 김치녀가 사악하거나 문제가 많기 때문에 더 정당하다고 주장하는 것이다. 다시 말해 혐오 표현은 개인의 인정 권리를 침해하는 것인데, '여성혐오'가 문제되는 것은 여성이 남성에 비해 열등한 존재, 시민권을 동등하게 인정받지 못하는 존재라는 인식이 사실화되기 때문이다. 신자유주의 경쟁 사회에 들어서면서, 기존의 기득권을 누리던 존재들이 자신의 영역이 새롭게 등장하는 주체들에 의해 침범당했기 때문에 약자라고 주장하기 시작했다. 이 과정에서 혐오의 대상이 되는 집단의 권리를 부정하는 특성이 혐오로 발현된다(나영, 2018).

그렇다면 온라인 혐오 문화의 팽창에는 어떤 사회문화적인 요인이 영향을 미치고 있는 것일까? 무엇보다 주목 경제가 중요한 기제로 언급되고 있다. 주목 경제란 정보의 무한성에 따른 가치 문제를 다루기 위해 만들어진 개념으로, 정보 자체는 가치가 없을 만큼 무한하게 제공되기 때문에 정보의 가치는 주목을 얼마나 획득하는가에 따라 달라지게 된다는 것이다(Goldhaber, 1997). 디씨인사이드를 대표로 하는 온라인 하위 문화에서 드러나는 주요 특징 중 하나는, 익명 상황임에도 불구하고 다수 이용자들이 "베스트 게시글"로 추천되는 것을 바란다는 것이다. 이러한 베스트 게시물만 따로 모아 만들어진 사이트가 일간 베스트 사이트이기도 하다. 주목과 관련해서 자극성은 매우 중요한 요인이 된다. 온라인 커뮤니티의 게시글은 과장, 왜곡, 극단적 수사를 동원하여 주목을 받고자 한다.

이러한 주목의 대상이 왜 혐오표현이 되었는가 하는 것에는 여러 가지 문화적 맥락과 사회 변화가 고려되어야 한다. 다만 한국의 온라인 문화에서는 유희성이 권력을 가질 수 있는 중요한 능력으로 인식되었던 점이 관련이 깊다는 지적을 할 수 있다. 그리고 유희성과 유머는 디씨인사이드 등에서는 지역에 대한 비하, 차별 발언, 그리고 여성에 대한 비하로 이루어졌다(김학준, 2017). 이처럼 혐오가 농담이 될 경우 혐오 대상이 된 집단과 다른 자신의 내집단 정체성을 강화할 수 있고, 현실 속의 차별이나 폭력을 심리적으로 정당화하게 된다.

그렇다면 이러한 혐오 문화에 대한 대응은 어떤 방식으로 이루어질 수 있는가? 아직 우리나라에 혐오·차별 표현을 규제하는 법과 제도는 없다. 차별금지법이 제정되지 못하고 있기 때문이다. 현재는 모욕죄를 통해 특정인에 대한 욕설의 범주로 혐오 표현을 규제한다. 그런데 이럴 경우 욕설 즉 '나쁜 말'의 범주에서만 혐오 표현이 이해되는 문제가 있다.

혐오 차별에 대한 논의에서 아직까지 혐오 표현의 범주에 여성과 관련된 범주가 없다는 것이 문제라는 지적도 존재한다. 2016년 유럽평의회는 '성차별적 혐오 표현sexist hate speech'이라는 범주가 필요하다고 주장하면서 온라인상의 혐오 표현이 여성을 대상으로 심각하게 양산되고 있음을 지적했다(Council of Europe, 2016). 이 용어를 제시하게 된 이유는 기존의 혐오 표현 범주에 성차별, 특히 여성에 대한 모욕적 언사가 포함되어 있지 않기 때문이었다.

일반적으로 관련 연구자들은 법제도적 규제 즉 형사처벌은 혐오의 선동 표현에 한정하고, 차별적 인식을 강화하고 타자를 비하하는 표현은 사회적 인식 개선과 자율 규제를 통해 해결해야 한다는 입장을 보인다(홍성수, 2015). 이는 온라인 공간에서는 표현의 자유라는 가치가 중요하고, 비하하는 의견 표현마저도 법적으로 규제한다는 것이 과도하다는 인식 때문이다.

2. 디지털 미디어 시대의 여성운동 방식

1) 온라인 공간에서의 대항 표현－미러링과 말하기

하지만 이러한 자율 규제는 온라인 공간의 남성 중심 문화 속에서 여성혐오 표현이 문제적이라는 인식이 없기 때문에 커뮤니티 이용자 스스로 이를 개선하려 하지 않는다는 현실적 문제가 있다. 온라인 상의 미러링 전략은 남성 중심 온라인 문화에서 일상적이어서 특별히 모욕이나 비하로 여겨지지 않았던 여성혐오 표현의 문제가 무엇인지를 보여주는 운동이기도 했다. 2015년 5월 한국에서 메르스가 퍼진 이후 디씨인사이드에 개설된 메르스 갤러리는 여성혐오적 게시물이 넘치는 공간이 되었는데, 이에 대해 일군의 여성 이용자들이 디씨인사이드의 '여성혐오' 정서 구조에 문제 제기하면서 패러디 게시물을 올려 일약 전 국민적 관심사가 되었다. 이 패러디 게시물에 대해 이용자들은 스스로 미러링이라는 명칭을 붙였는데, 거울에 비추는 것처럼 성별만 바꾸어 내용을 반사한 것이라는 점에서 그러하다. 메르스 갤러리의 글쓰기는 기존의 온라인 상 여성혐오 발화들의 형태를 '주어만 바꾸어' 표현한다고 주장했다.

패러디의 의미는 원본이 가진 절대적 가치를 손상시키고, 원본이 보여주는 사회 권력 구조와 가치체계에 도전하는 것에 있다(우승정, 2014). 온라인 '여성혐오' 발화의 원본들은 편재하고 있었으나 문제가 되지 않았다. 이를 남성 이용자를 조롱하는 형태로 바꾸었을 때에야 비로소 사회적 문제로 인식되었다. 아래의 텍스트는 메르스 갤러리의 미러링이라는 전략적 패러디가 가진 사회적 효용성을 드러내어준다. 온라인 커뮤니티에서 활동해본 사람들은 원본이 온라인 커뮤니티에서 매우 흔하게 접할 수 있는 내용을 담고 있

미러링 / 되받아치기

2015년 메르스갤러리에서 시작된 패러디 문화로, 여성을 대상으로 하는 표현을 남성을 대상으로 했을 때 어떤 문제가 드러나는지를 보이는 것이다. 이는 여성혐오에 대한 저항이라는 목표를 갖고 내부적 논리와 규칙을 가지고 있다는 점에서 일종의 담론 전략이라고 볼 수 있다. 여성의 성적 순결을 원하면서 여성을 비하하는 표현이 일상적으로 전시되어도 별 문제 없이 느끼다가 해당 표현에 성적 순결을 지키지 않아 비난받는 대상이 남성으로 바뀌었을 때 기이하거나 문제적이라고 느낀다면 이는 사회적으로 성문화에서의 차별적인 양상이 존재하기 때문이다. 미러링은 서구의 백인 중심 역사 서술과 문화 서술에 대해서 저항하기 위한 되받아쓰기 전략과 유사하다. 지배 문화 담론이 사용한 언어를 바꾸어 쓰면서 지배 문화의 음모와 허구성을 폭로하는 전략이다.

미러링에 대한 평가는 다양한 측면에서 내려질 수 있다. 혐오 표현을 대량으로 양산하면서 '나쁜 말'을 규제하는 사회적 담론 효과를 낳았다는 비판도 존재하지만, 미러링 전략의 주요한 성과는 여성들의 성찰성에 미친 영향이다. 사회적으로 자연스럽게 여겨진 혐오 표현들을 성차별로 인지하고 저항할 수 있게 된 것이다.

으며, 남성 중심적 이중 성규범에 기초하고 있다는 것을 이해할 수 있기에 패러디가 의미가 있는 것이다. 여성 수용자는 이를 전복시키면서 쾌감과 폭로의 즐거움을 누리게 된다. 반면 남성 이용자는 이제까지 당연하고 자연스럽게 여겨온 세계에 균열을 일으키는 게시물을 접할 때 불쾌감을 느끼게 된다. 또한 패러디로서 형식적 내용 역시 차용하여, 말줄임표의 잦은 사용이 특정 커뮤니티의 중년 남성 이용자들이 주로 사용하는 말투라는 것을 알 수 있도록 하여 수용자들의 당혹감 혹은 쾌감을 더 불러일으킨다(김수아, 2015).

> 결혼할 남자는 동정이었으면 하는 게 여성의 솔직한 마음입니다……
> 남성분들껜 죄송한…… 얘기지만서두
> 솔직히 결혼할 남자는 동정이였음 좋겠다…… 싶은 것이 솔찍헌……여우의 마음입니다 ㅎㅎ 이년저년 쑤셨을 성기……찝찝한 게 사실 제 아이 아버지가……될 남잔데. 어디서 낙태하고……튀었을지도 모르구 동남아에……애가 있을지……누가 안담 ㅎㅎ(파라독사, 2015).

이처럼 패러디는 사전 지식을 가지고 있는 수용자들이 자연스럽게 여겨온 지배 담론의 허구성과 문제점을 드러내는 효과적인 전략이 된다. 흥미로운 것은 남성 중심 온라인 공간의 이용자들이 여성 이용자의 존재를 아예 상상하지 못하고 있었다는 것이다. 윤보라는 디씨인사이드의 남성 이용자들이 메르스 갤러리에 올라오는 패러디 게시물들을 남성들이 작성했을 것이라고 보았다는 점에 주목했다. 남성 중심 커뮤니티를 여성들이 관찰하고 있었다고 상상하지 못한 것이고, 온라인 이용자로서의 여성의 존재를 아예 염두에 두지 않았다는 의미이다(윤보라, 2015).

이러한 미러링 표현을 대항 표현이라는 범주로 논의할 수 있다. 그런데 대항 표현의 유형과 효과에 대한 논쟁이 존재하고 있다. 사실 대항 표현은 혐오 표현이나 차별을 당하는 집단에 대한 사회적 인식을 바꾸기 위해 시도되는 것이다. 예를 들어 무슬림 혐오 게시글이 반복될 때 이를 사실 확인하고 해당 혐오 표현의 문제가 무엇인지를 계속 온라인 공간에 게시하는 활동이 대표적인 것이다. 본질적으로 대항 표현 활동은 소수자와 약자의 발언 기회를 보장하고, 이해관계를 대변하는 소통 활동이라고 할 수 있다. 하지만 대항표현이 기존의 혐오 표현에 저항하는 힘을 가질 수 있으려면 사회적 권력 관계가 뒷받침이 되어야 한다. 최근 게임 파이널판타지14와 관련된 논쟁 사례를 보면, 페미니즘이라는 말만 사용해도 사회 갈등이 유발된다는 반발이 생기고 이에 따라 관련 이용자를 제재 처분하는 일이 있었다. 남성 중심적 게임 문화 속에서 저항적 입장으로 문제를 제기하는 것이 대항 표현으로 기능하는 것이 아니라 오히려 억압되고 제재되는 상황을 단적으로 드러내어 주는 사례이다.

또한 미러링과 같은 형태의 대항 표현 활동은 혐오 표현을 반복하는 것일 뿐이라는 인식이 있어 논쟁의 대상이 되기도 한다. 한국의 방송통신심의위원회 등 규제기관은 미러링 표현들을 '남성혐오' 표현으로 지칭하여 혐오 표현의 일환으로 본다. 모욕죄로 다루어질 수 있는 표현들일 수는 있으나, 사회적 소수자의 발화를 막고 정체성을 위협하는 혐오 표현인지는 분명히 논쟁 대상일 수 있다. 그럼에도 불구하고 '나쁜 말'이라는 범주 하에서 현재는 대항 표현 활동으로 인정받기 보다는 혐오 문화의 일부로 여겨지고 있는 것이다. 일각에서 대항 표현이 적대적 표현으로 표출될 경우 사회적 지지를 받기 어렵다는 점을 우려한 바 있는데, 현재 한국 상황의 경우 적대적 대항표현이 혐오 표현으로 범주화된 상황이라고 할 수 있다.

2) 해시태그 행동주의와 디지털 네트워크

2018년 전 세계는 물론 한국을 떠들썩하게 만든 미투운동은 디지털 네트워크로 연결된 페미니즘 운동의 한 방향성을 보여준 것이기도 하다. 한국의 경우, 텔레비전 미디어에서 피해 생존자의 증언을 직접 매개하여 사회적으로 큰 반향을 일으키는 데 언론의 역할이 컸다는 점을 부인할 수는 없다. 하지만 주류 미디어는 사회적 소수자의 목소리를 가시화화는 데 인색하다는 비판 역시 항상 존재해왔다. 이런 점에서 미투운동에서의 디지털 네트워크가 보여준 역할은 매우 중요하다.

물론 디지털 미디어를 이용한 피해자들의 연대는 미투운동으로 비로소 가시화된 것은 아니다. 소셜 네트워크 서비스가 우리의 주요 미디어가 된 시점에서부터 디지털 행동주의 사례들은 주류 미디어에 의해 조명되지 않는 여성의 문제를 의제화하기 위해 디지털 네트워크를 적극적으로 사용할 수 있다는 것을 드러내주고 있다.

해시태그 행동주의는 디지털 미디어 시대의 소수자 운동 방식 중 하나로 여겨진다. 특히 여성들에 의한 페미니즘 운동과 성폭력 이슈화 등의 사안에서 해시태그 행동주의가 나타났다. 페이스북, 트위터라는 플랫폼은 소수자가 의제를 선점하거나 제시하는 데 있어 유용성이 높다. 예를 들어 흑인 페미니스트들이 흑인 여성의 의제를 가시화하기 위해 사용했던 사례에서 보면 이러한 소수자의 의제 설정 가능성을 볼 수 있다. 윌리엄스는 소셜 미디어 해시태그 행동주의의 의의를 정리하면서, 주류 언론의 보수적 보도태도로 인해 흑인 여성의 성폭력 피해가 선정화되고 있고 여성의 주체성이 무시되고 있다는 점을 비판했다. 반면 해시태그를 이용한 소셜 미디어 운동에서는 여성의 주체성이 강조되고 흑인 여성들 간의 연대 가능성이 높아졌다고 긍정적으로 평가했다(Williams, 2015).

해시태그 운동이 사회적 압력을 형성하여 기업에 영향을 미치는 사례도 있다. 일종의 소비자 운동 형태가 된 것이다. 흥미로운 사례 중 하나는 아티스트 로빈 시크Robin Thicke의 노래 'Blurred Lines'에 대한 해시태그 활용이었다. 이 노래는 당시 대학 내 강간 문화에 대한 논의를 활발하게 하던 페미니스트들에게 강간 문화를 정당화하는 노래로 이해되었고, the VH1 뮤직 채널이 애초 팬과의 대화를 마련한 트위터 해시태그 #AskThicke를 페미니스트들이 바로 전유하여 대학내 강간문화를 비판하고 폭로하는 태그로 활용한 것이다. 이로 인해 음악 산업 내 '여성혐오' 및 대학 내 강간문화의 문제를 다양한 미디어가 주목하고 의제화하는 성과를 거두었다(Turley, Fisher, 2018). 물론 해시태그가 펨버타이징Femvertising으로 이용되는 것이라는 비판도 있다. 펨버타이징이란 마케팅 도구로 페미니즘적 문구나 페미니즘의 주장을 차용하는 것을 말한다. 화장품 회사나 미용용품 회사들이 앞다투어 페미니즘을 자신들의 광고 전략으로 차용하고 해시태그 운동을 주도하는 것에 대한 비판이 있는 것이다. 하지만 참여자들의 맥락에서는 새롭게 여성간의 연대를 발견하고 역량이 강화되는 긍정적인 효과들도 나타난다(Rodrigues, 2016). 한국의 경우에도 기업 내 성차별 이슈가 생길 때 불매 관련 해시태그 운동을 벌이는 등 소비자 운동으로서 해시태그가 활발하게 사용되는 사례가 있었다.

페미니즘 인식 고양을 위한 해시태그 운동도 다양하게 전개되었다. #YesAllWomen은 정치적으로 페미니즘 비평의 새로운 방식을 보여준 페미니스트 밈 사건이다. 이 해시태그 운동은 이슬라 비스타Isla Vista 총격 사건 이후 발생했다. Not all men이라는 말이 당시 나왔는데, 일부 남성들이 문제적일 뿐, 남성 자체가 문제는 아니라고 말하는 사람들이 만들어낸 말이었다. 이에 대해 모든 여성이 성폭력과 물리적 폭력을 경험하고 있는 것이 현실이라면서 Yes all women이라는 해시태그를 쓴 것이다. 이는 페미니스트들의 의식적인 해시태그 미디어 이벤트이며 미국 사회의 '여성혐오'와 젠더에 기반을 둔 폭력 문제의 심각성을 고발하는 효과를 가졌다. 한국의 경우, #나는 페미니스트입니다 해시태그는 2000년대 들어 페미니즘에 대한 부정적인 평가가 여성들 내부에서도 대세가 되어 '나는 페미니스트는 아니지만'으로 말을 시작하는 경우가 많았던 데 반해, 페미니스트임을 선언하고 사회의 성차별 문제를 고발하는 개인의 의식 고양 운동으로 진행되기도 했다. 2017년 #우리에겐_페미니스트_선생님이_필요합니다 해시태그 운동, 2018년 탈코르셋 운동, 2018년 청소년 페미니스트의 정체화와 학교 내 반페미니즘 정서를 고발하기 위한 해시태그 운동, 등 다수의 청년 페미니스트 운동이 소셜 네트워크 서비스를 통해 이루어졌다.

이러한 해시태그 행동주의에 대해, 자신의 경험을 성차별 미디어 문제와 즉각적으로 연결시키고 운동으로 전환되는 효과를 갖는다는 평가가 있다. 하지만 해시태그 운동이 그저 리트윗만 하는 운동이라 진정한 의미의 실천이라고 할 수 없다는 비판 역시 존재한다.

이러한 비판에도 불구하고 해시태그 행동주의가 의미를 갖는 부분이 있다면, 사회적 소수자의 의식 고양을 위한 효과적인 도구로 사용될 수 있다는 것이다. 트위터와 각종 소셜 네트워크 서비스는 시공간적으로 멀리 떨어진 사람들을 해시태그를 통해 하나로 모아서 집합적인 공론장을 형성하게 한다. 이때 잘 들리지 않았던 사회적 소수자들의 목소리는 트위터와 같은 매체를 통해 주목받는 계기를 만들 수 있다(Fang, 2015). 이렇게 주목된 소수자들의 연대가 소수자들의 정치적 각성을 이끌고 의식고양에 이르게 할 가능성이 생기는 것이다. 특히 최근 한국 상황과 같이 포털 서비스를 통해 뉴스가 확산되는 구조, 뉴스 출처보다 뉴스의 흥미가 중요한 상황에서 트위터 트렌딩은 쉽게 미디어 의제로 전환되어 사회적 파급력을 갖게 된다.

또한 해시태그는 공유와 연결의 의미를 갖는다. #BeenRapedNeverReported 해시태그 운동은 여성들의 고통을 공유하는 행위와 그 의의를 드러내는 해시태그이다. 이 운동의 참여자들은 강간을 당한 경험과 신고하지

해시태그 페미니즘

해시태그 페미니즘은 온라인 페미니즘 운동의 일환으로, 여성 개인의 이야기를 소셜 네트워크 서비스를 통해 말하고 이를 상호 연결해내는 운동이다. 같은 해시태그를 쓰면 그 글을 모두 모아서 볼 수 있다는 점에 기초하여 온라인 상에서 흩어질 수 있는 담론을 하나의 목소리로 모을 수 있다는 점에 착안된 것이다. 디지털 미디어의 속도 경쟁을 미루어볼 때, 해시태그는 빠르게 의제를 선점할 수 있다는 장점 및 멀리 떨어진 상황에서도 상호 의견 교환이 가능하다는 장점이 있다. 기존 페미니즘 운동에서 의식 고양 프로젝트들은 중심이 되는 조직과 활동가가 필요하지만, 소셜 네트워크 서비스를 통한 이러한 활동들은 명확한 구심점이나 활동가가 없이 개개인이 누구나 참여하면서 힘을 모은다는 점에서 기존의 페미니즘 운동과 다른 것으로 여겨진다(Clark, 2016).

못했던 이유를 공유하는 가운데 이것이 개인의 책임이 아니라 사회 구조적인 문제라는 것을 깨닫게 되었다. 여기서 중요한 것은 다수가 연결된 네트워크를 통해 개인 경험이 어떻게 유사하게 다른 이들에게도 반복되어 나타나는지를 보면서 연대에 이르게 된다는 것이다(Mendes, Ringrose & Keller, 2018).

주류 미디어에는 여전히 여성과 소수자의 목소리가 제대로 반영되기 어려운 구조적 차별이 존재하고 있다. 인터넷은 이러한 상황에서 여성과 소수자의 목소리를 전하는 대안적 역할을 할 수 있다. 온라인 공간이 일종의 열린 공간으로, 경험의 축적과 공개, 집단적 증언의 역사적 기록이라는 역할을 담당하고 있음을 보여주는 사례 연구가 다수 있다(Rubinoff, 2005). 미투운동이 본격화되면서 미국 언론들이 조명해온 바와 같이, 미투는 2006년 흑인 여성 버크Burke가 여성들 간의 공감을 통한 힘돋우기 실천empowerment을 가능하게 하는 말로 사용했다(Rodino-Colocino, 2018). 이러한 용어들이 디지털 미디어의 연결성을 만나면서, 재발견되고 혹은 새로운 힘을 부여받은 언어가 된 것이다.

디지털 미디어가 연대와 의식 고양을 위한 도구가 부족하고 주류 미디어가 주목하지 않는 소수자에게 유용한 도구가 될 가능성은, 한국에서도 2016년 진행되었던 #00내 성폭력 해시태그 운동을 통해 분명히 드러났다. 문화예술계 내 성폭력을 고발하기 위해 진행된 이 트위터 해시태그 운동은 예술계의 특성 때문에 발생하는 구조적 성폭력을 고발하기 위한 것이었다. 인맥이 자원이 되고 남성 중심적인 문화 속에서 여성이 열등한 존재로 취급받는 가운데 성폭력 피해를 입어도 말하기 어려운 현실을 있는 그대로 드러내는 운동이었다. #00내 성폭력 해시태그는 일종의 여성들의 증언과 폭로를 모으는 공론장의 기능을 했다. 김효인(2017)은 사회의 불평등한 젠더 권력 관계 속에서 말할 수밖에 없어서 말하게 된 여성들의 증언을 해시태그를 통해 쓸어 모을 수 있었고 이 증언이 더 많은 여성들의 경험을 끌어내는 공론장 역할을 했다고 평가한다.

해시태그를 이용한 여성들의 발화와 네트워크 운동은 계속되어서 미투운동으로 이어졌다. 2017년 할리우드 영화 제작자 와인스틴에 의한 권력형 성폭력 문제가 폭로되었다. 이후 배우 알리사 밀라노가 동참을 호소하는 트위터 메시지를 작성하면서 #metoo는 글로벌한 해시태그 운동으로 변화했다. 위계에 의한 성폭력 고발의 창구로서 해시태그가 기능한 것이다. 한국의 경우에도 2018년 한해 미투운동과 이에 따른 성폭력에 대한 문제 제기가 활발하게 이어졌다.

3) 디지털 성폭력에 대한 저항

디지털 성폭력 범죄는 디지털 미디어 세계에 여성을 위협하는 신종 범죄 체계로 등장했다. 2015년 메르스 갤러리에서 자생적으로 발전하게 된 여성들간의 네트워크 활동 중 하나가 디지털 성범죄에 대한 저항 운동으로, '소라넷하니'라는 트위터 계정 활동, 디지털 성폭력 아웃(DSO) 단체 결성, 한국사이버성폭력대응센터 결성 등이 이어졌다.

2018년 포털 카페 〈불편한 용기〉를 주축으로 하여 불법촬영에 대한 동일 처벌 요구 시위가 총 6차례 열렸는데, 이 시위는 단일 유형의 여성 문제 관련 시위 중 참여 규모가 가장 컸던 시위였다. 여성들은 "내 몸은 당신의 포르노가 아니다"라는 표현으로 불법 촬영과 성적 대상화의 문제를 적극적으로 재개념화했다. 앞서 논의된 것처럼 이 운동은 해시태그 운동으로도 이어졌다(#Mybodyisnotyourporn). 여성들은 이것이 여성의 성적 대상화와 관련된 성문화의 가부장제적 측면을 폭로하고 여성의 권리와 관련된 문제임을 강력하게 주장하는 운동을 펼쳤다.

인터넷을 사용하게 된 초기에는 성적 원치 않는 음란물을 전송하거나 쪽지를 보내는 등의 언어적 성희롱이 문제로 지적되었으나, 최근 들어 모두가 스마트폰을 통해 사진과 동영상을 찍고 편집하고 전송할 수 있게 되면서 비동의 촬영, 비동의 유포 문제가 새롭게 대두되었다. 이때 여전히 법에서는 '음란'을 해당 피해의 기준을 삼고 있어 비판을 받고 있다. 예를 들어 지하철에서 일어난 불법 촬영 사건의 경우 신체 일부를 동의 없이 찍었다고 해도 법적 판단 기준으로 '성적 수치심을 일으킬 만한 부위'를 찍은 게 아니라서 제대로 처벌받지 않는 경우들이 있었다(김소라, 2018). 이러한 현행 법제도 운용상의 문제점들을 지적하면서 혜화역 시위 조직을 비롯하여 다수의 온라인을 통한 여성들의 연대 활동이 일어난 것이다.

현재 디지털 성범죄는 현행 성폭력 범죄의 처벌 등에 관한 특례법 제13조 및 제14조의 대상이 되는 것으로 통신매체를 통한 성희롱, 성적 괴롭힘, 스토킹, 불법 촬영 및 촬영물 비동의 배포, 유통 등에 해당하는 행위를 말한다. 오랫동안 디지털 성범죄가 한국의 온라인 문화에서 자연스러운 것으로 여겨져 문제 제기되지 않았다. 이 불법 촬영물이 단순히 음란물로 유통되어 온 것은 소라넷 사이트 이용자인 것을 아무렇지도 않게 공개하기도 한 유명인들의 사례에서 쉽게 볼 수 있다. 여성들의 몸에 대한 권리 주장이 디지털 미디어를 통해 억압되는 상황에서, 디지털 미디어 네트워크를 통해 힘돋우기

디지털 성범죄

온라인 성폭력, 디지털 성폭력, 디지털 성범죄 등의 용어가 현재 다양하게 쓰이고 있다. 디지털 성범죄는 한국 정부의 용어로, 2017년 정부가 디지털 성범죄 피해 방지 종합 대책을 발표하면서 공식적으로 사용되기 시작했다. 카메라나 그 밖의 이와 유사한 기능을 갖춘 기계장치를 이용하여 성적 욕망 또는 수치심을 유발할 수 있는 다른 사람의 신체를 동의 없이 촬영하거나 불법 촬영물을 동의 없이 유포하는 행위를 말한다. 이는 흔히 불법 촬영으로 통칭되는 카메라 이용 촬영 범죄를 말하는 것으로, 온라인 성폭력 개념보다는 범위가 좁다. 온라인 성폭력 개념은 통신 매체를 통한 성희롱이나 성적 괴롭힘 등을 포함하고 있다.

되고 하나의 목소리를 통해 정부의 정책을 변화시키고 있다는 점에서 한국의 디지털 성범죄 관련 활동의 의의가 크다고 할 수 있다.

서승희(한국사이버성폭력대응센터 대표)는 그의 논문에서 디지털 성범죄가 제대로 범죄로 의미화되지 않을뿐더러 기술에 대한 이해를 하지 못해 발생하는 문제점들을 지적했다. 실무자들은 디지털 성범죄 사건을 기피한다. 피해 촬영물 채증은 피해자가 직접 수행해야 하는 경우가 있어 불필요한 고통을 가중시킨다. 법제에서는 피해 촬영물이 음란물로 여겨지기 때문에 음란물 판정을 받기 위해서 신체 노출의 정도를 증명해야 한다는 점에서 피해자의 심리적 고통이 발생한다. 또한, 사이버성폭력 영상물 유통 플랫폼의 유착 관계에 대한 문제 제기가 지속되고 있다. 영상물 유통 플랫폼 업자와 해당 영상물을 삭제해주는 소위 사이버장의사 업체가 결탁해 있으므로 공생관계가 발생해 영상물의 유통이 더욱 확대된다는 것이다. 웹하드와 같은 플랫폼은 검색어를 통해 불법촬영물을 유통하는 방조자 노릇을 하고 있다(서승희, 2017). 여성들은 디지털 성범죄와 관련된 웹하드 카르텔을 고발하는 시위를 조직하고 온라인을 통해 이를 적극적으로 문제제기해서, 정책적 변화를 이끌고 웹하드 업체 고발이 이루어지고 수사가 진행되는 등의 성과를 거두게 되었다.

또한 이 운동은 한국의 불법촬영물 유통 실태가 갖는 남성중심 온라인 문화의 문제점을 지적하는 것은 물론, 산업적으로 여성의 몸이 성적 대상화 되어 이용되는 실태를 고발하고 사회 쟁점화하는 데에도 성공했다. 해당 단체들이 관련 의제를 활발하게 온라인 네트워크를 통해 설정하고 있다. 2019년 언론사 기자 단톡방에서 일어난 성희롱 사건은 DSO에서 최초로 폭로하면서 기사화되어 수사에 들어가게 되었다. DSO와 한국사이버성폭력대응센터는 모두 리얼돌 수입과 관련하여 여성 신체에 대한 폭력과 성적 대상화의 문제를 의제화하면서 온라인 네트워크 상에서 해시태그 운동 및 청원 운동 등을 진행했다. 한국사이버성폭력대응센터는 단톡방 내 불법 촬영물 공유, 성폭력 등이 문제된 소위 버닝썬 사건과 관련해서도 페미시국광장 오프라인 운동에 연대하여 활동하기도 했다.

3. 제4물결 페미니즘과 그 의미

온라인 상의 이러한 여성들의 움직임을 제4물결 페미니즘으로 개념화하려는 시도가 있다. 이는 학술적 개념이라기보다는 언론의 선정주의적 표제로 등장한 것이기도 하다. 제4물결로 표현되는 가장 큰 원인은 온라인의 영향력이다. 온라인 행동주의, 전지구적인 연결, 페미니즘에 관심을 가진 청년 주체의 가시화와 세력화 등이 모두 온라인 공간을 통해 가능해졌기 때문이다.

김은주는 기술과 결합한 새로운 제4물결 페미니즘은 동시대성을 갖고 있기에 새로운 물결로 파악하기 무리가 없다고 기술한다. 온라인 페미니즘은 다양한 지리적 공간에서 동시대적으로 경험하면서 전지구적인 연대를 가능하게 하고, 또한 과거의 의제와 현재의 의제가 결합하고 만나는 것을 가능하게 하기 때문이라는 것이다(김은주, 2019). 특히 한국의 경우, 소위 서구의 제2세대 페미니즘의 관심사인 여성의 몸에 대한 관심사가 디지털 기술을 매개로 첨예하게 등장하고 있다는 점에서 의제의 동시대성을 볼 수 있다.

강남역 여성 살해 사건 이후 소셜 미디어를 적극적으로 활용하여 주체화하는 청년 여성 세대의 등장은 제4물결 페미니즘이라는 방식으로 명명하는 것을 자연스럽게 보이게 한다. 강남역 여성 살해 사건은 한 여성의 문제가 아닌 여성의 공통 기억을 불러일으켜서 혼자가 아니라는 공통의 감각을 개발하게 되었다. 개인적 삶을 넘어서 공동의 연대로 정치성을 갖게 되면서 성차별의 문제를 제기하게 된 페미니스트 대항 주체의 출현이 중요한 차이이다. 이를 제4물결로 개념화하는 것이다(정용림·이나영, 2018).

제4물결 페미니즘의 가장 큰 특징은 이처럼 인터넷과 디지털 네트워크의 이용과 여성의 임파워먼트, 그리고 디지털 네이티브 세대의 새로운 페미니스트 정체성을 가진 주체의 등장이다. 이에 대한 비판이 디지털 네트워크 테크놀로지의 보편적 접근에 대한 지적으로 시작되는 것은 이러한 맥락에서이기도 하다. 디지털 네트워크를 통한 임파워먼트에서 체계적으로 소외되는 계층이 생길 수 있기 때문이다. 이는 일국 내의 차원뿐 아니라 점차로 온라인을 통해 페미니즘 운동이 글로벌화되는 가운데 있기 때문이다. 온라인 문화의 영어 중심성 때문에 서구 중심의 페미니즘 주제가 더욱 활발하게 공유되는 문제도 존재한다. 동시에 새로운 페미니스트 정체성을 가진 주체들이 정체성 정치의 과정에서 생물학적 여성만을 강조하면서 배제 전략을 사용하는 데 대한 비판도 존재한다. 이는 한국의 경우 특히 그러했다. 남성 성소수자와 트랜스젠더를 배제하는 것이 한국의 '여성우선주의'(정의진, 2018) 운동의 핵심 기조였다.

'여성우선주의'가 가지는 문제로 정희진(2018)은 이러한 주장이 여성이 가장 완벽한 '피해자'여야 한다는 생각에서 나오는 것이라는 점을 지적하고, 이렇게 피해자로서의 정체성을 경쟁하다보면 이익집단으로 페미니즘을 바라보게 되고 사회정의의 관점을 놓치게 된다는 점을 우려했다. 다른 한편으로는 뜻하지 않게 보수적 기독교 세력과 결합하면서 국가 정책 등에서 성소수자의 권리를 인정받기 어렵게 만드는 담론적 효과를 만들게 되기도 했다. 이러한 우려가 나오는 것이 청년 여성들의 페미니즘 활동을 전면으로 부인한다는 의미는 아니다. 제4물결 페미니즘의 활동 속에서 어떤 주체가 구성되고 있으며 이때 효과적으로 페미니즘이 추구해 온 사회적 정의, 정상성에 대한 문제제기가 이루어질 수 있는 운동 방향과 실천 방향이 무엇인지를 끊임없이 고민해야 한다는 것이다.

한편으로는 디지털 네트워크의 의제 설정이 주로 셀러브리티에 의해 이루어지는 것에 대한 우려도 존재한다. 리트윗으로 이루어지는 해시태그 운동의 경우, 처음 의제를 설정하는 사람의 네트워크에 사람들이 많지 않으면 널리 공명되기가 어렵기 때문이다. 물론 전통적인 운동 방식에 비해 더 많은 주체의 발화 기회가 존재할 수 있다는 장점은 분명하다. 제4물결 페미니즘의 주창자들은 접근성, 협업 가능성, 참여 가능성 등을 중요하게 꼽고 있으며 이것이 기존의 페미니즘 운동과 다른 점이다. 다만 중요한 것은 이러한 속성들이 기술에 의해 제기되는 가능성이라는 점이다. 이를 사용하는 이용자들의 윤리적, 정치적 선택이 문화를 구성하는 데 영향을 미친다. 백인 중심의 의제가 디지털 네트워크를 통해 무슬림 여성의 목소리를 전달하는 것으로 바뀌고, 상대적으로 성별 정보 격차가 컸던 아프리카 지역에서 정보 네트워크를 통한 페미니즘 운동이 시작되는 것은 분명히 긍정적인 현상이다. 제3세계의 상황을 대상화하여 서술하는 것은 피해야 한다. 이는 페미니즘의 책무성과 상호성, 다양성의 가치와 관련되어 있다. 리트윗되지 않으면 의제가 될 수 없는 상황에서 새로운 세대의 페미니즘에 더욱더 요구되는 것은 페미니즘의 가치에 대한 논의이고 '여성'의 범주와 관련된 재인식이며, 어떻게 페미니즘 운동이 다층적 사회 운동과 연대할 수 있는가에 관련된 질문이 될 것이다.

더 읽을거리

이현재(2016). 『여성혐오 그 후, 우리가 만난 비체들』. 들녘.

권김현영. 손희정.박은하. 이민경(2017). 『대한민국 넷페미史: 우리에게도 빛과 그늘의 역사가 있다』. 나무연필.

이희은 외(2018). 『디지털 미디어와 페미니즘』. 이화여자대학교출판문화원.

생각해볼 문제

1. 모두가 평등하고 자유롭게 온라인 공간에서 활동하기 위한 조건은 무엇이 있을까?
2. 온라인 공간에의 접근성이 보장된다는 것은 어떤 의미일까?
3. 해시태그를 이용한 디지털 미디어 상의 행동주의가 가지는 장점과 단점에는 무엇이 있을까?
4. #metoo 운동이 소셜 미디어를 통해 전개되면서 사회적 반향을 크게 불러일으켰다. 디지털 미디어 운동이자 여성들의 말하기 운동으로서 미투운동에 대해서 함께 이야기해 볼 시간을 가져보자.

| 참고문헌 |

1장 한국 여성운동의 역사와 젠더 현실

강이수(2013). 여성주의 연구를 돌아보다. 『경제와 사회』 제100호. 229-250.

권김현영(2017). 영페미니스트, 넷페미의 새로운 도전 :1990년대 중반부터 2000년대 중반까지. 『대한민국 넷페미사』. 11-77. 나무연필.

김보명(2008). 1990년대 대학 반성폭력 운동의 여성주의 정치학. 『페미니즘 연구』 8권 1호. 191-217.

김수아(2012). 디지털 테크놀로지의 발전과 새로운 여성 정치 주체의 가능성. 『페미니즘 연구』 12권 1호. 193-217.

______(2015). 온라인상의 여성 혐오 표현. 『페미니즘 연구』 15권 2호. 279-317.

김숙이(2007). 2000년대 새로운 '여성주의운동' 연구. 서울대학교 대학원 석사논문.

김영 외(1997). 좌담- 페미니즘 담론과 여성운동의 다리놓기. 『여성과 사회』 8호. 6-42.

김현미(2003). 한국 페미니즘의 세대간 갈등. 『한국의 문화변동과 문화적 정체성』. 한국정신문화연구원 개원 25주년 기념학술대회 자료집. 276-289.

달과 입술(2000). 『나는 페미니스트이다』. 동녘.

류진희(2015). '촛불소녀'에서 '메갈리안'까지, 2000년 여성혐오와 인종화를 둘러싸고. 『사이間 SAI』 제19호. 41-66.

박송이(2016.09.27.) [표지이야기] 페미니즘이 세상을 바꿀 수 있다, 『주간경향』 1194호, [http://weekly.khan.co.kr/khnm.html?mode=view&artid=201609131137311&code=115] (2019.8.21. 확인)

박은하(2016.9.13). [표지이야기] 바로 이 순간 '페미니즘'이 등장하는 이유는. 『주간경향』 1194호. [http://www.weekly.khan.co.kr/khnm.html?mode=view&artid=201609131142091&code=115] (2019.8.13. 확인)

손희정(2015). 페미니즘 리부트. 『문화과학』 제83호. 14-47.

______(2017). 페미니즘 리부트, 새로운 여성 주체의 등장: 2000년대 중반부터 현재까지. 『대한민국 넷페미사』. 79-143.

______(2016). 젠더戰과 퓨리오-숙들의 탄생: 2016년, 파퓰러 페미니즘에 대한 소고. 『여/성이론』. 34호. 35-59.

신상숙(2011). 신자유주의 시대의 젠더-거버넌스: 국가기구의 제도적 선택성과 여성운동. 『페미니즘 연구』 11권 2호. 153-197.

양현아(2006). 특집: 호주제 폐지, 여성인권, 이태영 변호사가 남긴 유산, 서울대학교 공익인권법센터 간행물. 『공익과 인권』 3권 1호. 45-76.

엄혜진(2009). 운동사회 성폭력 의제화의 의의와 쟁점: '100인위' 운동의 수용과 현재적 착종. 『페미니즘 연구』 9권 1호. 31-78.

여성사연구모임 길밖세상(2001). 『20세기 여성사건사: 근대 여성교육의 시작에서 사이버페미니즘까지』. 여성신문사.

윤명희(2013). 소셜네트워크에서 여성/주의 정체성의 복합적 수행. 『페미니즘 연구』 13권 1호. 131-169.

윤보라(2011). 온라인 외모관리 커뮤니티와 20-30대 여성들의 정치주체화. 서울대학교 대학원 여성학협동과정. 석사학위논문.

______(2014). 온라인 페미니즘. 『여/성 이론』 제30호. 166-180.

윤정숙(2004). 진보적 여성운동의 전환을 위한 모색, 특집: 변화하는 시민사회와 새로운 민중 운동. 『창작과 비평』 제125호. 55-69.

이민경(2016a). 『우리에게도 계보가 있다: 외롭지 않은 페미니즘』. 봄알람.

______(2016b). 『우리에겐 언어가 필요하다: 입이 트이는 페미니즘』. 봄알람.

이영자(2002). 페미니즘의 대중화: 몇 가지 유형에 관한 가능성과 딜레마의 탐색. 『한국여성학』 19권 1호. 37-70.

임국희(2010). 페미니스트 정치 패러다임에 대한 연구: 자기-권리로부터 성찰적 연대와 불투명성으로. 서울대학교 대학원 협동과정 여성학 전공 석사학위논문.

장민지(2016). 디지털 네이티 여/성 주체의 운동전략. 『미디어, 젠더, 문화』 31권 3호. 219-255.

정현백·김신현경(2004). 여성운동의 세대갈등, 쟁점토론: 시민운동의 현주소를 묻는다,

『창작과 비평』 32권 1호 통권 123호. 43-54.
조애리·이혜경·강영희·이명호·백지숙(1994). 좌담-페미니즘과 대중문화의 만남, 뿌리내리기. 『여성과 사회』 5호. 6-38.
조이여울(2004.7.5.). [논평] 여성정치세력화 논쟁이 세대갈등인가, 〈페미니스트 저널 일다〉 [http://m.ildaro.com/a.html?uid=1559] (2019.8.21. 확인).
조주현(1996). 여성 정체성의 정치학: 80-90년대 한국 여성운동을 중심으로. 『한국여성학』 12권 1호. 138-179.
20대 남자 그들은 누구인가, 시사인·한국리서치 공동기획1, 2019.4.16. 『시사인』 제604호, "남자는 약자에요" 우린 그렇게 생각해요, 14-22.
천관율(2019.4.16.). 20대 남자 그들은 누구인가, 시사인·한국리서치 공동기획1, "남자는 약자에요" 우린 그렇게 생각해요, 『시사인』 제604호, 14-22.

2장 퀴어 이론과 교차성

(사)여성문화이론연구소(2015). 『페미니즘의 개념들』. 동녘.
Butler, Judith(2006). *Gender Trouble*, New York: Routledge, 조현준 역(2008). 『젠더 트러블』, 문학동네.
Crenshaw, Kimberle(1989), Demarginalizing the Intersection of Race and Sex: A Black Feminist Critique of Antidiscrimination Doctrine, Feminist Theory and Antiracist Politics, *University of Chicago Legal Forum*: Vol. 1989: Iss. 1, Article 8.
Jagose, Annamarie(1996). *Queer Theory: an introduction*, New York: New York University Press, 박이은실 역(2012). 『퀴어이론입문』. 여이연.
Stoller, Robert(1968). Sex and Gender. *Science House*; 1st edition.
표현의 자유와 평등에 관한 캄덴원칙(Camden Principles on Freedom of Expression and Equality, 국제인권소식통 http://www.tongcenter.org/ccpr/cp11-2)
GLAAD Media Reference Guide, 10th Edition, October 2016, http://www.glaad.org/sites/default/files/GLAAD-Media-Reference-Guide-Tenth-Edition.pdf
BBC Working Group on Portrayal and Inclusion of Lesbian, Gay and Bisexual Audiences, https://www.bbc.co.uk/diversity/audiences/lgb-consultation

3장 남성성 이론과 한국의 남성성

기든스, 앤서니(2001). 배은경·황정미 역. 『현대사회의 성·사랑·에로티시즘: 친밀성의 구조변동』. 새물결.

버틀러, 주디스(2008). 조주현 역. 『젠더 트러블: 페미니즘과 정체성의 전복』. 문학동네.

엄기호(2011). 신자유주의 이후, 새로운 남성성의 가능성/불가능성. 엄기호 외, 『남성성과 젠더』. 자음과모음.

우에노 치즈코(2012). 나일등 역. 『여성 혐오를 혐오한다』. 은행나무.

이리가라이(이리가레), 뤼스(2000), 이은민 역. 『하나이지 않은 성』. 동문선.

이현재(2016). 『여성혐오 그 후: 우리가 만난 비체들』. 들녘.

해러웨이, 도나(2019). 황희선 역. 『해러웨이 선언문: 인간과 동물과 사이보그에 관한 전복적 사유』. 책세상.

R. W. 코넬(2013). 안상욱·현민 역. 『남성성/들』. 이매진.

Ž ižek, S.(2012). Introduction: The Spectre of Ideology, in: Slavoj Ž ižek(ed.), *Mapping Ideology*, London: Verso.

4장 방송사의 조직 문화, 노동 그리고 젠더

구보라(2017.3.3.). "여성은 방송에서 얼마나 등장하고 있을까". 『PD저널』. http://www.pdjournal.com/news/articleView.html?idxno=60324

김도연(2019.4.6.). 신문의날 헤드테이블 자세히 봤더니. 『미디어오늘』. http://www.mediatoday.co.kr/news/articleView.html?mod=news&act=articleView&idxno=147699.

김수정(2018.3.27.). '미투', 성폭력에 취약한 드라마 제작환경 바꿔낼까. 〈CBS노컷뉴스〉, 2018. 3.27. https://www.nocutnews.co.kr/news/4943658

김지연(2011). 여성PD의 젠더의식과 지상파 방송사의 젠더시스템에 관한 연구. 고려대학교 대학원 석사학위논문.

문성철(2006). 방송프로그램 제작진의 몰입에 영향을 미치는 요인에 관한 연구. 『한국언론정보학보』. 통권 36호. 287-476.

문현숙(2019.6.25.). "여제는 없다" 남성중심 용어부터 NO! 성평등 확산 나서는 언론들, 〈한겨레〉. http://www.hani.co.kr/arti/society/media/899309.html#csidx68f0667

52300c1c872764435282f43d
민현주(2010). 기업특성과 가족친화제도 활용 용이성: 여성관리자의 육아휴직 및 본인 병가제도 활용을 중심으로. 『노동정책연구』 10권 3호. 119-145.
배진아(2006). 방송드라마의 체계적 제작 시스템에 관한 연구. 한국콘텐츠학회, 춘계종합학술대회 논문집, 2권2호, 75-84.
심홍진·김세은(2009). PD는 무엇으로 사는가:프로그램 제작에 대한 PD의 인식. 『한국방송학보』 23권 6호. 168-208.
양승준(2019.7.23.). 대본에 '성폭력 예방 가이드' 있으나마나…… 2차 가해도 심각. 〈한국일보〉. https://www.hankookilbo.com/News/Read/201907221141046645?did=NA&dtype=&dtypecode=&prnewsid=
양종해(2004). 『현대조직관리』. 박영사.
연정모·김영찬(2008). 텔레비전 연예정보 프로그램의 생산자 문화에 대한 민속학적 연구- KBS 2TV 〈연예가 중계〉의 생산현장을 중심으로. 『한국방송학보』 22권 2호. 2008.3., 82-122.
유선영(2003). 『미디어조직과 성차별:여성언론인 주류화 방안』. 한국언론재단.
윤석민·이철주(2003). 우리나라 지상파 방송사 조직에 있어서 여성인력의 지위에 관한 연구. 『한국언론정보학보』 통권22호. 167-282.
이수연(2004). 지상파방송의 성별 인력구조와 방송 내용의 성차별성과의 관계에 대한 논의. 『미디어, 젠더 & 문화』 창간호, 117-152.
이유진, 뜨거운 사이다, 첫 회, '사라지는 여성 예능' 건드린다, 〈스포츠 경향〉, 2017.7.31. http://sports.khan.co.kr/entertainment/sk_index.html?art_id=201707311413003&sec_id=540101&pt=nv#csidx0b8a2c034a413429e611c8f72241ddf
이정훈·박은희(2008). 외주제작정책 도입 이후 지상파 드라마 제작 시스템의 변화. 『방송문화연구』. 31-58.
이종임(2018). JTBC, 뉴스와 예능은 가는 길이 다르다?. 『문화과학』 93호. 156-171.
______(2018.2.4.). 노동착취로 만든 드라마, 언제까지 봐야하나, 〈경향신문〉. http://news.khan.co.kr/kh_news/khan_art_view.html?artid=201802042051035&code=990304.
정보통신정책연구원(2018). 『2018 방송산업 실태조사 보고서』.
______(2017). 『2017 방송산업 실태조사 보고서』.

조성호·안대영(2015). 조직문화와 리더십의 상호적합성 분석-지역지상파를 중심으로, 언론과학연구』 15권 2호. 2015.6. 107-140.

조혜원·함인희(2016). 기업관리직의 젠더 격차와 유리천장 분석. 『한국사회정책』 23권 2호. 49-81.

채소라(2019.7.18.). 성평등 규약 없는 드라마 제작 현장 성폭력에 무방비, 〈여성신문〉. http://www.womennews.co.kr/news/articleView.html?idxno=191812.

한국양성평등교육진흥원(2017). 『양성평등미디어문화확산 토론회 자료집』.

홍지아(2016). 여기자들이 경험하는 직업과 성/젠더의 관계와 양성평등적 뉴스 생산에 대한 인식. 『한국여성학』 32권 3호. 27-59.

통계청(2018). 『2018 통계로 보는 여성의 삶』.

Dr. Jatinder Kumar Sharma(2016). Understanding the Concept of Sensitisation in Humanities and Social Sciences: An Exploration in Philosophy of Mind. *International Journal of Scientific Research*. 24(90). 380-400.

France, Lisa Respers. "#MeToo: Social media flooded with personal stories of assault". CNN. 2017.10.16.

Kilborn, R.(1992). *How Are Television Soaps Produced?, Television Soap*, London: Batsford.

Lorber, J.(2001). *Gender inequality: feminist theories and politics*. 최은정·임소희·임혜련·정광숙 역(2005). 『젠더 불평등: 페미니즘 이론과 정책』. 일신사.

Mies, M.(1998). *Patriarchy and Accumulation on a World Scale: Women in the International Division of Labour*. London:Zed Books. 최재인 역(2014). 『가부장제와 자본주의-여성, 자연, 식민지와 세계적 규모의 자본축적』. 갈무리.

Mulvey, V.(2009/1996). *The Political Economy of Communication(2nd ed.)*. London; Sage.

Wood, J.(2005). *Gendered Lives: Communication, Gender and Culture(6th Ed.)*. 한희정 역(2006). 『젠더에 갇힌 삶』. 커뮤니케이션북스.

5장 미디어와 성폭력

강정석(2012). 실제사건을 다룬 영화의 현실 효과에 대한 단상. 『문화과학』 71. 179-207.

권김현영(2017). 질문하지 않고는 살아갈 수 없다. 『페미니스트 모멘트』(14-44). 그린비.
권은선(2017). 일본군 위안부 영화의 자매애와 증언전수 가능성. 『한국콘텐츠학회논문지』 17권 8호. 414-421.
김소라(2018). 디지털 성폭력의 변화 양상과 '음란성'(obscenity)을 근거로 한 규제의 한계. 『아시아여성연구』 57권 1호. 163-199.
김수아·황경아(2018). 성평등 공론장을 위한 포털 사이트 댓글 문화 개선. 『한국여성커뮤니케이션학회발표문』.
김영희(2003). 들뢰즈의 '표현(Expression)'에 관한 연구. 『대동철학』 23집. 1-22.
김은경(2000). 『성의 상업화가 성의식 및 성폭력에 미치는 영향』. 형사정책연구원 연구총서.
김정혜(2019). 『검찰 사건 처리 통계로 본 성폭력 무고 사건의 현황』. 대검찰청 & 한국여성정책연구원.
나영정(2016). 세계와의 불화, 피부의 연대: 페미니스트, 소수자, 퀴어. 『페미니스트 모먼트』. 102-134.
문재철(2015). 『한공주』: 시선과 부끄러움 그리고 윤리. 『현대영화연구』 20호. 155-171.
박다해(2018. 8. 24). "안희정에게 무죄 준 '위력' 개념, 132명에게 물어봤다". 『한겨레신문』. http://www.hani.co.kr/arti/society/society_general/859094.html#csidxab1352db1664db787894cb1cff8c677
박미영(2017. 8. 3). 심각성 커지는 '데이트폭력'….폭행, 강간에서 살인까지. 발생원인과 대책은…. 〈법률신문〉. https://www.lawtimes.co.kr/Legal-News/Legal-News-View?serial=119737
박상완(2018). 텔레비전드라마의 일본군 '위안부' 재현 방식과 의미-『눈길』의 극본을 중심으로. 『인문학연구』 114호. 153-189.
서울시 여성가족재단(2017). 『서울시 여성의 데이트폭력 피해 실태조사』. 서울특별시.
서인숙(2015). 재현 불가능성에 기댄 자기 반영성 영화의 윤리적 가능성과 한계: 발표문. 『한국드라마학회 2015년 추계학술대회 발표자료집』. 35.
손가영(2019. 4. 19). 기자 단체 카톡방에 "성관계 영상 좀": 불법촬영물 공유 요청 줄이어, 성매매업소 추천도…… "성 윤리·준법정신 실종" 비판. 『미디어오늘』. http://www.mediatoday.co.kr/news/articleView.html?mod=news&act=articleView&idxno=147952&sc_code=&page=&total=

신유미(2019. 8. 13). "오달수 복귀 소식에…… '자숙 충분해' vs '가해사실 없는 것 아냐'. 〈국민일보〉. http://m.kmib.co.kr/view.asp?arcid=0013600266&code=61121111&sid1=soc
양경은·주현아(2018). 드라마는 어떻게 데이트폭력을 미화하는가. 국민대학교 '팀팀클래스' 기말 발표자료(미발간).
여성가족부·기자협회·여성노동법률지원센터(2018). 『성폭력·성희롱 사건, 이렇게 보도해 주세요!』.
이채원(2014). 『영화 속 젠더 지평』. 서강대학교 출판부.
장다혜(2018). 형법상 성폭력법체계의 개선방향: 성적 자기결정권 의미구성을 중심으로. 『여성학논집』 35집 2호. 37-86.
전희경(2008). 『오빠는 필요없다』. 이매진.
정민경(2017. 8. 9). '단톡방 성희롱' 세계일보·머니투데이·파이낸셜뉴스·아이뉴스24. 『미디어오늘』. http://www.mediatoday.co.kr/news/articleView.html?mod=news&act=articleView&idxno=138289
정희진(2003). [연속기획/한국사회의 편견과 차별의 구조 8-노인]나이 듦, 늙음 그리고 성별. 『당대비평』. 2003년 6월호. 338-351.
정희진(2018). 성폭력2차 가해와 피해자 중심주의의 문제. 『피해와 가해의 페미니즘』. 교양인.
최태섭(2018 8. 15). 한국에선 절대 '위력'의 되지 말 것. 〈경향신문〉. http://news.khan.co.kr/kh_news/khan_art_view.html?artid=201808152047005&code=990100
트렌드 모니터 (2016). 2016년 데이트 폭력 관련 인식조사. EMBRAIN.
한국성폭력 상담소(2013). 『지금 시작하는 젠더감수성』.
한국성폭력 상담소(2019). '강간죄' 개정을 위한 연대회의 2차 의견서. 성폭력상담소 홈페이지.
한래희(2017). 『시』에 나타난 속죄와 용서의 가능조건에 대한 고찰. 『한국문학과예술』 23집. 73-107.
한희정·정의진(2019). 저널리스트의 성폭력 경험과 무보도 현상: 광주전남기자협회 회원 대상 성폭력 실태조사를 중심으로. 『커뮤니케이션학 연구』 27권 1호. 225-252.
허윤(2018). 허윤, 일본군 '위안부' 재현과 진정성의 곤경—소녀와 할머니 표상을 중심으로. 『여성과 역사』 29집. 131-163.
황지성(2012). 소위 도가니법(장애인 성폭력 관련법)의 내용, 의의, 과제. 『여/성이론』

26권. 266-276.

Deleuze, G.(1968). *Différence et répétition*, Paris, PUF. 김상환 역(2004). 『차이와 반복』. 민음사.

Grant, L.(1994). Sex and single student: the story of date rape', in S. Dunant (ed.), *The War of the Words: The Political Correctness Debates*(pp.76-99). London: Virago.

Mills, S.(2003). *Michael Foucault*. Routlege. 임경규 역(2008). 『현재의 역사가, 미셸 푸코』. 앨피.

Porter, T.(2016). *Breaking Out of the "Man Box": The Next Generation of Manhood*. Skyhorse Publishing. 김영진 역(2019). 『맨 박스: 남자다움에 갇힌 남자들』. 한빛비즈.

Rubin, G.(2011). *Deviations-AGayleRubinReader*. Duke University Press. 신혜수, 임옥희, 조혜영, 채윤 역(2015). 『일탈』. 현실문화연구.

Wood, J.(2006). *Gendered Lives*. Wadsworth Publishing. 한희정 역(2006). 『젠더에 갇힌 삶』. 커뮤니케이션북스.

6장 미디어의 다문화 재현과 젠더

김초희·김도연(2018) 한국 다문화 TV 프로그램에서의 이주민 외국인 재현. 『한국언론정보학보』 62권 30호. 309-341.

류찬열(2018). 혐오와 공포의 재현을 넘어 공간과 연대의 재현으로. 『다문화콘텐츠연구』 27호. 127-147.

송명진(2012). 혼혈의 서사화 양상에 대한 사적 고찰. 『한국언어문화학』 제7권 제2호. 71-91.

송원찬(2017). 경계인: 한국 미디어 속 조선족 형상 연구. 『문학과 영상』 18호 3권. 447-468.

안병규(2009). TV 다큐멘터리 장르 차이가 빚어내는 '이주여성'의 현실재현 비교: 시사다큐멘터리 MBC 『PD 수첩』과 휴먼다큐멘터리 KBS 『인간극장』을 중심으로. 『언론학연구』 13권 2호. 121-168.

안진(2015). 나는 왜 백인 출연자를 선택하는가? 『미디어, 젠더 & 문화』. 30(3), 83-121.

윤인진(2008). 한국적 다문화주의의 전개와 특성. 『한국사회학』 42권 2호. 72-103.

윤인진·황정미(2014). 『한국 다문화주의의 성찰과 전망』. 아연출판.

이경숙(2006). 혼종적 리얼리티 프로그램에 포섭된 '이산인'의 정체성. 『러브인 아시아』의 텍스트 분석. 『한국방송학보』 42권 3호. 29-49.

이희은(2009). 미디어에 나타난 색의 재현과 문화정체성. 『탈경계 인문학』 2권 3호. 35-66.

전의령(2015). 선량한 이주민, 불량한 이주민. 『경제와 사회』 106. 238-270.

정연구(2009). 『미디어의 다문화 재현에 관한 서사 분석과 다문화 미디어가 수용자에게 미치는 영향 연구』(KRF-2008-321-B00271). 한국연구재단.

최강민(2006). 단일민족의 신화와 혼혈인. 『어문논집』 제35집. 중앙어문학회. 287-314.

하상복(2012). 황색 피부, 백색 가면: 한국의 내면화된 인종주의의 역사적 고찰과 다문화주의. 『인문과학연구』 33호. 525-566.

한건수(2014). 한국 사회의 다문화주의 혐오증과 실패론: 어떤 다문화주의인가? 윤인진·황정미 엮음. 『한국 다문화주의의 성찰과 전망』. 아연출판부. 33-61.

Ahn, J.(2013). Global Migration and the Racial Project in Transition: Institutionalizing Racial Difference through the Discourse of Multiculturalism in South Korea. *Journal of Multicultural Discourses*, 8(1), 29-47.

Gilroy, P.(1997). Diaspora and the Detours of Identity, In Kathryn Woodward (Ed) *Identity and Difference*. (pp. 299-346). London: Open University.

Hall, S.(1996). Race, Articulation, and Societies Structured in Dominance. In H. Baker, Jr. & M. Diawara & R. Linderborg. (Eds). *Black British Cultural Studies: A Reader*. (pp. 16-60) Chicago & London: The University of Chicago Press.

Hall, S.(1997). *Representation: Cultural Representations and Signifying Practices*. London: Sage Publications.

Kymlycka, W.(1995). *Multicultural Citizenship: A Liberal Theory of Minority Rights*. Oxford: Clarendon Press, 1995.

McLaren, P.(1994). White Terror and Oppositional Agency: Towards a Critical Multiculturalism. In Goldberg. D. T. (Ed). *Multiculturalism: A Critical Reader*. Oxford: Blackwell.

Mohanty, C. T.(1991). Cartographies of Struggle: Third World Women and the Politics of Feminism, In Mohanty, C. T., Russo, A. and Torres, L.(Eds). *Third World Women and the Politics of Feminism*.(pp. 51-80). Bloomington and

Indianapolis: Indiana University Press.
Said, E. W.(1978). *Orientalism*. Vintage Books. 박홍규 역(2015). 『오리엔탈리즘』. 교보문고.

7장 미디어가 재현하는 여성과 남성

강준수(2015). 『겨울왕국』에 나타난 여성의 젠더 정체성 연구. 『인문콘텐츠』 37. 173-192.
김수진(2009). 『신여성, 근대의 과잉: 식민지 조선의 신여성 담론과 젠더 정치 1920-1934』. 소명 출판.
김애라(2003). 신문보도에 나타난 성역할 이데올로기에 대한 담론분석. 동아대학교 언론홍보대학원 석사학위 논문.
김원용·현경미·정혜경(2006). 국내 정치인의 웹사이트 관련 시각적 이미지 연구. 『사이버커뮤니케이션학보』 20호. 45-84.
김세희·나은숙(2004). 그림책에 묘사된 아버지 역할. 『어린이문학교육연구』 5권 1호. 83-103.
권수현(2019). 정치진입의 성별화된 장벽들:20대 국회의원의 출마결정 요인과 성차. 『페미니즘 연구』 19권 1호. 91-128.
권인숙·이건정(2013). 여성의 성폭력 두려움에 대한 연구. 『한국여성학』 29권 3호. 181-218.
박소윤·서현아(2016). 창작 그림책에 나타난 부모의 성역할. 『생태유아교육연구』 15권 2호, 227-229.
안진(2015). 나는 왜 백인 출연자를 선택하는가?. 『미디어, 젠더 & 문화』 30권 3호. 83-121.
양정혜(2002). 성찰적 TV 수용의 한계. 『한국방송학보』 16권 1호. 268-299.
엄혜진·신그리나(2019). 학교 성평등교육의 현실과 효과. 『페미니즘 연구』 19권 1호. 51-90.
오선영·이혜정·김은심(2018). 아동문학교재에 수록된 그림책에 나타난 젠더감수성. 『어린이문학교육연구』 19권 4호. 145-170.
우신영(2016). 동화 독서와 젠더 이데올로기: 아동 권장도서목록 속 전래 동화 여성인물 표상을 중심으로. 『독서연구』 38호. 159-188.

이나영·허민숙(2014). 한국의 젠더폭력과 신자유주의 젠더질서. 『가족과 문화』 26권 4호. 58-90.
임희옥·김정원(2007). 유아문학에 표현된 여성의 역할. 『어린이문학교육연구』 8권 2호. 45-65.
정대련(2005). 페미니즘의 관점에서 본 유아 그림책 분석. 『어린이문학교육연구』 6권 1호. 23-44.
정사강·홍지아(2019). 국가 페미니즘, 여성가족부, 여성혐오. 『미디어, 젠더 & 문화』 34권 1호. 209-253.
최유미(2008). 애니메이션 여성 캐릭터의 성격과 역할 연구. 『애니메이션연구』 4권 1호. 135-152.
현정환(2005). 저출산 시대의 보육서비스에 대한 부모의 욕구. 『한국보육학회지』 5권 2호. 157-170.
홍지아(2009). TV드라마에 나타난 모성재현의 서사전략과 상징적 경계의 구축. 『한국방송학보』 23권 6호. 284-323.
______(2011). 1인칭 다큐멘터리에 드러난 결혼이주여성들의 자기재현과 정체성의 자리매김. 『미디어, 젠더 & 문화』 18호. 147-181.
홍지아(2017). 젠더화된 폭력에 대한 뉴스 보도. 『한국언론정보학보』 83호. 186-218.
Berger&Luckmann(1967). *The Social Construction of Reality*』. Anchor Books.
Bourdieu(1996) Sur La Television. 현택수 역(1998). 『텔레비전에 대하여』. 동문선.
Carter, C.(2002). When the 'extraordinary' becomes 'ordinary': Everyday news of sexual violence. In C. Carter et al. (Eds.), 『News, gender and powe』(pp. 219-232). London, UK: Routledge.
Giddens, A.(1996). *Transformation of Intimacy: Sexuality, Love and Eroticism in Modern Societies*. 배은경, 황정미 역(1996). 『현대사회의 성, 사랑, 에로티시즘: 친밀성의 구조변동』. 새물결.
Halim, S., & Meyers, M.(2010). News coverage of violence against muslim women: A view from the Arabian Gulf. *Communications, Culture & Critique*, 3, 85-104.
Kenny, M. & T. Verge.(2016). Opening up in the black box: Gender and candidate selection in a new era. *Government and Opposition*, 51(3), 351-369.
Kleeman. J. K.(2008). Victims and the media: the semiotic of hate crime reporting and the media. *The American Journal of Semiotics*, 17(4), 247-267.

Krook, M. L.(2010). Beyond Supply and Demand :A Feminist institutional theory of candidate selection. *Political Research Quarterly*. 63(4), 707-720.

Lawless, Jennifer L., and Richard L. Fox.(2008). If Only They'd Ask: Gender, Recruitment, and Political Ambition. Presented at the annual meeting of the American Political Science Association, Boston, Massachusetts.

Meyers, M.(1997). *News coverage of violence against women: Engendering blame*. CA: Sage.

Silverstone, R.(1999). *Why study the media?*. London. Sage Publications.

Rosss, K., & Sreberny-Mohammadi, A.(1997). Playing house-gender, politics and the news media in Britain. *Media, Culture&Society*, 19(1), 101-109.

Tuchmann, G.(1978). *Hearth and Home:Images of Women in the Mass Media*. NY. Oxford University Press.

8장 몸과 젠더 정치, 그리고 저항

권향숙(2018). 미투 운동을 통해 본 철학적 문제들에 대한 소고: 몸-정신 주체, 지각, 타자성, 서(恕)를 중심으로. 『인문과학연구논총』 39권 4호. 259-285.

김경희·신현옥(2004). 정책과정을 통해 본 젠더와 평등개념의 제도화. 『한국여성학』 20권 3호. 171-206.

김성희·김정미(2004년). 여성 임파워먼트 척도 개발. 『상담학연구』 5권 2호. 307-324.

김은희(1993). 일, 가족, 그리고 성역할의 의미-한국의 산업화와 신중산층의 가족 이념. 『사회와 역사(구 한국사회사학회논문집)』 39호. 81-120.

민경자(1999). 성폭력 여성운동사. 한국여성의전화연합 엮음, 『한국여성인권운동사』. 한울아카데미.

박혜경(2009). 한국 중산층의 자녀교육 경쟁과 '전업 어머니'정체성. 『한국여성학』 25권 3호. 5-33.

심영희(2002). 1990년대 한국 성정책의 전개과정: 변화의 내용과 요인. 『젠더와 사회』 1권. 69-95.

양선숙(2018). 미투서사와 진실, 그리고 정의. 『법학연구』 21권 4호. 299-328.

이정기·최진호·김성용·이유진(2014). 여성 온라인 커뮤니티 이용동기와 효과에 관한 탐색적 연구: 20대 여성 대학(원)생 이용자의 지속적 커뮤니티 이용의도, 페미니즘

성향을 중심으로. 『미디어와 공연예술 연구』. 9권 3호. 1-32.
이진옥(2017). 대선과 젠더 정치: 18대 대선과 19대 대선의 불/연속성을 중심으로. 『여성학연구』 27권 2호. 95-137.
이현재(2010). 기획주제: 여성과 몸; 지워진 여성의 몸-코라(chora)와 물질 개념을 중심으로. 『한국고전여성문학연구』 21권. 5-33.
조주현(2006). 젠더정치의 "위기"-섹슈얼리티의 지형 분석을 중심으로. 『여성학논집』 23권. 3-37.
주창윤(2010). 『대한민국 컬처 코드』. 21세기북스.
홍석경(2011). 다큐픽션 속 재연의 문제: '그럴듯함(verisimilitude)'과 '현실정합성(authenticity)' 사이의 혼종에 대한 연구. 『방송문화연구』 23권 2호. 105-130.
홍숙영(2011). 여배우의 몸과 권력, 그리고 저항: SBS 의 고 장자연 자필편지사건 관련 보도를 중심으로. 『한국콘텐츠학회논문지』 11권 12호. 649-657.
Adamson, M.(2017). Postfeminism, neoliberalism and a 'successfully' balanced femininity in celebrity CEO autobiographies. *Gender, Work & Organization*, 24(3), 314-327.
Bordo, S., 수전 보르도.(2003). 박오복 역, 『참을 수 없는 몸의 무거움: 페미니즘·서구문화·몸』. 또 하나의 문화.
Butler, Judith(2003). *"The Question of Social Transformation," Women and Social Transformation*, Elizabeth Beck-Gernsheim, Judith Butler, and Lindia Puigvert(ed.), New York: Peter Lang, pp.1-28.
Charmes, J., & Wieringa, S.(2003). Measuring women's empowerment: an assessment of the gender-related development index and the gender empowerment measure. *Journal of Human Development*, 4(3), 419-435.
Decartes, R.(1991). 최명관 역, 『방법서설, 성찰』. 서광사.
Foucault, M.(1990). 이규현 역, 『성의 역사:제1권 앎의 의지』. 나남출판.
Foucault, M.(1995). 황정미 역, 『섹슈얼리티의 정치와 페미니즘』. 새물결.
Grosz, E.(2001). 임옥희 역, 『뫼비우스 띠로서 몸』. 도서출판 여이연.
Haraway, D.(1991). *Simians, cyborgs, and women: The reinvention of nature*. Routledge.
Irigaray Luce.(1985). *This Sex Which Is Not One*, translated by Catherine Porter, Cornell University Press.

Jergus, K.(2018). The Limits of Identity-Performativity, Gender and Politics. *Encounters in Theory and History of Education*, 19, 110-122.

Kristeva, J.(2000). 김인환 역, 『시적 언어의 혁명』. 동문선, 2000.

Lawson, C.(2018). *Platform Feminism: Celebrity Culture and Activism in the Digital Age*. A dissertation submitted in partial fulfillment of the requirements for the degree of Doctor of Philosophy (Communication) in the University of Michigan.

Platon.(2000). 박종현·김영균 공동역주, 『티마이오스』. 서광사.

Snitow, Ann(1981). *"Introduction," Powers of Desire: The Politics of Sexuality*, Ann Snitow, Christine Stansell, and Sharon Thompson(eds.), New York: Monthly Review Press, pp.9-50.

Zarkov, D., & Davis, K.(2018). Ambiguities and dilemmas around# Metoo:# forhow long and# whereto?. *European Journal of Women's Studies*, 25(1), 3-9.

서울신문, 2018.11.28. http://www.seoul.co.kr/news/newsView.php?id=20181126016005&wlog_tag3=naver#csidxf781373e9e64eb38e6a2ee0856e663d

세계일보, 2019.7.18. http://www.segye.com/newsView/20190717510155?OutUrl=naver

한겨레신문, 2019.7.17. http://www.hani.co.kr/arti/society/women/902106.html#csidxcf9d3e51e3c7c6cb4be40f7b49fb454

www.timesupnow.com

http://solido.kr

http://therepresentationproject.org

https://www.youtube.com/watch?v=81Nbdd1GyAo

9장 텔레비전 오락 프로그램과 젠더

고영화(2017). 리얼리티 예능 프로그램의 비판적 수용 교육내용 연구. 『교육문화연구』 제23권 1호. 103-122.

김미라 (2014). TV매체에 재현된 새로운 남성성(masculinity)과 그 한계: 주말 예능프로그램을 중심으로.『한국콘텐츠학회논문지』 제14권 1호. 88-96.

김미선·이가영(2016). 미디어 재현에 나타난 남성성과 젠더 이데올로기의 정치학: 삼시세끼 어촌편 서사분석을 중심으로. 『미디어, 젠더 & 문화』 제31권 3호. 97-137.
김보년(2010) 당신의 아이돌은 안녕하십니까–리얼리티 프로그램 속 아이돌의 감정노동. 『문화과학』 제64권. 265-277.
김수정·김수아(2013). 아이돌 리얼리티 쇼를 통한 아이돌 그룹의 정체성 표상방식. 『한국방송학보』 제27권 2호. 276-114.
김수아(2010). 소녀 이미지의 볼거리화와 소비 방식의 구성. 『미디어, 젠더 & 문화』 15호. 79-119.
김윤희 (2017). 리얼리티 예능 프로그램의 가족 서사 고찰. 『인문콘텐츠』 47권. 179-202.
김호영·윤태진(2012). 한국 대중문화의 아이돌 시스템 작동방식: 아이돌문화 생산 소비의 이중적 구조에 대한 탐색적 연구. 『방송과 커뮤니케이션』 제13권 4호. 45-81.
노의현(2016). '먹방'의 욕망에서 '쿡방'의 욕망으로. 『문화과학』 제 86호. 356-376.
류웅재(2015).'쿡방;의 정치경제학:주체의 자기 통치의 관점에서. 『문화과학』 83호. 160-173.
문영은·심지수·박동숙(2017). 내가 좋아하는 먹방 BJ는요: 먹방 시청 경험에 대한 해석적 연구. 『언론과 사회』 제25권 2호. 58-101.
심혜경(2019). 개그/우먼/미디어2: 이, 영자의 전성시대 아니 이유미의 황금기를 보라. 『여/성이론』 제40권. 220-238.
심혜경(2016). 개그/우먼/미디어: '김숙'이라는 현상. 『여/성이론』 제34권. 60-81.
오세정·장서지(2013). 리얼리티 표방 예능 프로그램에 대한 수용자의 인식 연구. 『주관성연구』 제27권. 171-194.
윤조원(2010). 문화비평: "꽃미남"과 "식스팩": 대중문화 속 오늘의 남성성. 『안과밖(영미문학연구)』 제28권. 278-302.
이나영·김명혜 외(2013). 『다시 보는 미디어와 젠더』, 이화출판.
이수안(2011). 대중문화에서 기호가치로서 몸 이미지의 소비양식. 『문화와 사회』 제11권. 193-234.
이승희(2019). 리얼리티 프로그램의 성역할 고정관념 연출프레임 분석. 『한국언론학보』 제63권 1호. 325-368.
이소현·장은미(2018). 예능 프로그램의 언니들:여성성의 일탈과 확장. 『한국여성학』 제34권 4호. 173-206.
이종수(2008). 오디션 리얼리티쇼와 현대 여성의 '통과의례': 도전 슈퍼모델 서사분석을 중심으로.『미디어, 젠더 & 문화』 제9호. 51-86.

조심선희(2006). 페미니즘 사전: 섹슈얼리티.『여/성이론』 14호. 227-240. 도서출판 여이연.

한국콘텐츠진흥원(2019).『2018 방송영상산업백서.

허라금(2011). 아시아 개도국 공예 산업화와 여성 임파워먼트.『한국여성철학』 제15권. 67-93.

홍석경·박소정(2016). 미디어 문화 속 먹방과 헤게모니 과정.『언론과 사회』 제24권 1호. 105-150.

Banet-Weiser, S. & Portwood-Stacer, L.(2006). 'I just want to be me again!': Beauty pageants, reality television and post-feminism, Feminist Theory, 7(2), 255-272.

Harry, J. C.(2008). Cheaters: "Real" reality television as melodramatic parody. Journal of Communication Inquiry, 32(3), 230-248.

10장 게임 문화와 젠더 정치

강신규(2018). 방송의 게임화 연구, 서강대학교 박사학위논문.

김학봉(2017.3.4.). '여필패'?…'오버워치' 여성 유저를 힘들게 하는 것들, 〈노컷뉴스〉, URL: https://www.nocutnews.co.kr/news/4743495

백철(2018.4.7.). 게임 내 '메갈 찾기'는 정당한 소비자 운동일까, 〈경향신문〉.

성상민(2019.7.7.). 스타·오버워치·LOL…여성 게이머 차별과 혐오의 시대,『미디어 오늘』, URL: http://www.mediatoday.co.kr/news/articleView.html?idxno=201019

원용진·강신규(2013). '게임화'로 구축된 텔레비전 리얼 버라이어티 쇼의 게임적 리얼리즘,『대중서사연구』 30. 대중서사학회. 321-361.

이종완(2016.7.6.). 엄청난 오버워치 실력으로 핵 의혹 지운 '게구리',『위키트리』, URL: https://www.wikitree.co.kr/main/news_view.php?id=265974

천정환(2019). 게임과 문학.『게임의 이론』. 문화과학사.

최태섭(2017). Digital Masculinity: 한국 남성청(소)년과 디지털여가, 연세대학교 젠더연구소 (편),『그런 남자는 없다』. 오월의 봄.

한국콘텐츠진흥원(2017).『2017 게임이용자 실태조사 보고서』. 한국콘텐츠진흥원.

한혜원(2016).『앨리스 리턴즈』. 이화여자대학교출판문화원.

홍현영(2019). 게임 공동체와 팬덤 문화.『게임의 이론』. 문화과학사.

東浩紀(2001), 動物化するポストモダン, 講談社. 이은미 역(2007),『동물화하는 포스트모던』. 문학동네.

______(2007). ゲーム的リアリズムの誕生, 講談社. 장이지 역(2012),『게임적 리얼리즘의 탄생』. 현실문화연구.

______(2016). 弱いつながり 検索ワードを探す旅, 幻冬舎. 안천 역(2016).『약한 연결: 검색어를 찾는 여행』. 북노마드.

大塚英志(2000). 物語の体操―みるみる小説が書ける6つのレッスン, 朝日新聞社.

Bolter, J. David & Grusin, Richard(1999), *Remediation: Understanding New Media.* , Cambridge, Mass.: MIT Press. 이재현 역(2006).『재매개』, 커뮤니케이션북스.

Dewey, Caitlin(2014.10.4.). The only guide to Gamergate you will ever need to read, *The Washington Post*, URL: https://www.washingtonpost.com/news/the-intersect/wp/2014/10/14/the-only-guide-to-gamergate-you-will-ever-need-to-read/?utm_term=.3e69c82a30ce

Dyer-Witheford, Nick & Peuter, Greig de(2009). *Games of Empire: Global Capitalism and Video Games*, Minnesota: University of Minnesota Press. 남청수 역(2015).『제국의 게임』. 갈무리.

Jenkins, Henry(2006), *Fans, bloggers, and gamers: exploring participatory culture*, New York University Press.

Juul, Jesper(2009). *A Casual Revolution: Reinventing Video Games and Their Players*, Cambridge. Mass.; MIT Press. 이정엽 역(2012).『캐주얼 게임』. 커뮤니케이션북스.

McDowell, Linda(1999). *Gender, identity and place: understanding feminist geographies*, Minnesota: University of Minnesota Press. 여성과 공간연구회 역(2010),『젠더, 정체성, 장소: 페미니스트 지리학의 이해』. 한울아카데미.

Flanagan, Mary & Nissenbaum, Helen(2003), *Value at Play in Digital Games*, Cambridge, Mass.: MIT Press.

Salen, Katie & Zimmerman, Eric(2003). *Rules of Play: game design fundamentals*,Cambridge, Mass.: MIT Press.

Salter, Michael(2017). From geek masculinity to Gamergate: The technological rationality of online abuse, *Crime, Media, Culture, 14*, 247-264.

Smith, Carly(2013.12.4), Depression Quest Dev Faces Harassment after Steam Submission - Update, *The Escapist*, URL: http://www.escapistmagazine.com/news/view/130525-Depression-Quest-Dev-Faces-Harassment-after-Steam-Submission-Update

11장 디지털 미디어 시대 여성주의운동

김소라(2018). 디지털 성폭력의 변화 양상과 '음란성'obscenity을 근거로 한 규제의 한계. 『아시아여성연구』, 57권 1호, 163-199.

김수아(2015). 온라인상의 여성 혐오 표현. 『페미니즘 연구』 15권 2호. 279-317.

김은주(2019). 제 4물결로서 온라인-페미니즘: 동시대 페미니즘의 정치와 기술. 『한국여성철학』 31권. 1-32.

김학준(2017). 웃음과 폭력: 혐오 없는 웃음은 가능한가. 연세대학교 젠더연구소 편, 『그런 남자는 없다: 혐오사회에서 한국 남성성 질문하기』. 오월의 봄.

김효인(2017). SNS 해시태그를 통해 본 여성들의 저항 실천. 『미디어, 젠더 & 문화』 32권 4호. 5-70.

나영(2018). 지금 한국에서, TERF1와 보수 개신교계의 혐오선동은 어떻게 조우하고 있나. 『문화과학』 93권. 50-72.

서승희(2017). 사이버성폭력 피해의 특성과 근절을 위한 대응방안. 『이화젠더법학』 9권 3호. 59-95.

우승정(2014). 젠더 패러디: 젬스의 『여왕 크리스티나』와 처칠의 『클라우드 나인』 연극 비교. 『현대영어영문학』 58권 3호. 131-149.

윤보라(2015). 김치녀와 벌거벗은 임금님들. 윤보라 외. 『여성혐오가 어쨌다구?』. 현실문화.

정용림·이나영(2018). '포스트/강남역'. 『페미니즘 연구』 18권 1호. 181-228.

정희진(2018). 피해자 정체성의 정치와 페미니즘. 권김현영 외 『피해와 가해의 페미니즘』 교양인.

파라독사. 슬로우뉴스. 2015.6.10. "여성혐오의 거울반사: 디시인사이드 메르스 갤러리 사태에 부쳐". http://slownews.kr/41983(2015년 8월 31일 검색)

한국언론진흥재단, 『포털 뉴스서비스 및 댓글에 대한 인터넷 이용자 인식 조사』, 2018. 5. 31.

Clark, R.(2016). "Hope in a hashtag": the discursive activism of #WhyIStayed, *Feminist Media Studies,* 16:5, 788-804.

Council of Europe(2016). Background note on sexist hate speech.

Fang, J.(2015). In defense of hashtag activism. *Journal of Critical Scholarship on Higher Education and Student Affairs*, 2(1), 10.

ITU(2017). ICTFactsFigures2017. url: https://www.itu.int/en/ITU-D/Statistics/Documents/facts/ICTFactsFigures2017.pdf.(2019.7.25.확인)

Goldhaber, M.(1997). The attention economy and the net, *First Monday*, 2, 4-7.

Mendes, K., Ringrose, J., & Keller, J.(2018). #MeToo and the promise and pitfalls of challenging rape culture through digital feminist activism. *European Journal of Women's Studies,* 25(2), 236-246.

Rodino-Colocino, M.(2018). Me too,# MeToo: countering cruelty with empathy. *Communication and Critical/Cultural Studies.* 15(1), 96-100.

Rodrigues, R. A.(2016). Femvertising: empowering women through the hashtag? A comparative analysis of consumers' reaction to feminist advertising on twitter. Doctoral dissertation, Instituto Superior de Economia e Gestão.

Rubinoff, D.(2005). Life histories in cyberspace: Life writing as a development tool for rural women. *Geoforum,* 36(1), 59-75.

Turley, E., & Fisher, J.(2018). Tweeting back while shouting back: Social media and feminist activism. *Feminism & Psychology*, 28(1), 128-132.

Williams, S.(2015). Digital defense: black feminists resist violence with hashtag activism. *Feminist Media Studies*, 15(2), 341-344.

핵심 이슈로 보는

미디어와 젠더

펴낸날 1판 1쇄 2019년 11월 1일

지은이 김명혜 · 백미숙 · 나영 · 김성윤 · 이종임 · 한희정 ·
이소현 · 홍지아 · 홍숙영 · 이경숙 · 홍현영 · 김수아

펴낸이 김헌민

펴낸곳 이화여자대학교출판문화원

주소 서울특별시 서대문구 이화여대길 52(우03760)

등록 1954년 7월 6일 제9-61호

전화 02) 3277-2965(편집), 362-6076(마케팅)

팩스 02) 312-4312

전자우편 press@ewha.ac.kr

홈페이지 www.ewhapress.com

책임편집 민지영

디자인 신성기획

찍은곳 한영문화사

ISBN 979-11-5890-341-1 93300

값 25,000원

이 도서의 국립중앙도서관 출판예정도서목록(CIP)은 서지정보유통지원시스템 홈페이지
(http://seoji.nl.go.kr)와 국가자료종합목록 구축시스템(http://kolis-net.nl.go.kr)에서
이용하실 수 있습니다. (CIP제어번호 : CIP2019041279)